学校管理

开放型的班级经营

熊智锐 著

中国人民大学出版社
·北京·

《开放型的班级经营》

作者：熊智锐

本书为（台湾）五南图书出版股份有限公司授权中国人民大学出版社在大陆地区出版发行的简体字版本。

本书中文简体字版于2010年由中国人民大学出版社出版。

出版者的话

　　学校管理与班级管理是中小学教育中的重要一环，不仅需要教育管理者具备丰富的教育理论、高超的管理技巧，更需要闪光的教育智慧。"学校管理新探索丛书"立足学校管理、班级管理，就广大中小学校长与教师在教育管理过程中遇到的困惑与问题进行细致的解答，如校园安全与危机管理、新入职教师如何快速上岗、问题儿童与问题班级的管理、师生关系与家校关系的培育等，为教育管理者更新教育理念、改进管理方法、提升教育智慧提供了全方位的帮助与指导。

　　台湾地区与祖国大陆的中小学教育管理有极大的相似性，同时其理论探索与实践发展又稍具超前性，具有很强的借鉴价值。"学校管理新探索丛书"由我社与台湾五南图书出版股份有限公司共同推出，愿这套丛书能够起到"他山之石，可以攻玉"之效，对推进中小学教育管理发展、提升教师教育管理水平作出应有的贡献。

中国人民大学出版社

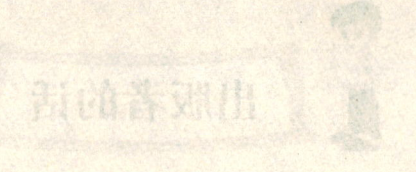

自 序

"班级不是孤立的"、"班级经营是无法单打独斗的",这是本书再三强调的基本理念之一,也是本书与一般类似的书最大的差异之处。此一理念旨在凸显周遭环境对班级的影响,并协助导师*认清此一事实,探讨有效的应对策略,以减少阻力,增加助力,成功地经营出一个"生机活泼、和谐安详"的班级。

1990年9月,我写了一本书《中小学校教育情境研究》,由五南图书出版公司出版发行,书的封面标明"开放型学校经营策略",全书都是在民主开放的教育理念下着墨的。因为我坚信,台湾地区的学校教育,今后必须勇敢地走向民主开放,摆脱急剧蜕变失序社会所带来的困境,并进一步以教育的力量,引导社会迈向理性化、人性化的道路,才能完成教育的时代使命,避免被时代淘汰。

情势很明显地告诉我们,关着校门、依附权威来办教育的时代已经过去了!无论是学校经营者或是班级经营者都宜体认:时不我与,惊慌失措或徘徊观望都于事无补,唯有奋起迎战才有免于溃败,并转败为胜的可能。

基于上面这一认识,在写完那本书以后,就着手筹划再写一两本书,把自己对民主开放的学校经营的想法,作更具体、更明

---

* "导师"类似于中国大陆中小学的"班主任"。——编者注

确的解说。这就是本书的撰写动因所在。

  我自己并没有亲自经营班级的经验，就像若干撰写类似著作的作者一样。但是我有两条直接汲取原始资源的渠道，可能是别人所欠缺的：一条是视导学校时广泛接触到的人、事、物，一条是我的妻子王廷兰老师经营班级的切身经验。我曾很侥幸地从事过"台湾省教育厅"的视导工作十多年，在这段不算太短的日子里，访视过千所以上的中小学校，接触过学校中各式各样的人、事、物；这些人、事、物既和学校经营有关，更和班级经营有关。而中小学教育的根本在班级教学，尤其在班级经营，唯有成功的班级教学和班级经营，中小学教育才能落实，才会成功；否则势必落空。因此，每当我视导一所学校时，必定仔细观察检视它的校园环境、校舍、设备、布置、教学、各种行政簿册及师生教学活动资料等，最后与行政人员座谈，交换意见，提出视导建议供学校参考。其中有关班级经营的，更会再三强调，希望他日再到学校时能见到改进的迹象，也借此验证或修正自己的有关班级经营的观点。如此年复一年，就积累了许多有价值的原始资料，成为今日本书的重要资源之一。书中引用了几位教师的班级经营心得，算是这类资源象征性的举证，在此对提供者致谢。

  其次是王廷兰老师，她在小学服务二十余年，始终担任级任导师工作，曾先后获台中市特殊优良教师及"台湾省教育厅""杏坛芬芳录"表扬。在班级经营及爱护辅导学生上，她几乎到了废寝忘食、无所不用其极的狂热地步。她没有什么独特的学科专长，唯一的长处是：

    不会就学；

    不懂就问；

    不好就改。

  所以凡是她带过的班级和教过的学生，往往都会收到意想不到的良好效果。本书大部分的班级经营理念和具体事例，都是她提供的，或是从她那里得到启发形成的，而本书整理记录她的班

自　序

级经营实务经验的资料也最多。作为一位忙碌的小学教师，又身兼五个孩子的妈妈，并能在生计艰难的时代将五个孩子教养成人，分别获得美国布朗、加州、卡内基美仑等著名大学的博士学位：如此内外兼顾而又内外兼优，她的杰出与坚忍，也就不言而喻了。本书从她的教学生涯中撷取一部分资料，可说是既真实又宝贵。

本书与其他类似的"班级经营"或"教室管理"的书，有以下几点不同的地方。

——采用"班级经营"、不用"教室管理"的名称，除了从书名上摒弃"管理"的窠臼理念外，并在书名上加上"开放型的"四个字，更加彰显了它与一般班级经营或教室管理的著述之不同处。

——采用系统理论者的观点，视"班级"为学校系统本体中的一个次级系统，使级任导师很清楚地体认到"班级不是孤立的"、"班级经营无法单打独斗"的事实。这是一种"宏观"的态度。

——采取民主开放的态度，探讨以民主开放的策略来经营班级的可行性，以期能协助导师及早挣脱日益严酷的不利处境，迎向一个崭新的班级经营的新境界。

——采取理论与实务并重的方式，上编探讨"对班级经营应有的认识"，中编探讨"开放型班级经营策略"，下编介绍"开放型班级经营实例"。这是一种"微观"且条理一贯的做法。

——一般认为班级经营的目的是维持教室秩序、遂行班级教学，未免流于消极；本书将班级经营的目标定位在营造一个"生机活泼、和谐安详"的班级上，以造成有利的教育情境，培植个性与群性得以充分发展的健全公民，态度是积极的。

此外，本书以"编首概述"为开端，以"综合结语"殿后，中间贯以主体部分的上中下三编，结构力求谨严，文字力求浅白，述说力求简明，实例力求具体可行。并尽量减少枝枝节节的注释，以利阅读。

蒙台梭利说："教育是实现和平的最佳武器。"笔者更坚信，教育是实现民主的最佳武器。唯有在民主开放的教育情境里，实现民主开放的教育，培育出具有民主自由精神素养的公民，才能建设成真正民主自由的国家和社会。近年来台湾地区有"国会"乱象和金钱、暴力介入选举的种种弊端；而大陆的改革开放虽已开始，但政治、社会领域的改革刚刚起步：凡此种种，都亟待用民主开放的教育，灌溉出自由和平的花朵，以引领全体中国人民齐心协力，建设一个民主、自由、和平、均富的统一中国。

谨以此书此意献给从事中小学基础教育的辛劳教师们，祝祷寄望各位以其擎天的双手及慷慨慈悲的情怀，通过开放型班级经营的基础工程，早日实现这个属于中国人的共同愿望——建设一个民主、自由、和平、均富的统一中国！

是为序。

熊智锐
1994年春月
于台中市黎明新村

目录

编首概述……………………………………………… 1
  一、本书写作动机、目的及文字表达方式……… 1
  二、本书写作架构及范围…………………………… 2
  三、本书资讯来源…………………………………… 2
  四、本书对班级经营的基本理念…………………… 4

上编　对班级经营应有的认识

第一章　认识学校的外境…………………………… 9
  第一节　外境的含义…………………………………… 9
  第二节　外境的教育意义……………………………… 11
  第三节　外境与班级经营的关系……………………… 15
  第四节　教师如何认识学校的外境…………………… 19
  第五节　本章摘要……………………………………… 22

第二章　认识学校的内境…………………………… 24
  第一节　内境的含义…………………………………… 24
  第二节　内境的教育意义……………………………… 25
  第三节　内境与班级经营的关系……………………… 28
  第四节　教师如何认识学校的内境…………………… 34
  第五节　本章摘要……………………………………… 42

第三章　认识班级 ······ 44
第一节　班级的含义 ······ 44
第二节　班级的形成 ······ 45
第三节　班级的功能 ······ 53
第四节　班级与教师 ······ 58
第五节　本章摘要 ······ 65

第四章　认识班级经营 ······ 67
第一节　班级经营的含义 ······ 67
第二节　班级经营的基本理念 ······ 68
第三节　班级经营与学校行政设施 ······ 74
第四节　班级经营的现况与改进 ······ 88
第五节　本章摘要 ······ 96

中编　开放型班级经营策略

第五章　对开放型班级应有的认识 ······ 101
第一节　开放型班级的含义 ······ 101
第二节　情势咄咄逼人 ······ 102
第三节　母鸡在哪里 ······ 107
第四节　朗朗乾坤的形影笑貌 ······ 114
第五节　本章摘要 ······ 118

第六章　开放型班级经营的工作内涵 ······ 120
第一节　工作内涵的含义 ······ 120
第二节　开门七件事 ······ 121
第三节　纲举目张 ······ 125
第四节　守常与创新 ······ 134
第五节　本章摘要 ······ 138

第七章　开放型班级经营的工作方法 ······ 140
第一节　工作方法的含义 ······ 140
第二节　踏出稳健的第一步 ······ 141

第三节　行动·活动·互动……………………………… 145
　　第四节　教师的锦囊……………………………………… 160
　　第五节　本章摘要………………………………………… 170
第八章　开放型班级经营的成败………………………………… 172
　　第一节　成败的含义……………………………………… 172
　　第二节　成功观…………………………………………… 173
　　第三节　失败观…………………………………………… 180
　　第四节　未成功的案例…………………………………… 187
　　第五节　本章摘要………………………………………… 209

下编　开放型班级经营实例

第九章　全班活动的经营………………………………………… 213
　　第一节　本章旨趣………………………………………… 213
　　第二节　全班活动的经营实例…………………………… 214
　　第三节　本章摘要………………………………………… 249
第十章　团体辅导的运作………………………………………… 250
　　第一节　本章旨趣………………………………………… 250
　　第二节　团体辅导的运作实例…………………………… 250
　　第三节　本章摘要………………………………………… 264
第十一章　个别辅导的实施……………………………………… 265
　　第一节　本章旨趣………………………………………… 265
　　第二节　个别辅导的实施实例…………………………… 265
　　第三节　本章摘要………………………………………… 282
第十二章　教师的观察与省思…………………………………… 283
　　第一节　本章旨趣………………………………………… 283
　　第二节　教师观察与省思的告白………………………… 283
　　第三节　本章摘要………………………………………… 292
附录　点点滴滴都是爱
　　——台中市"黎明国小"教师王廷兰的优良事迹…… 293

综合结语…………………………………………………… 301
　一、上编——对班级经营应有的认识——结语………… 301
　二、中编——开放型班级经营策略——结语…………… 302
　三、下编——开放型班级经营实例——结语…………… 302
　四、总结……………………………………………… 303

参考文献…………………………………………………… 305

图、表目录

图 0—1 本书资讯来源及运行情形示意图 …………………… 3
图 1—1 学校的外境示意图 …………………………………… 10
图 1—2 外境与班级的关系示意图 …………………………… 16
图 2—1 学校的内境示意图 …………………………………… 24
表 2—1 校舍配置类型与噪音值的关系分析表 ……………… 31
图 3—1 教师权威体系图 ……………………………………… 62
图 3—2 教师的功能体系图 …………………………………… 64

编首概述

一、本书写作动机、目的及文字表达方式

本书是作者继《中小学校教育情境研究》之后的第二本书，都是在"开放型学校经营策略"的一贯理念下写的。

作者一直认为，台湾地区的教育应该走民主开放的道路。而目前台湾地区的许多乱象，病因虽然很多，但主要集中在学校的民主教育不够真实，学校本身的民主开放程度不够，或民主开放的步子太小、速度太慢、方向不准确等方面。很多教育学者都说过类似的话：有怎样的教育，就有怎样的人民；有怎样的人民，就有怎样的国家。我们要想建设一个真正的民主自由国家，或想使中国统一在民主自由之下，唯有实施民主开放的教育；而民主开放的班级经营，则是民主开放教育的基础或起步。

"开放型学校经营策略"一系列的著作，就是在这样的动机下写就的。

本书是系列作品的一部分，重点放在中小学校的班级经营上；目的是以民主开放的态度，探讨一种开放型班级经营的方式，为教育行政决策者、学校经营策划者及实际从事班级教学者提供一个思考的线索，借以改善目前过于僵化的班级经营模式和过分流于虚伪化、制式化的民主教育体制。

在文字表达方面，本书尽可能地用浅白的文字述写。为了减少阅读时的枯燥和痛苦（很多人觉得读书是很痛苦的），增加阅读时的方便和乐趣，文字力求简明、口语化，甚至趣味化（但愿能做到）。

二、本书写作架构及范围

本书除"编首概述"及"综合结语"外，主要内容分为三编：

上编：对班级经营应有的认识。
中编：开放型班级经营策略。
下编：开放型班级经营实例。

上编和中编偏重理论部分，下编是实务经验。基于前述有关阅读苦乐的考量，理论部分采用直截了当的叙述方式，尽量减少引证和注释；实务经验部分则采用第一人称口述的方式，使读者读起来更加亲切；事实上这部分都是确有其人、确有其事的，所以也特别值得珍惜。

三、本书资讯来源

作者从事教育工作四十余年，其中十多年从事台湾教育视导工作，访视过一千多所中小学校，接触过许多校长和教师，这些都是本书参考资讯的来源。

在此四十余年中，不断地读书、教书、参加会议、听演讲，并广泛接触中小学校的人、事、物，深入了解各项教、训、总、辅等设施，积累了许多资讯和经验；经过自己的思考咀嚼，再通过工作机会将这些资讯和经验传播出去，一部分学校或教师就参考这些资讯和经验来改进他们的班级经营，然后再将改进的情形或成果告诉作者，让作者有再思考、再咀嚼的机会：这就是本书资讯的运行网路。

在此特别提出的是，王廷兰女士从事小学班级教学二十余年，她的班级经营方针，一直走的是民主开放的道路；而她的爱心、耐心和毅力，以及成功的教学收获，也是作者衷心推重的（有关事迹曾列入"台湾省教育厅""杏坛芬芳录"第十辑，该项事迹介绍的专文附录在本书下编第十二章的后面，请参阅）。作者认为这些资料或教学经验都非常珍贵，应该加以记录、保存或推广；而本书写作的动态实源于此，其内容、精神乃至对班级经营的基本概念，也多是从王廷兰老师的这些教学实务中汲取、思考、凝聚而成的：这是本书资讯的直接来源，也是其中最重要的部分。

综上所述，对本书资讯来源及运行情形可获得一概括的印象，用示意图表示如下。

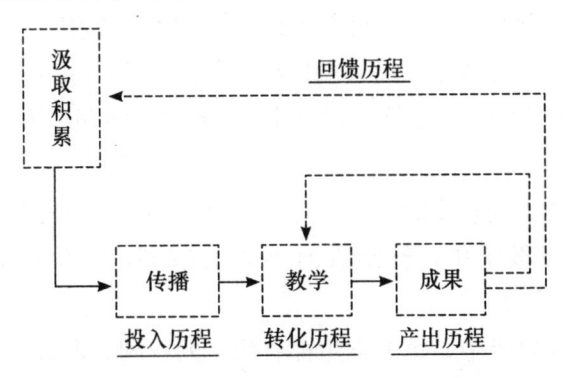

图 0—1　本书资讯来源及运行情形示意图

注：本示意图是参照系统论（system theory）学者的观念，将教学活动看成一个系统，资讯的汲取、积累和传播是投入（input）历程，班级经营或教学是转化（transformation）历程，成果或收获是产出（output）历程，信息的再告知、再思考是回馈（feedback）历程。有关系统理论的论著，请参阅：林文达：《教育行政学》（三民），陈择贤译：《系统化的管理》（中兴管理顾问公司）等。A. W. Halpin & D. Croft, "The Organizational Climate of Schools", *Administration Notebook*, 11, 1963. J. G. Anderson, *Bureaucracy in Education*, Baltimore: Johns Hopkins, 1968. F. E. Kast and J. E. Rosenzweig, *Organization and Management: A System's Approach*, 2nd ed., New York: McGraw-Hill, 1974.

四、本书对班级经营的基本理念

班级经营是教育上的重要课题之一，从事研究实验的人很多，专门著作也不少；可以说是见仁见智，各有不同，也都能言之成理。作者本着民主开放的教育观点，对班级经营提出以下15条基本理念。至于一般性经营理念，此处无法一一列举，在以后各章节中，都会适时加以陈述。这15条基本理念是：

（1）班级不是孤立的，它是学校教育情境中的一部分。

（2）班级不是静止的或机械的，它是有血有肉有灵魂的有机体。

（3）民主开放是班级经营的最高指导原则，打造一个"生机活泼、和谐安详"的班级是班级经营的终极目标。

（4）班级经营亟须多方面的密切配合。

（5）教师难为，但教师是实现民主的唯一希望。

（6）班级经营是一场长期持续的苦战。

（7）导师是班级经营的编剧、导演、演员、观众，甚至裁判。

（8）学生是教育的中心，也是班级的中心，更是受教育的主体。在班级教学中，教师没有不教的权利，学生没有不学的权利。

（9）在班级中，每个学生都有快乐的权利，但每个学生也应有接受适当压力和挫折的能耐。

（10）只要老师真正尽心尽力，天下没有不可救药的学生。即使是顽石，只要精诚所至，顽石也有点头的一天。

（11）天下有不是的成人，没有不是的孩子；如果家庭亲子反目或班级师生对立，孩子固须反省，成人更须反省。

（12）不断地观察、倾听、思考、改进，是导师制胜的秘密武器。

（13）教育不是万灵丹，更不是长效药，但良好的班级经营则是教育的源头活水。

（14）班级经营并无一定的模式，但导师必须走进学生生活中去，则是重要的秘诀。

（15）班级经营没有绝对的成功和失败。

以上这些只是将基本理念作条列式的呈现，至于详细的内涵或旨趣，以后各章节都将有进一步的解说。各项目虽有编号，只是为了列举的方便，并不是重要性的顺序之排列；以后各章节解说时，也不一定按照这个顺序依次呈现。又，基本理念其实不止这 15 条，列举多了会令人讨厌；未列举的留待以后各章节中相机提出。

上编

对班级经营应有的认识

第一章

认识学校的外境

第一节　外境的含义

学校是大社会中的一个小社会，而学校内部又有许多小社会，这样层层相套相扣的结果，就形成了一个"系统"，一般人称它为学校的社会体系。①

所谓学校的外境，也就是学校外的大社会，这个大社会可以大到无限大，就像战国时代道家所说的"至大无外"那样。但我们研究学校教育的人，并不打算把问题牵连得太广太远，而是要

---

① 参考系统理论的说法，学校本身是一个系统（system），它的外境是超级系统（supersystem），它的内境是次级系统（subsystem）；而超级系统之外更有超级系统，次级系统之内更有次级系统。这层层的系统彼此互动，彼此相互影响，使系统产生生长、衰弱、改变甚至衰亡。有关教育系统理论的著作，可参阅：

黄昆辉主译：《教育行政原理》（三民），黄昆辉：《教育行政学》（东华），方德隆等译：《教育行政学》（复文）等。

F. K. Berrien, *General and Social Systems*, New Brunswick, N. J.：Rutgers University Press，1968.

L. von Bertalanffy, *General System Theory：Foundations，Development，Applications*, New York：George Braziller，1968.

D. Katz & R. L. Kahn, *The Social Psychology of Organizations*, New York：Wiley，1966.

把它落实到学校教育本身上面，特别是中小学校教育情境的范畴上。因此，此处所说的外境，我们给它定位为学校外面的社区。用示意图来表示，学校和社区的关系如图1—1所示。①

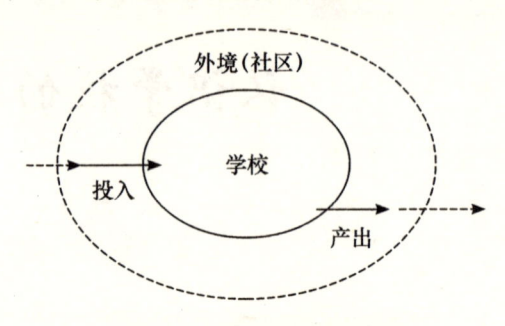

图1—1 学校的外境示意图

学校外面的社区，就是学校的外境，或学校的社区情境。中小学采用学区制，一般人很容易将学区看作学校的社区情境。这也没什么关系。不过严格地说，学校外境的"社区"和"学区"，还是有些不同的。最主要的不同点是：

第一，在形式上，学区是有形的，是有明确的界限的：它可能和行政辖区有关，也可能和交通状况有关（考虑学生上下学方便），更可能有其他特殊原因（如历史、文化、民情）。此外，学区经划定后，有时往往因为教育上的需要（如学校增减）而加以人为的变更。社区是无形的，它可能和学区全部吻合或一部分吻合，也可能全不吻合（一般来说，学区是涵盖在社区之内的）。此外，社区没有明确的界限，而且它的范围比较稳定，不是一般人为力量所能轻易改变的。

第二，在实质上，学区的组织结构比较紧凑严密，区域内成员间的关系比较密切；学校和学区之间的交往也比较频繁。社区的组织结构比较松散，区域内成员间的关系游移不定，有时亲和，有时疏离；它和学校之间的交往也是如此，利益一致就结

---

① 参见熊智锐：《中小学校教育情境研究》，3~4页，台北，五南图书出版公司，1992。

合，一旦利益有冲突就疏远。

第三，就形成的过程来说，学区是由人为力量或行政力量形成的，所以多少带有一些强制性；有些居民不甘愿被划为某校学区内，就设法迁户口设空户，借以达到自己的意愿（就近入学或舍近求远入"明星"学校），这正是因为学区具有强制性的关系。社区是自然形成的，纵然界限不明确，范围不固定，也是依循自然而非人为强制的。

归纳以上说明，我们将学校的外境——社区情境作如下的界定：在一所学校的周边，凡是和学校有直接或间接关系的区域，包括有形的及无形的，就是社区；这种社区内的人、事、物所交织形成的有机体，和学校的投入—转化—产出息息相关，所以称它为学校的社区情境或外境。①

第二节 外境的教育意义

就教育的观点看，学校外境具有很复杂的教育意义。本书着重在班级经营的探讨，因此不想占用太多的篇幅来谈这个话题。但外境和学校的关系非常密切，完全省略不谈也不好，折中的办法是，简单地从以下几方面来分析一下外境的教育意义，也就是从教育的观点来看学校的外境。

一、从外境的特性来看外境的教育意义

（一）外境的开放性

学校的社区情境是开放的，它时时处处都是开放着的；学校虽有围墙和大门，甚至有十分森严的校规和门禁，但学校无论如何都是无法和社区完全区隔开的。既是如此，学校的一切一切，

---

① 有关社区与学区的联系和区别，可参阅《中小学校教育情境研究》，361～363页。

包括最简单具体的师生生活、见闻、习染等，便多少会受到社区情境的影响，同样的，社区也会受到学校的影响；因此，学校的许多教育设施也必须考虑社区的因素或状况。

（二）外境的多样性

社区有许多属性，也有许多分类的方法。例如依社区所处的位置分为都市社区、乡村社区；依居民的职业分为农渔社区、工商社区、文教社区；依居民的社会经济地位分为低阶层社区、中上阶层社区，等等。社区的属性不同，社区和学校交往互动的方式、内容、效果也不同，彼此间的相互影响也不同。①

（三）外境的渗透性

任何学校都不可能是绝对封闭的，对来自社区的渗透和侵蚀也是缺乏免疫力的。就像水对土壤、沙漠的渗透一样，是无孔不入、防不胜防的。在此情势下，学校教育的设施必须多方因应和补强，学校教育效果的折旧速度也就格外快。很多学生一出校门就变了，道理就在于此。

---

① 关于社区属性及其与学校教育的关系之类的著作很多。中文方面的如：

余德慧、王慧君：《低收入社区青少年辅导策略之探讨》，见《社会变迁中青少年问题研讨会论文专集》，台北，"中央研究院"民族学研究所专刊之二十四，388、150～151、352～353页；1989年6月2日"教育部"《1989年度山胞教育研讨会会议参考资料》；林清江、孙邦正、李建兴、李绪武、龚宝善、龙冠海、吴武典等学者均有专著发表。

英文方面的如：

B. M. Spinley, *The Deprived and the Privileged*, London, 1953.

B. Bernstein, "Social Class and Linguistic Development: A Theory of Social Learning", in A. H. Halsey et al. eds., *Education, Economy and Society*, N. Y.: Free Press, 1961.

"Half our Future: A Report of the Central Advisory Council for Education (England)", (H. M. S. O., 1963), *Particia Sexton, Education and Income*, New York: Viking Press, 1961.

U. Bronfenbrenner, "Socialization and Social Class through Time and Space", in Maccoby, Newcombe and Hartley, *Readings in Social Psychology*, 3rd ed., N. Y.: Holt, 1958.

二、从外境的角色来看外境的教育意义

（一）投入的角色

社区的人力、物力、财力是学校的重要资源，社区的青少年儿童是学校的学生来源，学校的员工也多是来自社区，这些都是社区对学校的经常性的投入，而且是直接的、具体的、有形的。此外，社区对学校的情意反映或信息回馈，例如对学校的满意或不满意，对学校的产出（包括毕业生、教育成果、教育方针、理念等）接纳的程度等，这些是社区对学校的另一种投入，即无形的、抽象的、精神层面的投入。这两种投入的品质好坏、数量多寡、频率快慢高低，对学校的经营发展都有很大的影响。有人甚至比喻说，社区是学校的衣食父母，这话虽然有点儿过分强调，但从某些角度看，其实也颇有道理。

（二）吸纳的角色

学校的外境一面将本身的资源大量投入到学校里来，使学校获得足够的营养；一面又吸纳学校教育所产出的种种成果，包括农工产品、毕业生及师生平时的生活方式、价值观念、行为模式、消费及生产形态，等等。此外，学校的社区教育、成人教育、亲职教育（parental education）及精神伦理建设等，其施教的对象既然是社区，社区也就成为这些权益的当然享用者；社区因此获得的利润，虽是无形的，却也是无价的。①

（三）媒介的角色

人类知识、文化、文明，由学校负主要的传递责任，而发扬光大的责任还是在社区；另外，地球村虽然越来越小，资讯传播也越来越便捷，但学校还是一个比较封闭保守的小社会，它须通

---

① 关于社区学校及社区教育的意义和作用，专门著作也很多。请参阅《中小学校教育情境研究》，361～430 页。

过社区的媒介作用来接收消化种种新的资讯和新的事物,借以调整自身的步伐,强化自身的体质。这种媒介的角色,大的、正式的如各种新闻媒体,小的、非正式的如社区中的三姑六婆、小道消息等,都能发挥相当的功能。

三、从外境与学校的关系来看外境的教育意义

(一)外境和学校的政治关系

在民主政治的初期,社会上的人、事、物,几乎无一不受到它的影响。学校和社区的政治关系,也因为政治民主化而愈加亲密。许多政治人物在争取出头机会之初,喜欢夸大自己"草根性"的种种关系(有些人连其幼儿园的"学历"都列入经历栏内,就是这种道理);在出头之后,更以这种种关系来渲染自己的"民意基础"或"政治资本"。有些学校迫于现实,亦不得不虚与委蛇,甚至以"押宝"的心态广结善缘,使得学校和社区的政治关系更加密切。在此情势下,学校教育蒙受政治乃至社区派系的污染,也是极其自然的。① 当然,学校的民主教育、自由思潮及社区的开放气候,彼此也有良性互动的关系。

(二)外境和学校的经济关系

学校的经费收入来自社区居民的税捐(包括正常经费、学杂费及募捐),学校的经费开支又散布到社区中去(包括员工薪酬);学校的各项工程及各种教学资源,多由社区人士承包或向社区厂商采购;学校的作业生产(包括生产技术及产出的成品),多由社区所吸纳消化;社区的经济状况及居民的社会经济地位,更直接或间接影响学校的教育设施和教育成果。偏远地区学校经费拮据,各项教育设施简陋,教育成果乏善可陈,学校规模逐年

---

① 台湾地区中小学的校内人事、编班等行政事务,几乎普遍受到地方政治派系的干预,已属不争的事实。1987年笔者视学彰化县,发现某些小学同一年级的班级人数,有的多到七十余人,有的少到二三十人,追问之下,才知道是受到地方角头好恶的影响。

萎缩，原因虽很复杂，但社区经济条件差及居民社会经济地位低，却是主要原因。

(三) 外境和学校的文化关系

文化是人类由野蛮进步到文明的各种努力成果，教育则是推动这种进步的主要动力。人类进步的成果反映在科学、文艺、宗教、道德、法律、风俗、习惯等各方面，而这些事物既普遍存在于学校外境的各角落和各层面，也因外境的渗透而进入学校内境的各角落和各层面。在此情形下，学校教育既是人类文化的成果之一，也是推动文明进步或文化转型的重要动力。从另一角度看，大社会或学校外境的文化，是主流文化，学校内境的文化是次级文化，两者之间的关系非常密切，也非常复杂：有时是相互影响的关系，有时是相互滋补的关系，有时是相互增强或相互削弱的关系……①

总之，从教育的观点来看学校和其外境的关系，尽管它包含着积极、正面的关系和消极、负面的关系，但二者关系非常密切则是不争的事实。单从学校的角度来说，没有一所学校是没有外境的，也没有一所学校是不受外境影响的。正因为这个缘故，每一位学校经营者都必须体认此一事实，每一位班级经营者对此一事实也不可等闲视之或浑然不知。

第三节　外境与班级经营的关系

在编首概述"四、本书对班级经营的基本理念"中，作者即提出"班级不是孤立的，它是学校教育情境中的一部分"的说法。这一基本理念须作进一步的解说和探讨。

---

①　台湾地区山地同胞多信基督教或天主教，当地学校重要活动须与教会配合，方能得到居民认同而顺利进行。澎湖县各岛屿寺庙林立，学校的设置及学区的划分，多须考虑当地寺庙的立场或态度。

参照系统理论的说法，学校是一个系统本体，它的外境是它的超级系统，它的内境有许多次级系统；班级是许多次级系统中的一个次级系统。用示意图加以说明即可了解（见图1—2）。

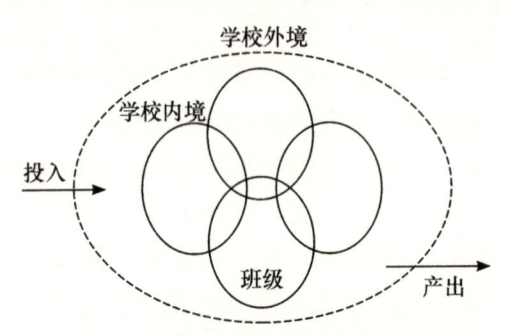

图1—2　外境与班级的关系示意图

说明：(1) 班级是学校内境中许多次级系统中的一个次级系统。
　　　(2) 关于学校内境的概况，下一章将作简单的介绍。

班级被学校涵盖，学校被外境涵盖，如此看来，班级和外境的关系似乎是间接的，中间隔着学校这一层级。也正因为这个缘故，有些教师对外境的态度是敬而远之。俗话说"天塌下来自有个儿高的顶着"，怕什么，一旦出了状况，和外境有了纠葛，尽管向学校一推就完事了，不是吗？

事实并非如此。一位有经验、负责任的班级经营者，既不同意这种说法，也不会采取这种态度。因为外境和班级的关系是直接的，是十分密切的。以下从四方面来略加解说。

一、外境是班级的根源

中小学校的每一个学生，都来自社区。对班级来说，有怎样的社区，就有怎样的学生；有怎样的学生，就有怎样的班级；这几乎是树根与枝叶、水源与河川的关系，难道不是直接的关系吗？有烂学校，有明星学校；有放牛班，有精英班；而且明星学校中也有放牛班，烂学校中也有他们自己的精英班（虽然并不十分精英）。这是为什么？原因虽然很多，但外境或社区实具有关键性的影响。明星学校多在市区，烂学校多在偏远地区或低阶层社区，即是最佳说明。再进一步去观察分析，看看各学校的放牛班和精英班吧，这些学生的家庭有什么不同？他们家长的社会经济地位、对子女的教育态度有什么差别？

当老师的，得天下英才而教育之，固然是一乐也，但精英班的经营也有其艰苦的一面；得天下牛才、庸才而教育之，固然痛苦万分、艰难万分，但放牛班的经营一旦有成，其收获和快乐往往十百倍于精英班。这样的过程和结果，也更说明了班级和外境的关系是多么密切了。

外境既然是班级的根源，当老师的，怎可忽视它呢？

二、外境是班级经营者的公婆

在传统社会里，公婆是权威的象征，媳妇是弱者，二者的关系是不平衡的；在民主开放的社会里，每个人都有他的尊严和地位，婆媳的关系应该是平衡的。不平衡，便难和谐，纵有和谐，也是假象；能平衡，才有可能求得真正的和谐（这里理想或理论与事实尚有相当的差距）。

就社区和班级的关系来说，在过去，学校和班级都不太重视社区的存在，这正好与传统社会的婆媳关系相反，社区像是沉睡的公婆，凡事都任凭学校或班级去做（或不做）；社会转型中的社区，像是忽然清醒了的公婆，对学校和班级事务样样都要过问。很多级任导师为了学生或班级事务，往往不在乎校长或主任高兴不高兴，但对社区的风评或家长的好恶却不敢掉以轻心；尤其社区中某些有头有脸的人物，某些所谓"意见领袖"或"广播电台"，他们就像传统社会中的公婆一样，手中操着级任导师的去留或毁誉大权，级任导师的日子好过不好过，班级经营能否得心应手，都得看那些权威型公婆的好恶或脸色；而这些人的信息往往都特别灵通，其魔杖魔笛几乎无所不在。换个角度来看，外境有时就像班级经营者的一面镜子，美丑都不容易掩饰过去。

不过，很多事情都是因果相循环的。无论是公婆或媳妇，任何一方过分霸道或过分忽视对方的存在，都是不智的，都将或多或少反受其害的。班级和社区的关系，也正是如此。

三、外境是班级的滋补者

班级的学生来自社区，社区或学生家长基于对子弟的关爱，在"爱屋及乌"的功利思想引导下，对班级事务乃至班级导师的生活行止，也都特别关心。一般说来，愈是明星学校、明星班级，愈能得到社区的支持和帮助，无论是物质方面的捐助还是精神方面的支持，都是如此。班级经营者倘能从社区吸收到丰足的营养，他的班级经营定会格外顺利；他在学校和社区的地位，也会相对提高许多。

前面说过，外境是班级的根源。根深则枝繁叶茂，源远则川流滚滚：这是自然现象。相对于外境是班级的滋补者这一理念来说，也是不难理解的。

四、外境是班级的教育对象

很多教育学者都指出，学校教育除了消极地保存文化、适应社会变迁外，更须积极地创新文化、引导社会变迁。因此，学校必须两面作战，一面改造学生以改造未来的社会，一面改造社区以改造当前的社会。班级则是此项作战的第一线，它既需要全心全意地教育学生，以开发学生的个性和群性，使之成为未来社会的工程师；同时还要通过亲职教育、成人教育、社区教育等方式，以导正社会偏颇的倾向，使眼前的社会日趋健康。

再从另一个角度看，班级经营者施行社区教育工作，使社区居民的工作能力、职业选择、生活方式、价值观念、行为习惯，乃至语言沟通能力等，能够得到进展或改善，对班级经营来说，也是有利的。这包括：（1）增进双方的情谊；（2）减少双方的隔阂和误会；（3）缩短彼此在知识水平、思想观念、教育态度等各方面的差距，等等。

总之，外境和班级是相辅相成的。就班级经营的观点来说，班级仰赖于外境者多；级任导师要想把班级带好，必须重视外境的存在。

第四节 教师如何认识学校的外境

一、教师为什么要认识学校的外境

就"认识学校的外境"这一命题来说,当从三方面来探讨:(1)为什么要认识学校的外境;(2)认识学校外境的什么;(3)怎样认识学校的外境。

本章前三节旨在说明学校外境的重要性,以及外境与班级经营的关系,基本上已说明了"为什么要认识学校外境"的命题。这一节即进一步探讨其余的两个命题。

二、教师要认识学校外境的什么

学校外境或社区,范围很广,内容和面貌很庞杂,教师要想在短时间内作全面而彻底的认识,显然并不容易。教师认识社区的主要目的是为了班级经营,为了教育学生,因此,凡是与班级经营或教育学生密切相关的事物,才值得教师花精力时间去认识,无关的或关系不大的,就不必浪费宝贵的心力和时间了。

(一)社区的结构

民主开放的社会,组织结构愈来愈复杂,也愈来愈散漫松动;社区是社会的一角,里面包容着大大小小、各式各样的次级团体或次级系统,有具体有形的,如机关、学校、教会、医院、庙宇等,也有松散无形的,如同乡会、同学会、各种社团、地方派系等。这些次级系统,随时会投射出不同的声音或动作,对社区、社会乃至政府、国家产生不同的影响;学校和班级,当然也在它的投射影响的范围内。教师为了班级经营及学生教育,对社区的组织结构,最好能有一些概括性的认识。尤其像医院、警察系统等，和学校、学生的关系较密切，导师更须多加了解。再从更现实的角度来说，在这个"谁怕谁"的诡异时代，老师多认识一下周遭的环境，消极方面可以"避凶"，积极方面可以"趋吉"，又何乐而不为呢！

（二）社区的特性

学者对社区有种种不同的分类，也指出不同社区有其不同的特性，不同社区的特性对学校教育（包括班级经营）会产生不同的影响。① 教师在进入一所学校后，对整个学校外境的大环境固然要设法去作概括性的了解；在接下一个班级后，对这个班级的学生来源、家庭背景，更须设法去深入了解。一般说来，低阶层社区的物质环境、社会环境、文化环境都较差，这对青少年儿童的人格发展及行为形成都很不利，例如他们的语言发展、适应力、智力及思维方式等各方面，都比中上阶层的孩子较迟缓或迟钝，行为异常甚至犯罪的几率也较高；低阶层家庭的父母忙于日常生活或职业，对子女多疏于管教，对子女的教育期许也较低，甚至认为孩子不读书、不上学也没有什么关系；有些父母并且以自己为例（如小学没毕业也能当上厂长或老板，赚钱比当老师的人多上好几倍），反过来劝老师不要过问他家孩子的课业；低阶层社区对学校和班级事务也不热心，对老师也少有敬意，家庭联络很困难，即使费了九牛二虎之力联络上了，家长的态度也往往令老师失望……凡此种种，都和班级经营及学生教育息息相关。低阶层社区如此，其他类型社区也各有其特性，对学校教育和班级经营亦各有不同的互动关系或影响，所以老师对当地社区的特性宜多加了解。

（三）社区的自然和人文资源

社区是班级经营的天然资源，从事班级经营及班级教学的老

---

① 有关社区特性与学校教育的关系，请参阅《中小学校教育情境研究》，361～430页。

师，对当地社区的自然景观、史迹文化、社会现象、风俗民情、杰出人士等能多所了解，不但随时可能用作扩大课程教材领域、丰富教学内容的资助，对班级经营亦可产生意想不到的好效果。近年来，各方强调"本土化教学"或"田园教学"，教师对当地社区的自然和人文资源的认识，显得更加重要了。

三、教师要怎样认识学校的外境

常言道："处处留心皆学问。"怎样认识学校的外境？处处留心而已。这样说似乎太笼统，而且社区结构、社区特性、社区自然和人文等，所须认识的内容既然不同，认识的方法或途径自亦不同。以下几点意见，供作参考。

（一）学生

学生是社区资讯的源泉，学校辅导室的学生基本资料，不但是老师认识学生的原始工具，也是老师探寻发掘社区信息的蹊径；不过这些资料有的并不真实，有的很粗疏，有的已过时，老师须再设法从学生身上去求增补或校正。从学生身上更可扩散到他们的家人、亲友、邻里，信息的来源是没有止境的。

（二）学校

学校是社区资讯的宝库，学校的文书档案，校史，学校日志，家长会、校友会史料，校运会、校庆会案卷，以及资深同事的记述、当地同事的口风等，若能留意涉猎、寻找、过滤，对认识社区必大有助益。

（三）社区

认识社区的最佳途径还是直接走进社区里去，老师可利用家庭访问、郊游旅行、田野调查、专题研究、探亲访友、喜庆应酬、社区教育、社会服务等各种方式或机会，留心搜集社区的种种资讯，这些资讯才是第一手资料，可信度最高。

(四) 媒体

报纸、杂志、广播、电视、广告传单、文物史料、各机关团体组织的自我简介、选学期间的各种宣传海报等，随时留心搜罗、汇集、整理，也是认识社区的途径之一。

当然，认识学校外境的方式和途径很多，而且因人、因时、因事、因地各有不同，不同的资料或信息，须用不同的方式或途径去探索搜集。

而且最重要的是，一位有心认识学校外境的老师，对来自各方面的资讯，一定得随时加以分类整理，便于保存和利用。资料若不整理，日久便成废物；资料若不利用，更是没有意义。

第五节　本章摘要

本章为本书上编的开端，即"认识学校的外境"，全章主文计分四节。

第一节为"外境的含义"，首先以示意图说明外境（社区）和学校的关系，其次说明社区和学区的不同，最后界定学校的社区情境（外境）为：在一所学校的周边，凡是和学校有直接或间接关系的区域，包括有形的及无形的，就是社区；这种社区内的人、事、物所交织形成的有机体，和学校的投入—转化—产出息息相关，所以称它为学校的社区情境或外境。

第二节为"外境的教育意义"，分别从（1）外境的特性、（2）外境的角色、（3）外境与学校的关系说明外境的教育意义。

第三节为"外境与班级经营的关系"，首先以示意图说明外境与班级的关系，其次从（1）外境是班级的根源、（2）外境是班级经营者的公婆、（3）外境是班级的滋补者、（4）外境是班级的教育对象四个方面，说明外境与班级具有直接的密切关系。

第四节为"教师如何认识学校的外境"，在说明本章前三节强调学校外境的重要性，亦即解说为什么要认识学校的外境之后，继续探讨"认识学校外境的什么"及"怎样认识学校的外境"这两个问题。指出社区的结构、社区的特性及社区的自然和人文资源三者，是须加认识的主要内容；而学生、学校、社区及媒体四者，是认识外境的主要途径。

第二章 认识学校的内境

第一节 内境的含义

所谓学校的内境，是相对于学校的外境来说的。仍以系统理论来加以解说，学校是一个系统本体，它的外境是超级系统，本书将其缩小范围为"社区情境"；它的内境有许多次级系统，可区分为"物质情境"及"精神情境"两大类，物质情境包括校地、校园、校舍、设备等，精神情境包括制度、决策系统（如董事会、校长等）、中介系统（如各处室等）、技术操作系统（如教职员工等）等。用示意图加以说明（见图2—1）。

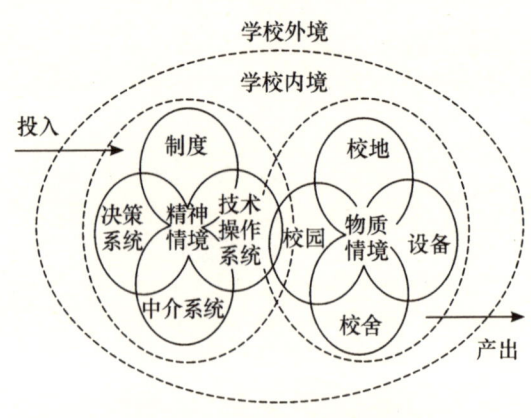

图 2—1 学校的内境示意图

学校的内境一如学校的外境，非常复杂，而且它里面的各种次级系统之内，尚有许多小的次级系统，就像战国时代道家所说的"至小无内"那样，小到不可再小为止。这许多次级系统环环相扣，又彼此因互动而交互影响，就形成了学校内的教育情境。参照本书第一章有关学校外境的界说，对学校的内境作如下的界定：在一所学校内，由精神情境和物质情境交织互动而形成的有机体，因其和学校的投入—转化—产出息息相关，所以称它为学校的内境。①

第二节　内境的教育意义

学校的内境包括"物质情境"和"精神情境"两大类，而每一类又涵盖着许多次级系统，可见其内容是既丰富又复杂的。学校的主要任务是教育，学校里之所以有如此丰富而又复杂的内境，主要原因就是为了办好教育；从这个观点来思考，学校内境的教育意义就自然呈现了。以下试就两方面来作简要说明。

一、从内境的表象来看内境的教育意义

（一）内境是学校的必要条件

什么是"必要条件"呢？就是不可不具备的条件。学校没有校地、校园、校舍、设备、制度、决策系统、中介系统、技术操作系统等，能称其为学校吗？为什么有些学校沦为三流四流学校呢？请仔细考察一下，一定是某些条件不具备；或虽然表面上的物质条件具备了，但实质上的精神条件却残缺不全，例如它没有建立很好的制度，或缺乏有效的决策系统，等等。②

---

① 有关学校内境的探讨，请参阅拙著《中小学校教育情境研究》第一编"中小学校物质情境研究"、第二编"中小学校精神情境研究"。

② 有些学校董事会一改组或校长一更换，整个学校就会产生很大的变化（变好或变坏），就是这个缘故。这样的例子太多了！

也许有人质疑:"函授学校"、"空中学校"* 在"物质情境"方面很多都不具备,为何也能称其为学校呢?严格地说,这些学校并非正规的学校或健全的学校,采用的是一种权宜性的或变通性的学制;另外,函授学校或空中学校都会利用正规学校从事"面授"之类的教学活动,可见这类学校在某些方面其实是自感不足或有所欠缺的。

(二) 内境是评鉴学校的主要依据

教育机关或学术单位常常对各级各类学校进行评鉴,以促使学校不断地改进;各级各类学校对评鉴工作都非常重视,因为评鉴的结果往往影响学校的声誉和未来发展。各种评鉴方式或所使用的评鉴工具尽管不同,但评鉴的主要依据都不外乎学校内在的教育情境。换句话说,学校内境的好坏,常常被视为学校好坏的象征,内境的重要性和其教育意义由此可以想见。

(三) 内境的经营和改进是提升学校教育品质的重要门径

学校内境多半都是很具体的,甚至是可以量化的;所以很多有抱负的学校经营者在研究制订学校发展计划时,无论是短期、中期、长期的发展计划,内境中的各个项目的经营和改进,其实就是这些发展计划的主要内容。换句话说,有抱负的学校经营者要想提升其学校教育的品质(包括质的提高和量的扩充),从学校内境各个项目下手整顿,只要做得得法,是不难产生立竿见影的效果的。

二、从内境的功能来看内境的教育意义

(一) 保健养护的功能

人体的五官、四肢百骸,样样都很重要,因为样样都有它的

---

* 疑为中国大陆的远程教育学校。——编者注

功能；而这些功能的总和，就是构成一个健康完好的人。学校的内境也是如此。内境的第一个功能就是保健养护的功能，学校的主要任务是教育学生，学生是学校教育的主体，内境的保健养护功能的发挥，消极上是要保障学生安全而顺利地生活和成长，积极上是要促进学生健康而健全地发育和发展。这可以说是内境的最基本、最原始的功能，这个功能实现了，才能谈别的功能；否则，便一切免谈，也一切都无意义了。

（二）鼓舞表率的功能

学校优美的校园、宏伟的校舍、完好的教学设备、健全的制度、优秀的师资等，对校内的学生及校外的人士，都具有良好的诱导、鼓舞和表率的作用。这是学校内境的另一重要功能，在教育上属于潜移默化的范围，表面上虽看不见也摸不着，实际上它是无时无所不在的。

（三）沟通协调的功能

学校内境所形成的具体环境和团体氛围，使学校成为社区中的核心组织；学校的校园景观、体育场地及设备、活动中心或礼堂、亭台花榭、宽阔通道或幽雅小径，使学校成为学生和民众读画、交友、休闲、集会的场所；学校的专业组织和专业人员，平时替学生排忧解难，必要时更替社区从事沟通协调的工作。这是学校内境的又一功能。

（四）传播转化的功能

学校的内境有如一部复杂而又机能良好的生产机器，它把来自学校外境的种种投入因素或资源，通过一连串的、精密的分工合作的生产程序，转化成有形的产品（毕业生）或无形的产品（知识、信息、生活方式、思想观念等），经由各种交流互动以辐射的方式传播出去，对社会走向和文化累积产生巨大的影响。这是学校内境的另一重要功能。

（五）增益生命价值的功能

初生的婴儿，只是一个原始的生命体，经过家庭的抚育逐渐成长；这个阶段的个体，生活和行动上慢慢独立自主，不过也只是一个"能服一己之务"的消费者而已。直到走进学校，接受学校的教育后，他的生命价值才不断继长增高；而这种增长价值的主要动力，则是来自学校内境的生产转化过程。学生离开学校进入社会，他的价值就是他的"卖点"，小学毕业、中学毕业、大学毕业的身价不同，是逐级递增的；这种逐级递增的"附加价值"，主要的源泉就是学校内境所发挥的教育功能，这也是学校存在的根本理由：学校如果不能发挥这样的功能，它就没有什么存在的价值了。

从以上说明不难看出，学校内境是有其充实而光辉的教育意义的。但此处必须补充强调的是，学校内境是由许多次级系统凝聚组合而成的，它的教育意义也只有在彼此凝聚组合、一体行动下才能发挥；各个系统的单打独斗非但难以有成，且必将有害于学校的整体利益——学校教育职能的履行。

第三节　内境与班级经营的关系

学校里面有许多次级系统，就像人体里面有消化系统、神经系统、感官系统等一样。班级是学校里的次级系统之一，它是行政体系下产生的一种制度，它和学校内境中的各个次级系统都有密切的关系。

如前所述，学校内境区分为精神情境和物质情境两大类，以下试就（1）物质情境与班级经营的关系、（2）精神情境与班级经营的关系，分别加以说明。

一、物质情境与班级经营的关系

（一）校地与班级经营的关系

一般人也许认为，班级经营和校地的关系不大，但事实绝非如此。道理很简单，校地面积的大小、地形是否平坦完整、位置是否适当、周边社区是否清静安宁、交通是否便利，乃至产权是否清晰等，既是学校生存发展的先决条件，也和班级经营息息相关。台中市某些学校邻近风化区，学生异常行为较一般学校的学生普遍而恶质化，班级经营便特别棘手，即是一例。①

（二）校园与班级经营的关系

校园是学校房舍建筑、设备安置及师生生活的场所，具有绿化美化、舒展调剂、观察研习、强健身心、沟通联系、集会游憩等功能；既是一所学校的精华和灵魂，更攸关班级经营的利钝和成败。最明显的事例是，如果校园局促，学生活动空间狭小，彼此之间肢体接触的机会便会增加，碰撞、斗殴、冲突的事件便会频频发生，对班级经营当然不利。②

（三）校舍与班级经营的关系

校舍的主体是教室和师生教学活动的各种房舍，它和班级经营的关系之密切，更是显而易见的。而校舍配置、校舍设计、校舍管理等，无不与班级经营发生直接的影响。研究者指出，校舍配置类型和噪音干扰有密切的关系，愈是封闭性高的配置，所受的干扰就愈高，其关系有如表2—1所示。③ 据美国赖德博士研究发现，噪音会影响睡眠、食欲，使智性失去而野性发挥，儿童发育受阻；又据心理试验显示，儿童如常在感觉不适的环境里学习，注意力会不集中、食欲不振、身体瘦弱、学习能力减退。校

---

① 有关校地与学校教育的关系，请参阅蔡保田：《学校建筑的理论与实际之研究》（"教育部"），日本建筑学会：《学校建筑设计计划与实例》（大佳），及《中小学校教育情境研究》，37～57页。

② 有关校园与学校教育的关系，可参阅蔡保田：《学校建筑学》（正中），[日]谷口汎邦编：《学校教育设施与环境的计划》（大佳），及《中小学校教育情境研究》，59～80页。至于每一学生的活动空间，"教育部"新修订的学校设备标准有明确的规定。

③ 参见"台湾省政府教育厅"委托"中国文化大学"建筑系所作的《改善学校噪音干扰教学之研究》期中报告，1990年2月28日，20页。

29

舍配置的影响如此，其他有关校舍的问题亦可想而知。①

（四）设备与班级经营的关系

学校里的设备是支援班级教学用的，设备的有无、多寡、强弱、形式、质量，足以影响师生教、学的态度、效果及身心健康；设备的购置、管理、使用，更会影响学校的团体氛围、师生的意见沟通，及学校和社区的关系。许多研究发现，教室有无装空气调节设备及课桌椅摆放的方式，都会影响学生的出勤率、学业成绩、生理疾病、心理困扰及学生行为。设备和班级经营的关系，由此可见一斑。②

---

① 有关校舍与学校教育的关系，可参阅：
"中华民国学校建筑研究学会"编：《学校建筑与校园规划专题研究》（台湾书店），蔡保田主编：《学校建筑研究》（台湾商务），及《中小学校教育情境研究》，81～114页。
Basil Castaldi, *Creative Planning of Educational Facilities*, Rand and Monally and Company, Chicago, Illinois, U.S.A., 1969.
A. D. Brainard, *Handbook for School Custodians*, University of Nebraska Press, 1961.
J. Clark Davis, *The Principal's Guide to Educational Facilities-Design*, Utilization and Management Columbus, Ohio: Charles E. Merril Publishing Company, 1973.
Ann Patricia Jackson, *Interior Design Factors in Library Facilities*, Darton: Texas Woman's University, 1979.

② 有关设备与学校教育及班级经营的关系，可参阅本页脚注①中各专著。
Jean O. Wineman, "Office Design and Evaluation", *Environment and Behavior*, 14 (3), 1982.
Louis Harris and Associates, *The Steelcase National Study of Office Environments*, No. 11: *Comfort and Productivity in the Office of the 80'S Grand Papids*, Mi. Steelcase, Inc., 1980.
M. J. Brookes and A. Kaplan, "The Office Environment: Space Affective Behavior", *Human Factors*, 14, 1972.
Floyd T. Christian, "Evaluation of Climate Control and Its Contribution to an Effective Educational Program", *School Building Research*, Publication No. 1008, 1963.
F. L. Strodtbeck and L. H. Hook, "Social Dimensions of a Twelve-Man Jury Table", *Sociometry*, 24, 1961.
Sarak Hommond Leeper et al., *Good Schools for Young Children*, 4th ed., Macmillan Publishing Co. Inc., 1978.
Robert G. Simpson, *Educational Psychology*, New York: J. B. Lippincott, 1949.
E. K. H. Kroemer, "Seating in Plant and Office", *Amer. Industrial Hygiene Assn, Journal 32*, 1971.

表 2—1　　　　校舍配置类型与噪音值的关系分析表

室内 Leq	百分比	学校数目	衍生型	基本型	校舍类型
66.5	3.75%	3			1
70.4	8.75%	7			2
70.0	27.50%	22			3
72.5	20.00%	16			4
71.4	40.00%	32			5

二、精神情境与班级经营的关系

(一) 制度与班级经营的关系

学校内有各式各样的制度，有的是法令规范下建立的，有的是学校本身依权责建立的，有的是学校同事之间自然形成的；班级制度也是学校内境的制度之一。以法令规范下建立的制度来说，例如学校的人事制度、薪酬制度、财物购置管理制度等，既是形成学校团体氛围的重要因素，也和教师的权利义务密切相关，当然也关系到教师专业服务精神的发挥和班级经营的好坏。再单就"班级"这个制度来说，班级学生如何编排，班级导师如何调配，班级教室、打扫区、活动场所如何配置等，各学校的做法（制度）都不相同，这些都对班级经营有很大的影响。①

（二）决策系统与班级经营的关系

学校里的决策系统，通常指的是董事会（私立学校）和校长；但在开放型学校经营的理念下，决策系统应该是一种民主的、集合群智群力的有机体。家长式、权威式、暗箱操作的决策者，已经（或迟早会）"退流行"了。决策系统的任何决定（作为、不作为或如何作为）和学校的兴衰荣枯都有关联，当然也牵连到班级经营的成败顺逆。前面说的班级编排、导师调配、教室配置等，就是直接的例证。②

（三）中介系统与班级经营的关系

学校里的中介系统，泛指学校里的各处室。它们是介于决策

---

① 有关制度与学校教育的关系，请参阅：
《中小学校教育情境研究》，189～218页。
John U. Michaelis, *Social Studies for Children*: *A Guide to Basic Instruction*, 7th ed., N.J.: Prentice-Hall, Inc, 1980.
S. V. Udy, Jr., "'Bureaucracy' and 'Rationality' in Weber's Organization Theory: An Empirical Study", *American Sociological Review*, 24, 1954.
John W. Meyer and Brian Rowan, "The Structure of Educational Organizations", in Marshall W. Meyer et al. eds., *Environments and organizations*, San Francisco: Jossey-Bass 1978.

② 有关决策理论及决策系统与学校教育的关系，请参阅：
黄昆辉：《教育行政学》（东华），林文达：《教育行政学》（三民），林清江：《教育社会学》（台湾书店），黄炳煌：《教育与训练》（文景），及《中小学校教育情境研究》，219～245页。
L. M. Terman, "A Preliminary Study of the Psychology and Pedagogy of Leadership", in C. A. Gibb ed., *Leadership*, Baltimore, Maryland: Penguin Books, Inc., 1969.
A. J. Murphy, "A study of the Leadership Process", in C. G. Browne & T. S. Cohn ed., *The Study of Leadership*, 1st edit., Danville, Illinois: The Interstate Printers & Publishers, Inc., 1959.
R. D. Mann, "A Review of the Relationships between Personality and Performance in Small Groups", in C. A. Gibb ed., *Leadership*, Baltimore, Maryland: Penguin Books Inc., 1969.
T. M. Newcomb, R. H. Turner & P. E. Converse, "Leadership Role in Goal Achievement", in C. A. Gibb ed., *Leadership*, Baltimore, Maryland: Penguin Books Inc., 1969.
L. S. Wrightsman, *Social Psychology*, 2nd edit., Monterey, California: Brooks/Cole Publishing Company, 1977.

系统和技术操作系统之间的系统,也是和班级经营互动得最频繁的地带。特别是学校的教务、训导、总务、辅导等单位,几乎和班级是"如影随形"的关系。这是人人尽知的常识,待本编第四章中再作深入探讨,此处不赘。①

(四) 技术操作系统与班级经营的关系

学校内的技术操作系统,是由教师和职工组成的。他们具有专业技术和专业能力,在和其他系统的互动或分工合作下,通过他们的技术操作来达成学校的教育目标;其中以教师占最重要的地位,也是学校技术系统里最大、最举足轻重的群体。班级经营者本身既然是教师,就是技术操作系统的一员;前面说过,班级不是孤立的,班级经营更不能采用单打独斗的方式。说得更明白一点儿,一位成功的班级经营者,必须在消极方面不被本群体的其他战友孤立甚至排斥,积极方面更能得到他们的善待和支援配合;技术操作系统与班级经营的关系,也是可以想见的了。②

---

① 有关中介系统的理论及中介系统与学校教育的关系,请参阅:

林清江:《教育社会学新论》(五南)、台湾师大硕士论文《国民中学教务主任角色之研究》(陈喜雄)、《国民中学训导主任角色之研究》(黄德庆),及《中小学校教育情境研究》,247~284页。

Talcott Parsons, "Some Ingredients of A General Theory of Formal Organization", in Andrew W. Halpin ed., *Administrative Theory in Education*, Chicago: Univ. of Chicago, 1957.

L. Gulick & Urwick eds., *Notes on the Theory of Organization: Papers on the Science of Administration*, New York: Institute of Public Administration, 1937.

B. P. V. Sarata & J. C. Jeppsen, "Job Design and Staff Satisfaction in Human Service Settings", *American Journal of Community Psychology*, Vol. 5, 1977.

② 有关技术操作系统的理论及其与班级经营的关系,请参阅:

陈奎憙:《教育社会学研究》("教育部")、刘真:《办学与从政》(台湾商务)、林本:《现代的理想教师》(台湾开明),及《中小学校教育情境研究》,285~321页。

Arlene E. Zielinski & W. K. Hoy, "Isolation and Alienation in Elementary Schools", *Educational Administration Quarterly*, Vol. 19, No. 2, Spring 1983.

Ronald G. Corwin, "Professional Persons in Public Organizations", *Educational Administration Quarterly*, 1, 1965.

L. W. Porter & E. E. Lawlev III, "Properties of Organizational Structure in Relation to Job Attitudes and Job Behavior", *Psychological Bulletin*, Vol. 64, 1965.

从上面这些说明不难发现，学校的内境是由许多次级系统组合形成的，包括物质情境和精神情境两大类，它们和班级经营的关系都非常密切。

第四节　教师如何认识学校的内境

有关"认识学校的内境"这一命题，应该从三个方面来谈：（1）为什么要认识学校的内境；（2）认识学校内境的什么；（3）怎样认识学校的内境。本章前三节旨在说明学校内境的重要性及其与班级经营的关系，此处试就"教师为什么要认识学校的内境"的观点，将前三节的内容作一简明的归纳，然后再分别探讨另外的两个问题。

一、教师为什么要认识学校的内境

首先，因为学校内境具有许多教育意义和功能。

其次，因为教师是学校内的一分子，认识自己的生活和工作环境，对自己是有利的。

最后，因为教师的使命是教学和（或）班级经营，与学校的内境有密切的关系，认识了内境，消极方面会减少阻力和困难，积极方面会增加助力和乐趣，使自己更容易成为一位称职而快乐的教育工作者。

二、教师要认识学校内境的什么

学校的内境很复杂，有许多次级系统，每一次级系统里又有许多小的次级系统，教师究竟要认识内境的什么，也就是从哪些方面去认识它？这是有关认识内境的内容问题。内境尽管很复杂，但简单地说，不过是由人、事、物，加上时间和空间因素的组合而已。以下试分别作简要的解说。

（一）人的认识

人，是学校内境的主要建材，包括从事教育工作的成人和受教育的学生；关于学生的部分，留待本书以下各章去讨论；至于成人部分，就是学校的教职员工，这是我们必须加以认识的，也是此处探讨的重点所在。常言道，知人知面不知心，人是最难认识的，我们究竟要认识学校里的成人的什么呢？

1. 人的群体

人是有群性的动物，学校里的每一个人都不是单一的个体，他至少隶属于一个以上的群体，有的是正式、具体的组织，例如行政人员；有的是非正式、松散的联合，例如因性别、兴趣相同而自然形成的群体。不同群体有不同的群体文化，包括生活言行的态度、对事物的看法，等等。能认识这个人所隶属的群体，并进一步认识其群体文化，不但有利于跟他打交道，也有利于对他的言行态度作判断。

2. 人的角色

学校里的每一个人，在学校里都扮演着一个以上的角色；每个角色都有它的功能和行为规范，扮演的人必须努力去做或刻意去表现，才能演好这个角色，发挥这个角色的功能。而且当一个人扮演两个以上的角色时，有时是相辅相成的，有时是相互抵消或冲突的。例如一位校长同时又是学校球队的成员之一，校长的角色是严肃的，球队队员的角色是轻松活泼甚至逗趣的；如果他都能扮演得恰如其分，并能得到同事的谅解和认同的话，球员的角色不但和校长的角色不冲突，且能因球员的角色和同事建立起亲和的关系，对校长角色的扮演有帮助；如果其中某一角色扮演得不妥当，因而引起同事的误解，便会产生不利的效果。教师要认识自己的角色，也要认识其他同事的角色（正式的和非正式的），以便因认识而谅解，如此对彼此都有利。

3. 人的性格

人的性格不同，影响到他的为人处世的态度：外向的人看得开，凡事好商量；内向的人较拘谨，分寸拿捏得很紧。当然还有其他的性格，而且也不是绝对的，更不可用"二分法"的眼光去看人（内向—外向，好人—坏人……）。又，一个人的性格倾向反映在实际生活言行上，往往是"利""弊"互见的，例如外向的人遇事虽比较好商量，好打交道，但也比较轻率、随便、不安分守己、不踏实。仔细去观察认识每个人的性格，既有利又有趣，不是吗？

4. 人的教养

每个人的生活言行，都和他的家庭背景、成长过程、教育程度、个人修养有相当的因果关系，这就是教养问题。有些人随时随地都表现出好的行为，有些人则正好相反。我们要想深一层去认识一个人，对他的生活言行甚至人格品位有所了解，就必须从他的教养上去探究。

5. 人的价值观念

有的人看重金钱，有的人看重地位，有的人看重名誉；视钱如命的人，也不见得就不重名节，只是不那么看重而已。庄子说："夏虫不可以语于冰。"① 夏虫生命短促，不知道冰是什么东西；这句话常常用来形容目光短浅的人只重眼前，不计久远。我们如果认识了一个人的价值取向，对于和他交往互动是较为有利的。当然我们也不应陷人于不义，他重利，我们就以利和他交往，甚至用利去引诱他，那也就太没品位了！

（二）事的认识

学校内的事，林林总总，要想认识个大概并不容易，尤其刚进入教师工作岗位的"新兵"，走进校门就像进了迷宫，遇到事

---

① 《庄子·秋水》。

情东撞西撞，像个没头苍蝇，有时尽管撞得鼻青脸肿，依然茫无头绪。我们究竟要认识学校里的哪些事呢？

1. 学校的传统

每所学校都有它的校史，也有它的传统和忌讳，新进的教师应该去了解它，知道它看重的是什么，有哪些"游戏规则"（包括有形的成规成法及无形的习惯），有哪些不能触碰的禁忌，都得尽量摸清楚。所谓"入校随俗"，就是这个意思。

2. 各行政单位的组织和职掌

学校里的行政单位是内境中的中介系统，各部门都有它的组织和职掌，这些都和教师的权利义务有关，是最需要彻底认识的。又，各学校的行政组织尽管大体相同，但真正的职掌和权责却并不一致，尤其有些跨单位的事务，其处理归属往往因学校而异，有很大的出入，这也是我们应该去了解的。

3. 主要事务的运作情形

和教师或班级关系最密切的事务，包括教师差假勤惰的处理、文具器物的请领请购、班级的编配、薪酬待遇的申报发放、公文的运行等，其作业程序都值得我们去了解。此外，学校各种会议的召开，各项大型活动的举办，各种定期或不定期考试的办理等，教师或班级需要注意和配合的是什么，事先都应有所知晓。

4. 意见沟通的渠道和方式

学校的传统、校园的团体氛围、校长或行政人员的领导态度、同事之间的情谊等，往往决定一所学校里意见沟通的渠道、方式及品质；教师如不留心去了解，对表达意见的渠道和方式不能有所取舍，往往会弄得事与愿违或灰头土脸。

5. 同事间私人交往的习惯做法

入乡问俗，也入校随俗，"新兵"跟着"老兵"走，总是比较稳妥的。有些习惯做法也许不一定很好，甚至不合法、理、情，但要想改造环境，宜先认识环境并顺应环境，以免"壮志未酬身先死"。

(三) 物的认识

学校里的物，大的如校地校舍，小的如一片纸一支笔，都跟教师的工作、生活及班级经营有关，无论"新兵"或"老兵"，都宜多多去认识。我们究竟要认识学校的哪些物，以及物的什么呢？

1. 物的分类

学校里的物，大部分是具有金钱价值的，如校地、校舍、设备等，少部分是具有精神价值或象征意义的，如学校的史迹、文物、纪念物、荣誉标志等；对于有金钱价值的物固然要认识，而对于有精神价值或象征意义的物，更需要加以认识和珍惜，因为有些物虽不值钱，却是无价之宝。

2. 物的位置

无论学校规模大小，教师对于和自己密切相关的物，它的确实位置在哪里，甚至它的模样如何，都应该踏勘辨认清楚，以便随时派上用场。更重要的是，像操场或班级教室距离健康中心有多远，最便捷的通路怎么走这一类的问题，都应该实际去走走看，以免临时张皇失措。[①]

3. 物的功能

学校里的物都各有功能，有些功能是显而易见，也是大家都常见、常用或熟悉的，例如操场、教室等；有的仪器、设备较新颖少见，它的功能和使用技术就得专心去认识学习；新的校舍建

---

① 笔者视导学校时，曾遇到两个有趣的实例：(一) 高雄县某初中的一位资深女校长，虽已在这所学校服务五年以上，却不知道学校员生合作社在什么地方。(二) 台中市"居仁国民中学"校长刘柏森，陪同笔者看班级教学时，发现二楼教室走廊小水沟有积水的现象，马上很熟悉地走到两处小小的出水口处，将堵住出水口的杂物清除掉，积水就消退了；这说明他对学校的一草一木是多么清楚。

筑往往强调变通性，一间房子可改变多种用途；类似这种多功能的物，更须特别留心去认识它。

4. 物的管理

学校的人各司其职，学校的物各有归属和管理单位。物由谁管，固然应该知道；他怎么管，管理方法如何（合不合理是另一回事），也应该知道。各处门窗、铁栅、铁门的开关、钥匙在哪里，或谁在管理，也要知道。

5. 物的使用

物虽多虽好，不会操作，不加利用，等于废物或无物。长于国语或社会学科的教师，大多不会操作机械；长于技能或自然学科的教师，又往往不会利用图书馆、工具书。如何取长补短，值得去思考和尝试。

(四) 时空因素的认识

学校里的人、事、物，都是现实环境中的一部分，现实环境中最"现实"、最"残酷"的，莫过于"时间"和"空间"这两大因素，它对人、事、物都有决定性的影响。换句话说，我们不能单从静态、固定的角度去认识学校里的人、事、物，要将时间和空间的因素加进去，这样的认识才比较真切。试略加说明如下。

1. 时间因素

大家都说中国人没有时间观念，其实古人对时间非常敏感，很多诗文中都反映了这个事实。至于学校里的人、事、物和时间的关系，更是难舍难分：人吧，老、中、青的思想观念就不同，今年的他和去年的他也不一样了；事吧，昨天可以做的事，今天或明天未必还可以做——早上你迟到了校长没讲话，下午你又迟到了，你看如何？物吧，时间可以改变物的形体、功能和价值，计算机刚被引进学校时像宝贝，现在呢？

2. 空间因素

晏婴曾说过"橘化为枳"的比喻，橘生淮南是橘，移到淮北就变成了枳，是水土不同的缘故。台湾高山的蔬菜、水果特别甘美好吃，是尽人皆知的事。张老师在甲校年年考绩二等，到了乙校却变成了特殊优良教师；丙校年年搞"不乐之捐"没事，丁校刚有募捐的念头，就接到上级电话的纠正；种在校园东边的树木欣欣向荣，西边的却要死不活……这一类的人、事、物的情形所在多有，仔细去了解了解，必会发现一些有趣、有价值的道理。

3. 时空的交互因素

单纯的时间或单纯的空间，固然会对学校的人、事、物产生极大的影响；如果将时间因素和空间因素相加相乘起来，因互动关系而产生的影响，可能就更大了。像李后主的愁，不就是在时空交互影响下而加深加重的吗？① 俗谚说："当兵三年，老母猪变天仙。"当兵，是空间的改变，三年，是时间的改变，老母猪变天仙，是时空改变相加相乘产生的结果。对学校的人、事、物的认识，一定得将时空交互作用的因素考虑进去，才能看懂识透。

三、教师要怎样认识学校的内境

学校的内境有动有静，有人有物，有具体的也有抽象的，教师短时间要想认识它们，其实并不容易。以下试提出几项认识内境的途径，以供参考。

（一）听

静静地倾听，既不会引起别人的注意，更不会惹别人讨厌；从别人的口中来认识内境，往往是比较真实而客观的。古人说，

---

① 李后主《虞美人》，写自己国破家亡后的心情："春花秋月何时了，往事知多少。小楼昨夜又东风，故国不堪回首月明中。雕阑玉砌应犹在，只是朱颜改。问君能有几多愁，恰似一江春水向东流。"

兼听则明。所以无论是公开的或私下的，对于同一件人、事、物，难免有不同的声音；我们用开放的态度去多多倾听，可能比较容易了解真相。

（二）看

看，包括两方面：一是观察，一是阅读。学校里存有许多文件、档案、记录等书面资料，随时留心去阅读或查询，对于认识学校的内境必有很大帮助；至于学校里的人、事、物，无论静态或动态、具体或抽象，都必有形体或信息，需要细心观察，采取民主开放的态度，"兼视"来自各方面的信息，这也是认识学校内境的途径之一。

（三）接触

俗话说：学游泳要跳进水里，学骑马要骑在马背上。对于学校里的人，要多多和他们交往；对于学校里的事，要亲自动手去做；对于学校里的物，要实际去动动它、摸摸它。尤其是"人"，交往接触，几乎是增进了解、化除隔阂的不二法门。

（四）学和问

不会就学，不懂就问，这是一位现代教师应有的基本态度。何况科技如此发达，新的教学媒体不断涌现，新的事件也不断在校园里发生；教师不但得多学勤学，而且要效法孔夫子的精神，对于自己不会不懂的事物，要"每事问"。[①]

（五）思

为了真切地认识学校的内境，"思"是一个很重要的方法或途径。无论是听、看、接触、学和问，都不宜粗枝大叶或鲁莽行

---

① 有些人喜欢在学生面前做个"万事通"的老师，既不肯向别人学习，更担心被学生"考"倒，这种封闭的态度，对自己、对学生都有害无利。

事；尤其当小有所得或遭遇挫折、困惑时，更需要多想、多思考。胡适先生说："做学问要在不疑处有疑，待人要在有疑处不疑。"这是"疑"的学问，也是"思"的学问。

从以上说明可能看出，教师为了生活和工作（包括班级经营）的便利，对学校的内境应多多认识，而且只要肯去认识，就一定可以做得到。最后且引《论语·学而》上的一段话，作为教师认识内境（其实认识外境也一样）的方法之参考："子禽问于子贡曰：'夫子至于是邦也，必闻其政，求之与？抑与之与？'子贡曰：'夫子温、良、恭、俭、让以得之。夫子之求也，其诸异乎人之求之与？'"教师倘能效法孔子，以温和、善良、恭敬、节制、谦让的美德去认识周遭的情境，相信是不会有什么困难的。

第五节　本章摘要

本章为本书上编的第二章，即"认识学校的内境"，全章主文计分四节。

第一节为"内境的含义"，首先说明内境是相对于外境来说的，其次以示意图说明内境包括物质情境和精神情境两部分；最后将"内境"界定为：在一所学校内，由精神情境和物质情境交织互动而形成的有机体，因其和学校的投入—转化—产出息息相关，所以称它为学校的内境。

第二节探讨"内境的教育意义"，从两方面作说明：（1）从内境的表象来看内境的教育意义，分别从内境是学校的必要条件、内境是评鉴学校的主要依据、内境的经营和改进是提升学校教育品质的重要门径三方面加以解说。（2）从内境的功能来看内境的教育意义，分别从保健养护等五项功能作解说。

第三节探讨"内境与班级经营的关系"，从物质情境和精神情境两方面作分析：物质情境包括校地、校园、校舍、设备四项，精神情境包括制度、决策系统、中介系统、技术操作系统四项。

第四节为"教师如何认识学校的内境",分别从三方面作诠释：(1) 教师为什么要认识学校的内境；(2) 教师要认识学校内境的什么,指出学校的人、事、物,以及时空因素,是主要的认识对象；(3) 教师要怎样认识学校的内境,提出听、看、接触、学和问、思五项建议。

第三章 认识班级

第一节 班级的含义

在认识学校的外境和内境之后，进一步来认识班级。

班级，在有些教育著述中也称它为"教室"。学校里的工作人员，对班级或教室都不陌生，但如果想给它下个定义，却并不很简单。有些学者认为，学校是一个社会组织，班级是一个社会体系；有些学者视班级为集体指导学生从事各项学习活动的组织体；有些学者将学校看作一个正式的社会机构，班级则是学校的一个单位；有的学者将班级界定为由教师、学生及环境组成的施教场所。

以上这些界说，或从社会组织的角度立意，或从班级功能的立场立言，或从班级结构的观点作界定。虽然众说纷纭，但也各有道理；这也足以说明，班级是一个很难界定的东西。

本书整体架构是参照系统理论的说法设定的，对于班级的含义，也当从这个角度来拟议。根据这个态度来立说，我们视学校为一个系统本体，它的外境是超级系统，它的内境有许多次级系统；班级是学校里许多次级系统中的一个次级系统，它是由若干元素组合而成的，其目的是实现学校的教育目标。这个含义既说明了班级在学校教育情境中的地位,也说明了它和学校教育情境的关系,同时对它的结构和功能,也有了简单的交代。①

第二节 班级的形成

这一节探讨的重点有二:一是编班的方式,二是班级的结构。关于这两方面的专门著述很多,本书不多加介绍。此处只从系统理论角度,针对目前的实际情况,来探讨这两个问题。

一、编班方式的问题

编组班级的方式,最常被学者提到的,有成绩等级制、能力分班制、科目分级制、分类班级制等。其实小学、中学、大学的编班方式就不相同,同级同性质的学校也往往有各自的编班方式;这是因为学校行政上的考量关系,没有什么绝对的是非或对错。有关编班方式的问题,分以下三方面来探讨。

(一)系统理论的观点

系统理论者从系统的整体看事物,班级既然是学校系统中的一个次级系统,在编班方式上就必须从以下几点作考量:

1. 社区因素

社区是学校的外境,编班时,对于社区结构、社区特性、社

---

① 有关班级或教室的含义,可参阅:
方炳林:《普通教学法》(三民),林清江:《教育社会学》(台湾书店)及《教育社会学新论》(五南),李园会编著:《班级经营》(五南),朱文雄:《班级经营》(复文),许慧玲编著:《教室管理》(心理)。
Olive Banks, *The Sociology of Education*, London: B. T. Batsford Ltd., 1968.
M. James & Contributors, *Techniques in Transactional Analysis*, Addison-Wesley Co., 1977.
A. Corean Roberts, *Trunsactional Analysis Approach to Counseling*, Houghton Mifflin Boston, 1975.

区自然和人文状况等，应有清晰的了解，并引作编班方式的重要参考；以免闭门造车，造成不必要的困扰。

2. 学生因素

学生是班级的投入因素，编班也是为了学生，因此有关学生的人数、年龄、性别、学习成绩、智力商数、生理状况等因素，通常在编班时都须加以考虑。在性别方面，以往偏重男女分班方式，那是封闭的做法，现在已很少采行。

3. 学校因素

班级是学校的基本单位，编班时，对学校的法令、传统、规模、校地、校园、校舍、设备、师资等因素，必须作综合而又细密的考量。

（二）编班方式的现况

台湾地区各级各类学校的编班方式，大体上是：大学及专科学校是依学生的意愿来编班，包括学生报考时志愿就读的系科及入学后选修的课程；高中及初中，法令上规定应采行混合编班，实际上多采行能力编班；高级职业学校因科别的关系，也是依学生报考志愿及入学后选修课程来编班，但近年来受升学热潮的影响，颇多职业学校也采取了变相的能力分班方式；小学采用学区制，比较没有升学的压力，一般都采用混合编班的方式，但有些学校基于社区、学生和师资的考量，也有编组"明星班"之类的特殊做法。

在台湾，编班方式一直是各方注目和争议的焦点，近数年规划实施的初中学生志愿就学方案，主要目的之一就是导正初中不正常的编班方式；这个方案还在聚讼纷扰中，至于是否能因此导正初中的编班方式，套句新闻媒体的老话说："尚有待观察。"①

---

① 有关编班方式的讨论，请参阅：朱敬先：《教学心理学》（五南），"国立"编译馆主编：《国民小学行政》（正中）等。

(三) 教师对编班方式应有的认识

编班方式对教师的影响太大了！不但关系到级任导师班级经营的成败难易，一般科任（专任）老师的日子好过不好过，也跟他担任什么样的班级教学有密切的关系。教师不妨从以下两方面去认识这个问题：

1. 编班方式对教师的影响

（1）编班方式决定班级的形体。班级学生人数的多寡，对教师的影响是最直接而现实的：人数多，不但难带难教，教师身心的负担也较重。①

（2）编班方式决定班级的品质。班级学生品质优秀而整齐，当然要比品质低劣而参差不齐要好带好教一点儿。

（3）编班方式决定师生的关系。精英班或明星班的师生往往趾高气扬，这种团体氛围或个人意识，会给全校其他师生带来恶感；而放牛班的师生难免意气消沉，对学校整体教育情境形成一种压力；同时放牛班本身的师生关系，也往往是对立或不友善的。

（4）编班方式影响教育风气和教师形象。不当的编班方式会助长升学主义和恶性补习的风气，对教育风气和教师形象都造成不利影响。

2. 教师对编班方式的问题应有怎样的认识

（1）编班是一种不得已的手段。在现行的教育制度下，编班是一种无法避免的较佳选择。既然找不到比编班施教更好的办法，就只好捏着鼻子接受吧，抱怨是没有用的。

（2）天下没有十全十美的编班方式。就像老子的说法："祸兮

---

① 但也有例外：1988年笔者视学彰化县时，发现某小学同一个年级的各班，班级人数相差悬殊，探询之下才得知，班级人数六七十名的，是学校的"名师"，身心十分愉快；班级人数二三十名的，是家长和学校看不起的"弃师"，身心都倍感疲惫。

福之所倚，福兮祸之所伏。"① 任何一种编班方式都是有利也有弊的，而且和时间、空间的因素有关联：今天认为有利的方式，明天可能变成不利；甲地认为是好的方式，乙地可能认为是坏的。

（3）教师的爱心、耐心和智慧，是弥补编班缺失的良方。既然没有十全十美的编班方式，则任何一种编班方式下，一定都有一些师生（尤其是学生）受到伤害，唯有教师的爱心、耐心和智慧，才能抚平这种创伤。

（4）开放型的班级经营和教学态度，是最优选择。教师倘能采取开放型的班级经营和教学态度，必可化戾气为祥和，弥补编班所产生的一切缺失。

二、班级结构的问题

班级结构是目前许多学者热心研究的重要课题之一，一种称为"教室社会学"的新学科，已在中外学术界悄然兴起；研究的重点或趋势，有的着重在班级中的教师角色，有的着眼于班级中的师生关系，有的重视对班级中学生次文化的研究。本书从以下三方面，来探讨班级结构的相关问题。②

（一）系统理论的观点

系统理论者一面从"宏观"（广角镜或望远镜）的角度来看班级，一面从"微观"（放大镜或显微镜）的角度来看班级，在这样两个极端下看到的班级结构，它的形体和实质是这样的：

1. 班级不是孤立的

班级是学校系统本体的一个次级系统：学校和社区是它的外境或超级系统，班级的内部还有更小的次级系统；和班级并列的还有其他的次级系统，包括其他班级、其他部门，这些都是和班级并列并存的。以上充分显示，班级不是一个孤立的事物；教师

---

① 《道德经》第五十八章。
② 有关班级结构或"教室社会学"的讨论，请参阅45页脚注①中所列中外著作。

在从事班级经营或对班级相关的事务作考虑时,必须同时教虑它和其他系统(或次级系统)的关系。

2. 班级是一个开放的系统

"开放的系统"是相对于"封闭的系统"来说的。其实开放或封闭,只是比较性的,世上既无绝对的开放系统,也无绝对的封闭系统。班级有很清晰的边界,就像人有皮肤作边界一样,班级的界限就是构成它的一组元素及其活动的领域;它有很明确的目标,就是教学,就是把不会的教会、把不好的教好,并且一直朝着这个目标去努力;它和外界的其他相关系统能保持适当的交往,包括社区的家长、学校的各部门等,它能自我调适,能接纳建议和接受性质不同的分子;一旦遭受挫折,它会力争上游、力谋改善或补救,所以说,班级是一个开放的系统。①

3. 班级的结构是多元的

组成班级的元素包括学生、教师、课程和环境。班级中的学生有许多"意见领袖",形成许多小的次级系统;班级学生中还有因为男女性别、家庭背景、居住地区、学科成绩、兴趣爱好、性格特征,乃至品行相貌等因素,而各自结合成的小团体。在教师方面,级任导师和科任(专任)老师,跟班级的关系不同,也形成不同的小的次级系统。而课程在班级结构中虽常被学者忽视,但事实上课程是班级结构的一环;没有课程,班级就失去目标,班级结构几乎无存在的必要;由于班级教学中有正式课程和非正式的潜在课程,因此同一年级中的各个班级,其班级结构、班风、班格也就各不相同。最后是环境,学校里的物质情境和精

---

① 有关开放系统的讨论,请参阅:
何长珠等译:《教育组织与行政》(五南),黄昆辉:《教育行政学》(东华)等。
Ludwig von Bertalanffy, "General System Theory-A Critical Review", in M. W. Buckley ed., *Modern Systems Research for the Behavioral Scientist*, Chicago: Aldine Publishing Co., 1968.
Walter Buckley, *Sociology and Modern Systems Theory*, Englewood Cliffs, N. J.: Prentice-Hall, Inc., 1967.

神情境，既是班级的"投入"因素，也是班级的"转化"和"产出"因素；班级的团体氛围是好是坏，教学活动能不能顺畅进行等，都和环境因素息息相关。由此可见，班级是由多种元素结合而成的有机体，它不是单一的，也不是由许多零组件拼凑而成的无机物；教师对于这个事实应有很清晰的认识。

4. 构成班级的元素是互动的

班级既是由多种元素结合而成的有机体，各元素之间必然会产生交往互动的关系；至于它究竟是良性的互助互利或是恶性的互拒互斥，是优质的和乐融融或是劣质的格格不相容，那就要看教师对班级结构的认识，及班级经营的策略和能耐了。

（二）班级结构的现况

尽管班级的基本元素是教师、学生、课程和环境，但编班方式却是决定班级结构体质或品质的关键。目前台湾地区，最受瞩目、争议最多的是初中的编班方式。根据以往的经验或现在的事实，初中的编班方式有三种类型，而这三种方式所编成的班级，在结构上却有明显的差异。兹简要说明如下：

1. 混合编班

混合编班或称常态编班或异质编班，就是将不同智力、兴趣或学业成绩的学生，用抽签的方式，或依居住地区，或依报到先后顺序等方式来编班；比较严格认真的做法是，将学生的智力或学业成绩，依高低顺序排列，使每个班级的学生，上等、中等、下等的人数大体相同。这种编班方式形成的班级结构，学生的异质性很大，上智和下愚同座、贤与不肖并列，班级构成较为赢弱松散；但从另一个角度看，这种不带任何歧视意味的编班方式，使班级结构更趋多元化，它的形貌和构成有如一个具体而微的主流社会，倘能好好经营，学生社会化的历程会比较正常，他日进入成人社会的适应力也会较佳较强；班级的构成较为平稳，组织结构较为扎实，也比较容易成为一个多姿多彩的班级。

2. 能力编班

能力编班或称综合成绩编班，是同质编班的方式之一，就是依综合性的学业成绩的高低来编班。又有两种做法：一种是阶段式的编法，即将学生分成两个（上段和下段）或三个（上段、中段、下段）阶段，每一阶段的班级数大体相同，同阶段各班学生的平均成绩也大体接近；另一种是阶梯式的编法，将学生成绩依高低排列，然后一班一班地依顺序来编，结果是每一班学生的平均成绩都有差距，最上层的是尖端班，最下层的是垫底的。这种编班方式形成的班级结构，学生的同质性很高，金童玉女在一起，牛郎马女在一起，班级的构成较为刚健鲜明；但从另一个角度看，这种带有严重歧视意味的编班方式，班级结构虽比较单纯，而明争暗斗或谁都不服谁的恶劣局面却较易产生，对学生的社会化较为不利，他日进入主流社会的适应力较差。

3. 分类编班

分类编班或称学科能力编班，是另一种同质编班的方式，就是依照学生的学科能力、性格取向或兴趣，将能力、性格取向或兴趣相同或相近的人编在一班。台湾地区的初中，曾实施过"学科能力分组"的编班方式，是结合阶段式的能力编班和分类编班两种方式来做的。这种编班方式形成的班级结构，学生因为没有固定的班级归属，一个人有时在甲班，有时在乙班、丙班或丁班，而甲、乙、丙、丁各班的成员都不同；很明显的，这样的班级结构是涣散的，班级里的次级系统几乎无法成形，教师的班级经营也困难重重或根本无从下手。

（三）教师对班级结构应有的认识

在前面说明班级结构的现况时，对编班方式和班级结构的关系会作简要的分析，从分析中已可看出，班级结构和教师的关系是相当密切的。以下分两方面来探讨：一是教师为什么要认识班级结构，二是教师对班级结构应有怎样的认识。

1. 教师为什么要认识班级结构

（1）因为它是教师必须面对的现实存在。班级结构原本就在那里，连教师自己都是其中的一部分；而且教师又必须去面对它，和它朝夕相处，又怎么可以不认识它或逃避它，甚至否认它的存在呢？

（2）因为必须先认识它然后才能接纳它。教师既是班级的一部分，又须朝夕与它相处；也正因为这个缘故，所以很容易犯"不识庐山真面目，只缘身在此山中"的毛病。必须设法先认识它的真面目，然后才能接纳它、善待它、经营它。

（3）因为教师负有导正学生次级文化的职责。在班级结构中，学生次级文化几乎居于"主流文化"的地位；但是这种学生文化良莠不齐，教师既须教导学生知所选择，而自己又必须对班级结构，尤其是学生次级文化有适切的认识。

2. 教师对班级结构应有怎样的认识

（1）班级不可能永远平静。多元化的班级结构很诡异，表面上也许很平静，事实上却波涛暗涌，或潜藏着许多隐而未发的危机。教师经营班级当然是兢兢业业，小心谨慎，但无论教师如何谨慎，或如何以很高的智慧去防微杜渐，却总难避免潜藏的危机浮现出来。教师对于这种偶发状况要有认识，要有心理准备，一旦异常状况出现，无须自责，更不可张皇失措。

（2）班级如水又如剑。对教师来说，多元化的班级就像水，它既能载舟，也能覆舟；又像一把双刃剑，既能用来做武器对付敌人，也有刺伤自己的可能。教师对班级里次级系统（特别是学生次级系统）的认识和接触，要远近、亲疏适度；如果抱着玩忽的态度去操纵学生，小心有朝一日会自己倒霉。①

---

① 有两个鲜活的事例：一位小学中年级的女性导师，经常在班上诉说学校对她不公平，或自吹自擂自己如何负责尽职却被同事排挤。中年级孩子纯洁，回家告诉家长，家长纷纷向学校反映，事情弄清楚后，那位女老师只好低头认错，卷铺盖走人。另一位高中国文老师，在课堂上鼓其如簧之舌大谈政治是非，引起学生及家长的反感，认为影响学生课业，最后他也只得走人。

（3）班级如幽暗的迷宫。多元化的班级也像一个幽暗的迷宫，教师要带着一盏明灯走进去，如此才能照亮迷宫的底里，自己也才有办法走出迷宫来。那盏明灯是什么？就是"诚"，教师用自己的诚心，以开放的态度走进班级的内层去，当可无往不利。

总之，班级是一个多元化的有机体，要想有一个平稳健康的班级，编班前必须就社区、学生、学校等因素作审慎的考量；而教师也宜从多方面去认识编班方式和班级结构的相关问题。

第三节 班级的功能

学者对班级（或教室）的功能，几乎已有定论，那就是"社会化"的功能和"选择"的功能，此外，别无其他功能。本书系对开放型的班级经营作探讨，所以在一般学者所论定的两项功能之外，另加一项"保健养护"的功能。以下分别作简要的说明。[1]

一、社会化

（一）社会化的意义

教育上所说的社会化，就是孩童在成长的过程中，将成人社会的各种行为规范，引进到自己的人格特征里来，使它成为自己人格的一部分，以便他日进入社会即能适应社会，扮演社会一分子的角色。协助孩童完成社会化历程的单位，包括家庭、学校和社区，但学校里的班级，却是其中最重要的单位，也是贡献最多的单位。学生在班级教师的教导、班级同学的濡染，以及班级团体氛围和各种动态、静态活动的影响下，逐渐将成人社会所认可

---

[1] 有关班级（教室）功能的讨论，请参阅 45 页脚注①中所列中外著作。

的规范和价值，引进到自己的人格和生活中来；而将成人社会所不认可的行为或价值，排除在自己的生活或人格特征之外。这一漫长艰辛的历程，都是在班级里完成的。换句话说，帮助学生完成社会化的历程，是班级的重要功能之一。

(二) 社会化的内涵

此处所说的社会化的内涵，从教育的观点言，是和教育的内容或教育的重心很相似。我国传统教育的内容或重心是"五伦"，学生社会化的取舍标准就是五伦，它的理想境界就是"完人"甚至"圣贤"；这是一种偏重个人成就的教育。现在的教育有两个重心：一是发展个体的个性，以成就个人；一是发展个体的群性，以成就群体。换句话说，在班级教学活动中或学生成长过程中，学生的个性和群性是受到同样重视的，这样的社会化，才是健康的。[①]

二、选 择

(一) 选择的意义

教育上所说的选择，是班级（教室）的第二项功能，意思指学生在受教育的过程中，教师通过教学和辅导，一面使不同的学生获得不同的成就，一面也等于替社会选择了它所需要的人才。班级的选择功能，如能善加运用并充分发挥，便可以使孙中山先生"教养有道，则天无枉生之材"的理想得以实现；反过来说，如果不能善用，甚至误用了班级的选择功能，可能就有造成今日"恶性补习"、"放牛班"、"明星班"之类的流弊，糟蹋许多人才。

若想使班级的选择功能得以充分发挥，必须多方面协调与配合。

[①] 有关发展学生个性与群性的讨论，请参阅拙著《中小学校教育情境研究》，311~316页。

1. 社会方面

社会要有很好的诱因：(1) 能够给各种人才充分发展的空间，包括公平合理的机会、报酬、保障、尊严等；(2) 要将目前看重学历学位的做法，改变为看重实际工作能力及发展潜能的做法；(3) 不给学校制造从事升学竞争的压力和借口。

2. 家庭方面

家庭要认清以下这些事实：(1) 与其要孩子去实现父母的"理想"，不如帮助孩子去实现他自己的理想；(2) 不是每个孩子都能成为医生、音乐家，或其他顶尖人物的；(3) 不要因为孩子升学的缘故，接受学校或老师的威胁利诱，也不要因此向学校或老师施加威胁利诱。

3. 学校和教师方面

学校和教师应有一些基本的坚持：(1) 教育是良心事业，不拿学生作为谋取不当利益的工具，包括不当的编班、过分的升学竞争等；(2) 认定给学生快乐的学习和成长，比"揠苗助长"重要，因而发挥道德勇气，抗拒外界所横加的任何压力或引诱；(3) 发展学生的天赋潜能和替社会选择人才，是一体的两面，是可以兼顾，也是应该兼顾的。

(二) 选择的内涵

从教育的观点来探讨选择的内涵，它所涉及的层面很广也很深，这不是本书的重点，此处也无法（或不便）作深广的讨论。但因为它和班级的功能有关，以下只从几个方面作简要的说明。

1. 教育制度上的"分化"问题

有的学生适合升学，有的学生适合就业，这种将学生一分为二的分化，该在什么阶段实施比较妥当呢？这是个见仁见智的问题。分化的阶段决定了，班级的选择才能进行。台湾地区目前实施九年国民教育，初中是试探和分化的阶段，也是帮助学生从事选择的阶段；这样的分化时机合适吗？该不该作弹性的考量或其他考量呢？

2. 教育制度上的"流通"问题

将学生一分为二，一"分"定终身，或一"试"定终身，都是很不合理的制度。要想让班级的选择在消极上不致变成"无情的杀手"，积极上更能实现"天无枉生之材"的理想，教育制度上的流通问题必须彻底解决，这包括升学渠道的全面开放，各级各类学校各科互转的障碍全面清除，以及升学和就业二者之间的交流桥梁全面架起，等等。

3. 资讯的取得与运用问题

协助学生从事选择，或协助社会选择人才，足够的资讯，并能善加运用资讯，是十分重要的，资讯愈丰富，愈能加以善用，选择的内涵便愈开阔，选择的准确度便愈可信可靠。但是，我们现在的这类资讯够吗？教师运用资讯的热忱和能力够吗？

三、保健养护

（一）保健养护的意义

保健养护，是班级的第三项功能，这是一般学者所不会提及的；一般学者着眼于大纲大目和纯学理的探讨，本书兼重实务的研究分析，所以在社会化和选择这两项功能之外，另提出这一项班级功能。事实上，无论从班级经营，或从级任导师日常工作职责去加以观察分析，班级的保健养护工作原本就占了很大的分量。

在本书第二章第二节"内境的教育意义"中，已提到内境有保健养护等五项功能；那是以整个学校的内境为着眼点来说的，而此一保健养护的职责，其实绝大部分都是落在班级身上的。在学校里，学生是班级的主体，他们的一切生活动静，都是班级所关心的，也都是在班级的保护和关怀下尽情享有的。班级不单单指教室，教室也不单单指有形的房舍，班级的领域更不局限于校内，它其实就像一把无所不在的保护伞，随时随地都在庇护着它的学生。如果班级不能对学生尽到保健养护的职责，不能发挥它保健养护的功能，它的社会化和选择的功能便无所寄托，便会落空。

（二）保健养护的内涵

保健养护的对象包括学生生理和心理两个方面，生理是有形的，是比较容易保护的；心理是抽象的，更是多变的，是比较不易保护的。另外，班级保护伞的直径，除了覆盖校区的全部领域外，更须伸展到校区外的广阔天地。班级倘有疏失，致使学生身心受到伤害，是无法逃避自己良心和外界舆论的谴责的。① 试进一步作简要的解说。

1. 生理方面的保健养护

消极方面，保障学生的安全是班级的第一要务，无论校内校外的教学活动，或是学生的日常生活，安全是首须顾虑的。积极方面，要排除妨害学生生长发育的不利因素，创造增进学生健康成长的有利条件。对于学生作息时间和课业负担等，凡是攸关学生生长发育的，都须随时检讨改进。

2. 心理方面的保健养护

学校是较为单纯的社会，班级更是清净的地带；学生心灵在班级伞的保护下，消极方面，应该享有不受污染、恐吓、迫害等的自由；积极方面，应该享受阳光、空气、水分的充分滋养和爱抚。班级教师如果稍不留意，就会造成无可追悔的损失和遗憾。②

---

① 1993年7月间，新竹市某初中发生体育教师掠诱施暴女学生的不幸事件，既造成受害学生身心两方面的伤害，对学校和教育所产生的伤害也不小。

② 往年笔者视学台南时，在学生周记上发现两个很罕见的案例：一位高中女生在周记上写出，她因家庭变故、爱情受阻等，决心要自杀以求解脱；因为她是班上有名的好学生，所以导师就照例批个"甲"，报纸上戏称："学生要自杀，老师批个甲！"这件事是不是很荒唐！另一个初中下段班的女生，在周记上对导师诉说，自己知道导师最近要结婚，有心送一份礼物给导师，但是自己现在没有钱，等将来自己会赚钱时，一定补买一份礼物送给她；结果导师照例批了一个"丙"。我戏称老师送"喜饼"给学生吃，是不是也很荒唐！

总之，班级的学理功能是社会化和选择，但班级的实务功能则不可忽略保健养护；此三项功能要兼顾并重，班级的功能才算真正完成。

第四节　班级与教师

班级和教师的关系非常密切，这是人人共知的事实。为了探讨班级经营，特别是开放型的班级经营，教师除了须认识周遭的情境和班级外，更须认识自己；因此，这一节讨论的重点有二：一是教师和班级的关系，一是教师在班级中的角色。

一、教师和班级的关系

韩愈在《师说》一文的第一句是："古之学者必有师。"实则，今之学者也必有师。今日的学生，虽然可以利用教学机、计算机、电视、广播等媒体来从事学习，但真正完整的教育情境，有血肉、有灵性的教师仍是必不可少的。尤其在现行教育制度下，分班施教的形式既一时难以改变，教师在班级中的地位，自然也就没有改变或动摇的可能。因此，教师和班级的关系，可以简化为以下的三句话：

（一）教师和班级是相互依存的

摆在眼前的事实是：没有教师的班级，我们无法想象它会变成什么样的班级（假使还称它为"班级"的话）；反过来说，没有班级的教师，像从事"床前教学"的特殊教育教师，或从事社会教育的社会教育师等，纵然仍有教师之名，但是他的公众形象和自我形象，必然和一般教师有很大的差别。

班级中的教师有两类，一是专任（科任）教师，一是级任导师。笔者在视导学校时，发现很多人不愿担任导师，有些人又赖着导师的位置不放，让校长十分头疼；笔者乃提出下面这两句话：

　　要做老师，就做导师；做了导师，更像老师。

很多场合我都提出这两句话，一方面希望人人都乐意做个更像老师的导师，另一方面希望不太像老师的导师也能反省一下。

（二）班级是教师的舞台

没有班级的教师，就像没有舞台的演艺人员；演艺人员一旦失去了舞台，就变成了流浪江湖的艺人，是一种很不得已的境遇。有些短期训练机构，形式上也有临时的班级编组，也约聘一些专家学者或行政人员来讲课，因为都是临时性的，所以它的班级性格和教师角色，都不十分完备真实。

（三）教师是班级的灵魂

没有教师的班级，就像失去灵魂的行尸走肉；甚至它根本不再是一个班级。班级是教师的舞台，教师是班级的灵魂，教师和班级是相互依存的。教师在班级的舞台上，究竟扮演着怎样的一个灵魂人物，而使班级对他如此倚重呢？

舞台有文武场，也有前后台，教师在班级的舞台上所扮演的，是一个多重多元的角色。他既是编剧，又是导演；既是演员，又是观众；有时演主角，有时演配角；有时演正派，有时演反派；有时在前台，有时在后台；有时又跑到文武场去敲锣打鼓……假如班级是舞台，这舞台少得了这么样的人物吗？从另一角度看，也只有像班级这样的大型舞台，才能容得下像教师这样的十项全能的灵魂人物；换了别的舞台，说不定教师就变得手足无措，或碍手碍脚的，根本展现不出什么灵魂才干来。

二、教师在班级中的角色

前面说，教师是班级中十项全能的灵魂人物。此处要进一步探讨，教师在班级中的地位、权威和功能。

(一) 教师的地位

学者对教师地位的研究，著作很多，不胜枚举。本书重点是班级经营，为精简篇幅并落实在实务上，以下试参考一部分文献，加上笔者平时的观察、经验和想法，就班级的教师地位问题，作几点扼要的陈述。①

(1) 一般说来，台湾地区教师的社会地位高于欧美教师的，这大概和文化传统及社会习俗有关。

(2) 教师的社会地位的高低，和教师的自我期许有密切的关联：如果多数教师的自我期许很高，对自己的要求很严，教师的公众形象便会很好，教师的社会地位就很高；反之，教师的社会地位就会降低。而且教师地位、教师自我期许、教师公众形象这三者，是互为因果的，既可成良性的循环，也可成恶性的循环。

(3) 学校的教育情境，影响教师在班级中的专业行为和地位：如果学校的物质情境、精神情境和社区情境都很好，教师的专业行为便会提高；反之，便会降低。而且，在目前升学竞争激烈、社会趋于现实的情况下，家长和教师双方往往因为各自的私心，使得神圣的教学变成像商场交易一样，教师的专业行为和社会地位因而大受贬损。

(4) 中外人士所期望的教师形象是一致的，都强调教师要行

---

① 有关教师地位的讨论，请参阅：

林本：《现代的理想教师》（台湾开明），陈奎憙：《教育社会学研究》（"教育部"），林清江：《教育社会学》（台湾书店）等。

W. B. Brookover et al., *A Sociology of Education*, 2nd ed., New York: American Book Co., 1964.

W. D. Halls, *Society, Schools & Progress in France*, London: Pergamon Press, 1965.

J. Floud et al., "Recruitment to Teaching in England", in A. H. Halsey et al. ed., *Education, Economy & Society*, The Free Press, 1960.

Arlene E. Zielinski & W. K. Hoy, "Isolation and Alienation in Elementary Schools", *Educational Administration Quarterly*, Vol. 19, No. 2, Spring 1983.

为端庄、衣着得体、心地善良。中外学生所喜欢的教师也大体相似，都希望教师态度公平、言行一致、教学认真。愈是符合以上这些希望的教师，地位就愈高；反之，就愈低。

(5) 学校规模的大小，班级人数的多寡，以及班级品质的高低，对教师的自我形象和公众形象都有影响。一般来说，大型学校教师的公众形象较高，但教师内心的疏离感则较重，自我形象反而较低；小型学校的教师则相反。"明星班"的教师，自我形象和公众形象，都比"放牛班"的教师为高，地位也较高。

(二) 教师的权威

教师是班级的灵魂人物，也是班级中最具权威的人物。尽管班级的主体是学生，班级教学应以学生为中心，但中外学者的共同看法是，教师在班级中具有特定的权威，则是不必争论的事实。以下试就此一问题作简要的探讨。[①]

1. 教师有哪些权威？这些权威是从哪里来的呢？(见图 3—1)

(1) 法定权威。教师须接受一定的专业教育，取得资格证书，就任教师职位，履行法定义务，享有法定权利。

(2) 社会权威。我国一向有尊师重道的文化传统，以往民间更有以"师"配享"天地君亲"的习俗，这是教师的社会权威的根源。

(3) 专业权威。又可分为三类：一是专业知能，包括专业知识、专业技术及专业才能；二是专业智慧，也就是专业识见或器识，是陶冶学生情操、培养学生社会适应力及道德情操的

[①] 有关教师权威的讨论，请参阅：
林清江：《教育社会学新论》(五南)，张德锐等撰：《有效能的教室管理和教室纪律》(载《国教世纪》二十六卷六期) 等。
Karl Mannheim et al., *An Introduction to the Sociology of Education*, London: Routledge & Kegan Paul, 1964.
W. Waller, *The Sociology of Teaching*, New York: John Wiley, 1967.
D. G. Ryans, "Some Relationships between Pupil Behavior and Certain Teacher Characteristics", *Journal of Educational Psychology*, Vol. 52, 1961.

利器；三是专业精神，包括专业修养、专业行为及专业道德等。

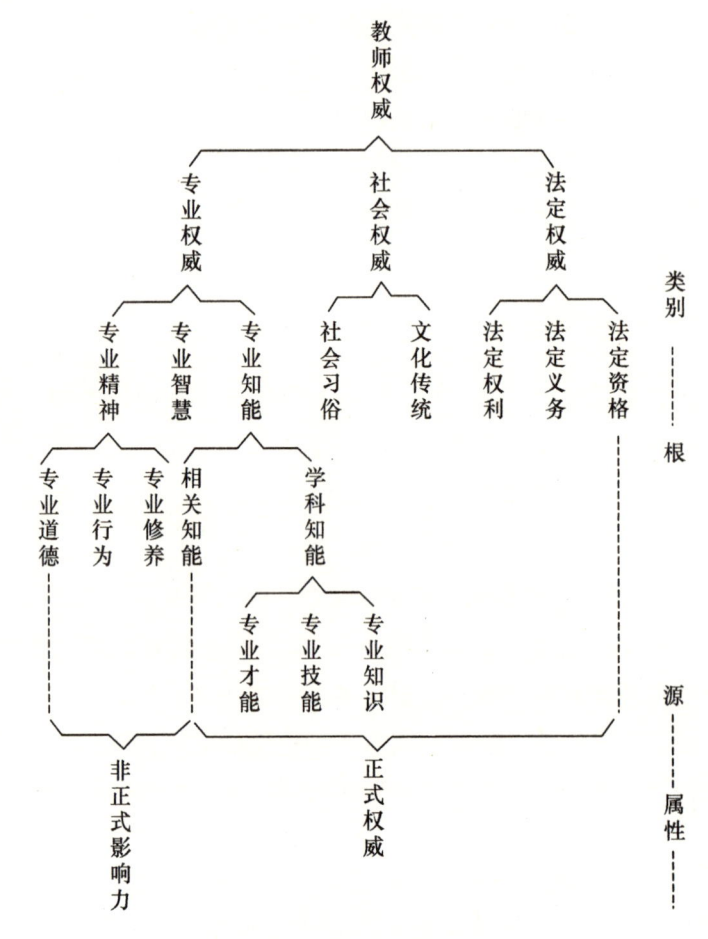

```
                         教师权威
          ┌─────────────────┼─────────────────┐
        专业权威           社会权威           法定权威
     ┌────┼────┐         ┌────┴────┐      ┌────┼────┐
   专业  专业  专业    社会习俗  文化传统  法定  法定  法定        类别
   精神  智慧  知能                        权利  义务  资格
   ┌┼┐   ┌┼┐   ┌┴┐                                              ┊
  专专相 专专                     学科知能                        根
  业业关 业业                  ┌────┼────┐                       ┊
  道行知 修技                  专业  专业  专业                  源
  德为能 养能                  才能  技能  知识                   ┊
        └──非正式影响力──┘  └────正式权威────┘                   属性
```

图 3—1　教师权威体系图

2. 教师运用权威的先决条件为何？

（1）教师必须在学校整体教育情境的良好配合下，才有行使其权威的可能。如果学校外境或内境使得教师动辄得咎，教师形象既受贬损，教师权威也会大打折扣，即使勉强行使其权威，效果也不佳。这也就是本书强调教师必须认识学校外境和内境的主要原因。

(2) 教师必须在班级经营有成后，才能有效行使其权威。如果班级秩序未能建立，班风、班格未能形成，教师就胡乱行使其权威，甚至误以为"暴力"就是权威，其结果不但达不到预期效果，说不定还会给自己带来意想不到的烦恼！

(3) 教师必须在教育制度的认可或支持下，才能真正行使其权威。这是基于教师具有"法定权威"来说的，如果教师在教育制度和政府法令之外，滥施权威，这种权威是没有基础的，也是很危险的。

3. 教师当如何运用其权威呢？

(1) 教师运用权威是为了实现教育目标，并不是为了建立教师自身的"威权"。这是教师运用权威时应有的认识。教师不可为了自私的目的而肆意施行权威。

(2) 即使是为了实现教育目标，教师仍不可以肆意施行权威。例如政府禁止施行体罚，教师如果以教导学生学好、学会为理由而体罚学生，仍是错误的权威之行使。

(3) 教师权威的行使，最好是少用"正式权威"，多用非正式的"专业权威"或"非正式的影响力"。这就是言教不如身教的道理。

（三）教师的功能

我国传统教师的功能，就像韩愈在《师说》中所说的："师者，所以传道、授业、解惑也。"是偏重成就学生个人的。今日教师的功能，除了成就学生个人外，更须成就个人所依托的群体。前面在讨论班级的功能时，指出班级的主要功能是社会化、选择和保健养护；班级的功能大部分须借着教师来完成，但教师显然不能以完成班级的功能为满足，因为教师另有自己的功能。试绘一体系图，并作说明如下（见图3—2）。[①]

[①] 有关教师功能的讨论，请参阅60页脚注①、61页脚注①中所列中外著作，及《中小学校教育情境研究》，311~315页。

```
                    教师的功能
                  ┌──────┴──────┐
                成就群体        成就个体
              ┌───┼───┐      ┌───┼───┐
            社  经  政      陶  培  传
            会  济  治      冶  养  授
            求  求  求      情  理  知
            发  均  生      操  智  能
            展  富  存       │   │   │
              └─┬─┘        身心平衡的公民
            富强康乐的国家        │
                │              修己
              善群              │
                └──────┬───────┘
                    和谐  群己
```

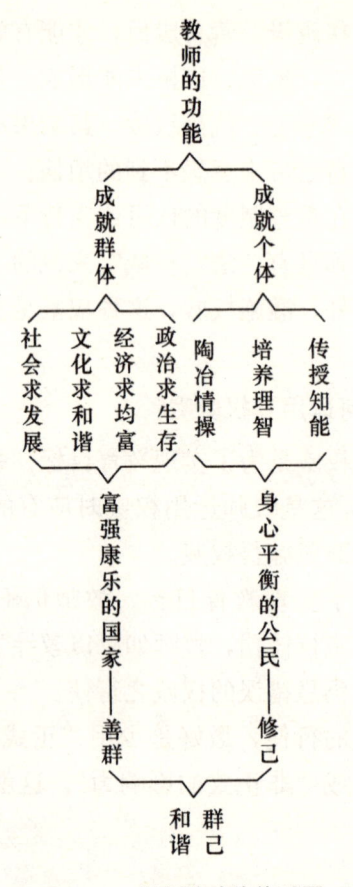

图 3—2　教师的功能体系图

1. 成就个体的功能

使个体成为一身心平衡的公民。

（1）传授知能。除了生活必需的知识技能外，还要传授学习的知能，引导他喜欢学习、懂得如何学习，并养成学习的兴趣和习惯。

（2）培养理智。养成学生公平、合理、礼让、诚实、反省、宽容等习性；对于现实中的光明面与黑暗面，也要适时适度地告诉他，让他知所应对与抉择，并勇于改进。

（3）陶冶情操。教师要从正式课程、潜在课程及日常生活教育中，陶冶学生情操、寄托、移兴、同情的情怀，使他成为有情、并知道如何用情、节情的人。

2. 成就群体的功能

教师在成就个体的知能、理智、情感的同时，更须将认同群体的知能、理智、情感一并加以培育和开发。也就是不仅培养学生成为自利利己的个人，更要培养他成为利群善群的公民。教师可以通过正式课程、潜在课程、班级经营、民众教育等内容或方式，将群体在政治上求生存、在经济上求均富、在文化上求和谐、在社会上求发展的种种目的，传播给学生，并融入他的知能、理智和情感中去，使他成为群己和谐的健全人格者，这才算完成了教师的整全功能。

从以上所述教师和班级的关系、教师在班级中的角色可以看出，班级和教师的关系非常密切；而教师对自己在班级中的地位、权威和功能等，在此也当有一较清晰的认识。

第五节　本章摘要

本章主题为"认识班级"。第一节将班级的含义界定为：班级是学校里许多次级系统中的一个次级系统，它是由若干元素组合而成的，其目的是实现学校的教育目标。

第二节为"班级的形成"，从编班方式及班级结构两方面来探讨：在编班方式方面，系从系统理论的观念，探讨编班时须考虑社区、学生、学校三因素，并就现行大中小学编班方式作介绍，及说明教师对编班问题应有的认识；在班级结构方面，除从系统理论观点说明班级的特性外，对现行初中编班方式下的班级结构作评介，最后探讨教师对班级结构应有的认识。

第三节为"班级的功能"，除对一般学者所称社会化及选择的功能作简要说明外，并特别增列保健养护功能一项。

第四节为"班级与教师"。内容包括：（1）教师和班级的关系，认为教师和班级是相互依存的，班级是教师的舞台，教师是班级的灵魂；（2）教师在班级中的角色，系从教师地位、教师权威、教师功能三方面，说明教师的角色；内容均极简明。

第四章

认识班级经营

第一节 班级经营的含义

　　一般学者习惯将班级经营称作教室管理，而且在谈到教室管理时，又往往偏重在教室秩序的建立上。另外，重视教室秩序或教室常规，几乎已成了中外学者和教师的共同意向；而事实上，许多研究发现，教室秩序紊乱，教室常规难以建立，甚至教师随时担心会受到学生的攻击或伤害，这种情形也的确有愈来愈普遍、愈来愈严重的趋势。这大概也是一般学者喜欢用教室管理，并偏重教室秩序建立的主要原因。

　　本书以积极、开放的态度，来讨论班级教学的相关问题，因此不用带有消极意味的"教室管理"，改用比较中性、比较柔和的"班级经营"这个词语。当然，在大部分学者的界定下，教室管理和班级经营，并无根本上的不同；不过在语意上和着眼点上，却有很明显的差异。

　　至于班级经营的含义，真是各说各话，从来就没有一个大家都认可的界说。有人按照教师的教育哲学和教学管理态度，将班级经营的含义区分为威权式、胁迫式、容许式、食谱式、教导式等九种，可见是多么众说纷纭。而"经营"这个词语，在我国倒是很早就使用了，它首见于《诗经·大雅·灵台》："经始灵台，经之营之。庶民攻之，不日成之。"后世所称经营，就是经理营造，或谋作事物的意思。

　　本书认为班级是由多重元素组合而成的有机体，它的形式和品质既各不相同，经营的态度和方式也不宜强求一致，界定班级经营的含义也不宜过于执著。因此，在系统理论的一贯精神下，我们将班级经营的含义界定为：班级是一个多元的有机体，教师为了达成教育目标，运用适当的方式和过程，使班级中各个元素产生良性的互动，使教学活动在愉快的气氛中顺利进行，这种方式和过程，即是班级经营。

　　这个含义至少包含了以下几层意义：（1）班级经营的目的是为了达成教育目标；（2）班级经营的方法是设法使各元素产生良性的互动；（3）班级经营的结果是教学活动能够在愉快的氛围中顺利进行。①

第二节　班级经营的基本理念

　　在阐明班级经营的含义后，对班级经营当作进一步的探讨，重点有三：（1）教师和班级经营的关系；（2）教师对班级经营应有的认识；（3）班级经营的一般原则。

一、教师和班级经营的关系

　　教师是班级的灵魂，也是班级的舵手。这样的说法，主要是

---

①　有关班级经营的界说，可参阅：

金树人编译：《教室里的春天》（张老师），吴清山：《学校效能研究》（五南），台湾师大学术研究委员会主编：《当前校园活动与教育》（文笙）等。

C. M. Charles, *Building Classroom Discipline: From Models to Practice*, New York: Longman, 1985.

E. Aronson, N. Blaney, C. Stefan, J. Sikes, and M. Snapp, *The Jigasw Classroom*, Beverly Hills, Calif: Sage Publishing Company, 1978.

Jere. Brophy, "Classroom Organization and Management", *The Elementary School Journal*, 1983.

S. Axelrod, *Behavior Modification for the Classroom Teacher?* New York: McGraw-Hill, 1977.

就班级经营而言的；教师如果不亲身从事班级经营（如科任或专任教师），他的"灵魂"和"舵手"的角色，就会淡化、表面化，甚至短命化。例如他只能在进行教学的短短几十分钟内，掌握班级的气氛或动态，时间一过，他的角色效应就会淡化或消失。实际担任级任导师的教师，情形就很不一样了，他在从事班级经营时，就是十足的班级灵魂或舵手。而且不同的导师，会经营出不同的班级，就像不同的灵魂会凝成不同的人格，不同的舵手会导向不同的方向一样。以下从几方面来探讨教师和班级经营的关系。

（一）教师的人格特质和班级经营的关系

有的学者认为，教师的人格特质和教室常规或班级经营没有什么关联，主要还是看教师能力的强弱，特别是照顾全局的管理能力。事实上，这种看法并不十分正确，教师的性格和班级经营的关系还是很密切的：有的人，生性就是锦心绣口，做起事来细针密缝，班级经营得妥妥帖帖；有的人，生性争强好胜，有高度的工作热情，班上大事小事都看在眼里，摆在心上，直做到自己感到满意才肯罢休，甚至饭不吃、觉不睡都无所谓；有的人，生性就是邋邋遢遢，做起事来或点到为止，或粗枝大叶，或漫不经心，尽管他的班级事事都"吊车尾"，他也无动于衷；有的人……这全是性格的问题，和能力的强弱并无太大的关联。性格可以改变吗？那就要看个人的学养和决心了，学养功夫日积月累，又决心力争上游，天下没有什么事物是不能改变的！①

---

① 有关教师人格特质的讨论，请参阅：
林本：《现代的理想教师》（台湾开明），陈英豪撰：《我们需要更富人性化的教师》（载《台湾教育月刊》，第360期），黄炳煌：《教育与训练》（文景），张寿山撰：《论优良教师应具备的素养》（见《台湾师大校友学术论文集》，水牛），周焕臣编著：《小学班级教学研究》（"台湾省教育厅"）等。

Olive Banks, *The Sociology of Education*, London: B. T. Batsford Ltd., 1968.

F. W. Hart, *Teachers and Teaching*, 1934.

H. L. Light, "High School Pupils Rate Teachers", *School Review*, Vol. 38, Jan. 1930.

M. E. McDonald, "Students Opinions as Regard Desirable and Undesirable Qualifications and Practices of Their Teachers in Teacher-Training Institutions", *Educational Administration and Supervision*, Vol. 17, Feb. 1963.

（二）教师的领导方式和班级经营的关系

领导方式一直是学者研究的重要课题，新的理论也不断出现，没有什么定论。其实在讨论班级经营这个主题时，应该用"经营"而不用"领导"，此处以领导方式来谈这个问题，只是随从一般人的说法而已。通常将领导方式区分为民主型、独裁（或权威）型、放任型三类；不同的领导方式，会产生不同的班级气象和教学效应。特别是当教师不在的时候，班级学生的动态会出现很明显的差异：民主型的班级，学生会一切如常；独裁型的班级，学生会展开争斗；放任型的班级，学生比平常更扰攘。领导方式也可视为经营态度，教师以什么样的态度经营班级，班级就会呈现出什么样的班风、班格和教学效应。①

（三）教师的专业素养和班级经营的关系

教师的专业素养，包括专业知能、专业智慧及专业精神，在本编第三章讨论教师权威时曾简要说明过。一般说来，专业素养达到一定水准的教师，都会妥善运用他们的正式权威和非正式的影响力，把班级经营得有模有样和中规中矩，学生在班级中，真是如坐春风，如沐春雨，教学活动的效果既好，学生的身心发展也很自然顺当。其中特别是非正式的影响力的发挥，在班级经营上最为重要；中国人一向重视"人师"在教育上的价值，也就是

---

① 有关教师领导方式的讨论，请参阅：

林清江：《教育社会学》（台湾书店），金树人编译：《教室里的春天》（张老师），许慧玲编著：《教室管理》（心理），黄昆辉：《教育行政学》（东华）等。

L. J. Cronbach, *Educational Psychology*, Taiwan, 1973.

J. M. Cooper, *Classroom Teaching Skills*, 3rd Edition, Lexington：D. C. Health and Company, 1986.

"Counseling to the Established and Emerging School Curriculum", *The School Counselor*, 1986.

B. Q. Shertjer & S. C. Stone, *Fundamentals of Guidance*, 4th ed., Bostone：Houghton Miffin, 1981.

A. Bandura, *Social Learning Theory*, New York：General Learning, 1971.

这个道理。①

二、教师对班级经营应有的认识

班级经营是一个多重面貌的事物，教师必须从各种角度去认识它；前面有关"教师和班级经营的关系"的说明，其实也是认识班级经营的方式之一。此处再从另外的几个角度来认识它。

（一）从时间的角度来认识班级经营

从时间的角度来说，班级经营是教师的一项长期持续的奋斗历程，在这个历程里，它不分阴晴寒暑，也没有日夜晨昏；一位存心想把班级经营得像个样子的教师，除了时时刻刻、念兹在兹地为班级经营而奋战不懈外，别无其他法子可想。有些学者明白地指出，教师会随时遇上来自班上学生的不同挑战，你想不应战或暂时妥协都不可以，因为那将会让你付出更多的时间和更大的代价。

（二）从空间的角度来认识班级经营

从空间的角度来看，班级经营的主战场固然在班级（或称教室），但它的战线却绝不局限在班级内，甚至学校也无法局限它；当学生在班级中所发生的异常行为延及社区时，教师不过问行吗？你说那是"野火"，不在我的战线范围，我可以相应不理。其实你错了，那野火很快就会烧回头来，甚至很快会烧上教师的眉睫，让你逃都逃不及，非过问不可！这种例子太多了，几乎每

---

① 有关教师专业素养的探讨，请参阅：
张崇赐编著：《小学教师优良品质的养成》（台湾书店），吴武典：《散播爱的种子》（张老师），吴清山：《学校效能研究》（五南），熊智锐：《中小学校教育情境研究》等。
M. Lieberman, *Education as a Profession*, N. J.：Prentice Hall, 1956.
Dorothy Westby Gibson, *Social Perspectives on Ch. 18. Education*, New York：John Wiley, 1965.
P. W. Musgrave, *The Sociology of Education*, London：Methuen, 1965.
Olive Banks, *The Sociology of Education*, London：B. T. Batsford Ltd., 1968.

位教师都有过这种惨痛的经验。这也是本书一再建议教师,要认识学校的外境和内境的立意所在。说"白"一点儿,教师是无法,也不应该开着教室的门来加工自制班级经营的。

(三) 从成本效益的角度来认识班级经营

工商业者投资、担风险,甚至胆敢做杀头的生意(俗语说"杀头的生意有人做"),为的是赚钱;而且还要精打细算,看看投资报酬率是高或低,如果低过某一底线,而且前景也不看好的话,打死他也不会干的。教师在从事班级经营时,是不是也要计算一下成本效益呢?这就很难说了:第一个难题是,教师所花的心力(投资或成本)和班级经营的成效(效益或报酬),都是很难量化的,既无法量化,又如何计算盈亏呢?第二个难题是,如果教师的算盘打得够精,能够很准确地计算出盈亏,那么上段班、明星班大家都抢着干,下段班、放牛班抵死没人要,那该怎么办呢?不同的班级固然有不同的盈亏,即使在同一个班级里,教师往往花一半的心力在 40 个中等以上资质的孩子身上,会收到 10% 的成效;另外一半的心力在 5 个课业和行为都很差的孩子身上,却收不到 10% 的成效:你认为这太不合算了,难道你就放弃这 5 个可怜的孩子吗?第三个难题是,就算你狠下心来放弃他们(其实教师是没有这种权力的,正常的教师也不会这样做的),无奈他们还是存在的,而且会愈益成为你班级经营的负数(它会吃掉你的老本),你该怎么办呢?更何况,第四个难题是,教师还负有社会责任,教师如果斤斤计较自己的成本效益(例如放弃那 5 个孩子或放弃放牛班),社会可能要赔上更多更大的成本,想到这一层,你又该怎么办呢?如此这般,总之一句话,班级经营是不应着眼于成本效益的,特别是短暂的现实盈亏。

三、班级经营的一般原则

班级是一种多元多样的有机体,教师又是各个不相同的个体；以不相同的教师，去经营多元多样的班级，当然是做法各异，结果也不一样，因此很难有规范性的准则可言。以下试举几项一般性、共通性的经营原则，供肩负班级经营重任的教师参考。①

(一) 因班而异原则

学校有各级各类的分别，各级各类学校的教育目标、内外教育情境、班级结构等都不相同，班级经营当然就无法，也不宜强求一律。即使是同一所学校的各个班级，甚至同一年级的各个班级，也由于种种主观客观的差异，其班级经营的策略也无法且不宜强求一致。再就教师个人来说，同一位教师在经营精英班或放牛班时，其策略固然不同；即使同是精英班或放牛班，去年的那个班和今年的这个班也是人物全非了，经营的策略亦不宜全盘照旧了。

(二) 慎始敬终原则

"好的开始，是成功的一半。"可见开始是很重要的，教师在接班后，开始着手经营它，必须小心谨慎，以便有一个师生都感到很愉快、很美好的开始；如此既可以增加彼此的信心，也可以建立彼此的信赖，这无疑是成功的班级经营的基础。此外，班级经营是教师的长期苦战，开始固须慎重，中间也不可懈怠，结束前一秒钟也不可放松；许多班级的偶发事故，都是学期学年结束前或毕业前夕发生的，值得我们警惕。魏徵谏唐太宗十思之一谓："忧懈怠，则民慎始而敬终。"也可供我们经营班级参考。

---

① 有关班级经营原则的探讨，请参阅：
钟思嘉主编：《孩子的挑战》（桂冠），李园会编著：《班级经营》（五南），颜庆祥等译：《有效的教学》（五南），金树人编译：《教室里的春天》（张老师）等。
R. Dreikurs, *Psychology in the Classroom*, New York: Harper and Row, 1968.
H. Ginott, *Between Parent and Teenager*, New York: Macmillan, 1961.
D. C. Berliner, "Campus Educare", in P. L. Peterson & H. J. Walberg eds., *Research on Teaching*, Berkeley, Ca.: McCutchan Publishing, 1979.

（三）师生共做原则

教师在班级经营上是主角，这是毋庸置疑的，也是责无旁贷的。演戏有主角也有配角，当老师致力于班级经营时，学生就是班级经营的配角；教师要想演好自己的主角戏，一定得把配角鼓舞起来，动员起来，大家同心协力演出，才可能演得"既叫好，又叫座"。有的学者研究指出，愈是采行民主型领导方式的教师，愈是会让学生参加教室管理工作，而其教室秩序也愈容易建立，也就是这个意思。

（四）相互尊重原则

在班级经营中教师固然是主角，但学生是班级的主体，也是班级活动的重心，其重要性自不待言。即使以演戏中的主角、配角来说，他们虽然角色不同，但重要性并无多大差别。因此，教师在从事班级经营时，除了应该自尊自重外，更应该尊重学生；也唯有既能自尊自重又能尊重学生的教师，才能受到学生的尊重，他的班级经营也才能得到学生的认同和支持，因而得心应手。有的学者甚至强调，教师对待班级中的学生，应该像对待一些和自己社会地位相同的成人一样：这虽有些过分强调的意味，但教师应该尊重学生则是无可置疑的。

第三节　班级经营与学校行政设施

班级不是孤立的，班级经营更无法独行其是。从本书前面三章的陈述中不难发现，任何一位非常能干的级任导师，如果得不到班级外面大环境的配合，是无法单独把班级经营得有声有色的。

为探讨班级经营与学校行政设施的关系，以下分四个子题来进行：(1) 校长办学态度与班级经营；(2) 学校教务设施与班级经营；(3)学校训辅设施与班级经营；(4)学校总务设施与班级经营。

一、校长办学态度与班级经营

有些学者常说，校长的教育哲学信念或人格特质，会很自然地反映在各项校务设施上。此处把话题落实在校长的办学态度上：每位校长都有各自的办学态度，不同的办学态度，会形成不同的校务设施和学校团体气象，对教师的班级经营也会产生不同的影响。①

校长的办学态度，虽然可能是从自身的教育理念、人格特质或专业修养发展出来的；但更贴切务实地去考察，很多人却是依自身的现实利害作考量，而发展出各自的办学态度的。因此，社会流行的对校长办学态度的分类是：政治型校长、经济型校长、社会型校长、教育型校长。这样的分类未必妥帖，而且带有褒贬的意味，但它的确能反映出当前教育界的若干事实。此处姑且用这种分类，来探讨一下不同的办学态度和班级经营的关系。

(一) 政治型校长的办学态度及其对班级经营的影响

1. 办学态度

政治型校长关心政治，对政治生态和政治气候有兴趣，而且很敏感；经常跟各色政治人物保持友善的关系；有些校长也会在

---

① 有关校长办学态度及其影响的探讨，请参阅：
张明辉：《巴纳德组织理论与教育行政》(五南)，李聪明：《现代学校行政》(幼狮)，柯进雄：《学校行政领导研究》(台联)，及《中小学校教育情境研究》等。
J. G. Aggarwal, *Education Administration: School Organization and Supervision*, New Delhi: Man Singh Arya Book Depat, 1967.
Chester I. Barnard, *The Functions of The Executive*, Cambridge, Mass: Harvard University Press, 1938.
William B. Wolf., *The Basic Barnard*, New York: New York State School of Industrial and Labor Relations, Cornell University, 1982.

紧要关头，在某些政治人物身上下赌注，希望为自己开拓更广阔的天空。他们办学的态度有一特色，即外宽内严：外宽，就是基于人情（特别是政治）考量，各项校务设施并无绝对的准则，或故意预留弹性空间，以便应付来自政治人物的人情关说；内严，就是为了树立校长权威，以及追求表象的办学水准，对内部严加控制，有时也将政治上一些权谋做法，反映在若干校务设施上，例如坚固权位、排斥异己之类；并经常以办活动、声言"行政调动"、"不续聘"、"考列二等"、"督学要来了"等，作为威胁控制教师的手段。

2. 对班级经营的影响

在这种办学态度下的学校，团体气象不佳，同事被高气压压得喘不过气来，严重时甚至人人自危或各怀鬼胎；校务设施无绝对的准则，班级结构难望稳定，班级与班级之间也难有很好的默契，或呼应配合的做法；教师必须察言观色来经营班级，一旦不幸出了差错，或即使错不在己，也必须为校长的政治考量作牺牲[1]；但，如果你能得到校长的疼爱，校长也会为你打开他的"保护伞"，从而大事化小，小事化无。

（二）经济型校长的办学态度及其对班级经营的影响

1. 办学态度

经济型校长关心钱财利益，对于和钱财有关的人事升迁、经济处理、财物采购、工程营缮等，几乎都事必躬亲，不肯轻易假手他人；有些校长更是"小儿科"，常常为了一些小钱小利而和同事斤斤计较[2]；有些校长并不一定是为了自身的钱财利益考量，但对经费预算的争取，校舍的增建或改建，却特别有兴趣，

---

[1] 某年，笔者视学台中县，某校长为了屈从地方政治人物的要挟，硬是强迫一位在教室被学生追打的老师，反过来到学生家里去道歉。即是一例。

[2] 某年，笔者视学台中市，亲闻某小学教师说，他们校长在分配合作社盈余时，自己独得双份，说辞是"他比教师重要"；各年级学生远足时，都要带两份礼物送给他，说辞是"他太太很关心学生远足的安全"。即是一例。

也被纳入经济型之列，似欠公允；另有一类经济型的校长是在届龄退休的前几年，为了确保全身而退（退休金不要因案飞掉），便特别谨慎小心，甚至连已编有预算的营建工程，都借故停办，将预算悉数缴库。经济型校长的办学态度有一特色，凡事向"钱"看，与钱无关或关系不大的事，他都视而不见、听而不闻，悉听同事斟酌处理。

2. 对班级经营的影响

从好的方面讲，经济型校长的下属只要在钱财利益上眼睛放亮些，不要和校长的想法或做法起冲突，倒是可以放手做事的；教师要怎样经营班级，校长更不会过问。从不好的方面讲，下属做事累个半死，他也漠不关心；班级经营得再好，他也不会有半个字的称赞和肯定；甚至也可以说，他可能连分辨好坏的能力和兴致都没有。更不幸的是，如果你惹上了麻烦，你休想从校长那儿得到任何支持。这就应了闽南语的一句谚语："有功无赏，打破要赔。"在此情势下，下属办事和教师经营班级，就得处处自求多福了。

（三）社会型校长的办学态度及其对班级经营的影响

1. 办学态度

政治型校长为了广结政治缘，他的人际关系是重点式的，有选择性的，他的眼睛也就是俗话说的"大细目"；社会型校长为了广结善缘，他的人际关系是普及的，没有选择的；他巴不得自己有千眼千手，能照应到来自四面八方的人和事，而且八面玲珑，面面俱到。这种类型校长的办学态度也有一特色，那就是不求有功，但求无过。事事小心谨慎，能常保平安，便谢天谢地了。

2. 对班级经营的影响

政治型校长多倾向于权威式的领导，但为了达到目的，有时也对同事玩玩政治手腕，施些小恩小惠；社会型校长为了广结善缘，举凡校务设施都要求平平稳稳，因此对同事和教师的要求

（甚至干扰）也特别多；不过他不是采用高压的方式，而是采用软性诉求的方式。在此情形下，教师往往无法按照自己的理想去从事班级经营，你得将校长的"安全第一"作为优先考量的要件，否则，即使是再有教育意义的经营方式或理念，也是很难让校长点头的。

（四）教育型校长的办学态度及其对班级经营的影响

1. 办学态度

教育型校长关心教育，是以"办教育"而非"办学校"的心情，从事校务经营发展。在工作上，他有一些偏执：例如是非分明，利害得失摆在一边；一般人情世故不通晓或不在意。只集中精力在自己学校教育设施的发展与改进上；他的做法和结果，往往不符合社会大众的期许（例如升学主义、特权心态下所产生的一些不合理要求，等等），工作障碍也比较多，一般人所看重的有形的"绩效"也比较差；如果对社区进行民意调查，他的知名度可能不高，大家对他的评语可能是"毁誉参半"。教育型校长当然也有层级、品位上的差异，并不是所有教育型校长的教育专业修养都很高，有的是知道该怎么做，但不知道为什么要这样做；有的甚至只是凭自己的直觉判断，至于判断是否正确，是否符合教育原理原则，能否如实地实现教育目标，那就很难说了。

2. 对班级经营的影响

教育型校长较不重视硬件设施，除教学上必备必需的添置或更张外，其余都不太强求；但对于软件方面的教育方式、工作态度、行为规范、共同目标等，则经常不厌其烦地再三强调，刻意求工，并追求不断的改进。因此，下属和教师的工作压力很重，彼此间的互动很频繁，也有较佳的共识；而且只要能做肯干，校长或行政部门都会给予必要的支援配合，大家的工作热情也很高，工作也较能得心应手。在教育的大方向下，工作人员有较多的自主空间，教师的班级经营不妨多姿多彩，尽情发挥，只要对学生有利就行。如果不慎在工作中出了差错,校长则会尽可能地化解,或干脆自己一肩扛下。

二、学校教务设施与班级经营

学校教务设施项目繁多,包括工作计划、行政组织、教学设备、教学评价、研究发展等,这些项目都和班级经营有密不可分的关系。一般来说,如果校长采取民主开放的领导方式,办学态度纯正,则这所学校的教务设施必能受到良好的监督、引导和濡染;在此情形下,教师的班级经营便会得到很多很好的指引和基础助力,工作起来便会得心应手,事半功倍;反之,就会碍手碍脚,甚至动辄得咎。以下试就前述各重要项目对班级经营的影响,作简要的探讨和说明。①

(一) 教务工作计划对班级经营的影响

通常各校校务工作计划或学校发展计划,每分为长期、中期、短期三阶段;教务工作计划书是学校整体计划书的一部分,长期是总的目标,中短期是具体实现的步骤。教务部门工作计划和班级经营关系最密切的,一是教务工作行事历,一是课程教材的安排调度。运作正常的教务工作,行事历编得很严谨,全学年和每学期的各项重要教务设施,事前都经周密考量;考量的脉络和重点包括前此的工作经验、学校的条件以及其他部门的协调配合等。经过周密考量所编写出来的行事历,实行起来既畅通无阻,担任班级导师者更像得到了明确的指引,可以按部就班地去从事他的班级经营。否则,如果行事历编得不好,或执行时随意变更,不仅整个教务会受到不利影响,教师的班级经营更将是首

---

① 有关学校教务设施及其影响的探讨,请参阅:
李聪明:《现代学校行政》(幼狮),王鸿年:《小学校长经验谈》("台湾省教育厅"),吴清山:《学校效能研究》(五南) 等。
Benjamin S. Bloom, J. Thomas Hastings & George F. Madaus, *Handbook On Formative and Summative Evaluation of Student Learning*, McGraw-Hill, Inc. , 1971.

当其冲的受害者。① 课程教材的安排调度方面，以往因政府法令规范的关系，各校自行调整的空间有限；近年来受政治民主化的大环境影响，各校自主性的空间增大了，特别是在所谓"本土化"风潮的影响下，母语教学、乡土教材大量走红，如果教务设施方向拿捏不稳，教师的教学和班级经营，就很难维持正常了。

（二）教务行政组织对班级经营的影响

教务行政组织的结构及其运作，包括学籍编造、教师编配、年级或班级编组等。一般正常学校的学籍都管理得很好，它和班级经营的关系也较少；少数学校学籍混乱，甚至以学籍为营利的工具，教师的班级经营也就难逃其干扰了。任课教师的编配，级任导师的配置，跟班级经营的关系就十分密切了；同一个班级有哪些教师任课，同一个年级有哪些教师担任级任导师，同一个年段由谁来担任级导师或年级主任；这些人好不好相处，他们对你的班级经营是阻力或助力；这一切，都要看教务单位的教师编配作业了。班级编组对班级经营的影响就更大了：不同的编班方式产生不同的班级，不同的班级对教师构成不同的挑战；此外，班级学生的多寡，学生流动性的大小，外界（包括校内）对编班的干扰如何等，更是班级导师所必须时时面对的问题。尝闻有些教务人员往往利用职权，在教师编配、任课调课补课、超支钟点等上做手脚，很多教师都心知肚明，却也无可奈何。

（三）教学设备对班级经营的影响

教学设备的品质、数量、供应、管理等，对班级经营的影响是显而易见的。高价位购置的教学设备，并不等于是高品质的教

---

① 常见很多学校的行事历是漫不经心编写的，有些甚至年年岁岁照抄，结果连法定假日都抄错。笔者某年视学台南时，发现某学校的行事历中，将校运会和段考排在同一个星期内，学生向学校反映希望将两项大的活动错开一下，得到的批示却是："行事历规定的事不可更改！"

学设备，有用、能用、会用，并能被经常利用的教学设备，才是最好的教学设备。在数量和供应方面，设备是教学的重要媒介，其作用在支援班级教学；如果供应的渠道畅通，供应的数量充裕，对教学和班级经营当然是"利好"，反之则"利空"。① 设备的管理也是如此，管理的目的，一般人所重视的是保护财产、节省经费，但更重要的是便利使用，而便利使用也是对教师和学生人格的尊重；在师生人格受到尊重的情形下，设备不但成为教学活动的有效媒介，更有助于教师的班级经营。例如某些初中实施课桌椅保管责任制，新生入学后进入班级，学校就配给他一套桌椅，由他负责保管使用，直到毕业时再交还学校；这样做固然保护了学校的财产，却伤害了学生的身心发展，并造成教师班级经营的诸多困扰。②

（四）教学评价对班级经营的影响

教学评价的方式包括进度管制、勤惰检查、成绩考核、作业抽阅及各种测验考试等。在正常的教务行政设施下，各种教学评价工作都是遵循正常合理的方式去做，师生对这些工作也都习以为常，而教师正可以将各种评价工作的经常举办，灵活运用到班级经营上，使学生在适当的压力下从事有效的学习。如果评价工作出现宽严无度、冷热无常、花样百出、怪诞不经、流于形式、漫无标准等情况，师生的教和学，以及教师的班级经营，势必都将受到不利的影响。

（五）研究发展对班级经营的影响

教务上的研究发展工作，包括专题研究、教学研究会、学艺竞赛、教学成果发表观摩展示等。这些工作都和师生的教学活动息息相关，更和教师的班级经营息息相关；在正常的教务行政设

---

① 尝闻台中市某小学严格限制教师领用纸张文具，而且管理人员态度恶劣，很多教师被逼得利用机会"偷"学校的文具纸张来用，对学校和教师都造成了伤害。

② 有关设备与班级经营的关系，请参阅拙著《中小学校教育情境研究》，115~139页。

施下，这些工作事先都有很周密妥当的规划，工作的推动或执行都很顺畅贴切，工作结束后都能很切实认真地作检讨、回馈、处理，因此每做一件事便有很显著真实的成效，工作人员和参与者都能取得成就而满怀喜悦。这样的研究发展工作，非但不会对班级经营构成危害，而且会成为班级经营的支持帮助力量。然而事实上，以往和现在的实际情形是，许多学校的研究发展工作不但杂乱无章，徒具形式；而且为了应景或邀功，行政人员往往以不正当的态度或手段，对教师横加压力，死活都要把研究发展的"成果"端出来，纵然打乱教师辛苦完成的班级经营也在所不惜。

三、学校训辅设施与班级经营

学校训导和辅导工作的对象都是学生，学生又是班级的成员，班级则是级任师经营的对象，如此看来，学校训辅设施与班级经营的关系，便可以想见了。问题的关键当然还是在校长，有怎样的校长，就有怎样的训辅设施；而不同的训辅设施，对教师的班级经营就会产生不同的影响。以下试就训辅行政、训辅人员、训辅措施三者作简要的说明。[1]

(一) 训辅行政对班级经营的影响

如果校长是"办学校"而不是"办教育"，那就将学校装点得富丽堂皇，将学生管束得服服帖帖。在如此理念的导向下，学校的训辅设施便非常重视形式化、标准化、固定化；教师的班级

---

[1] 有关训辅设施及其影响的讨论，请参阅：
蔡保田编审：《国民小学行政》（正中），王连生：《教育辅导原理与技术》（五南），吴武典：《散播爱的种子》（张老师），李聪明：《现代学校行政》（幼狮），唐守谦：《教育指导》（东海大学）等。

E. D. Koplitz, *Guidance in the Elementary School-theory Research and Practice*, WM. C. Brown Company Publishers, Dubuque, Iowa, 1968.

L. I. Stone, *Childhood and Adolescence-A Psychology of the Growing Person*, New York: Ramdom House, Inc., 1958.

经营就得亦步亦趋，跟着学校训辅行政的魔笛起舞，毫无自主的空间可言。①

教育法令和校务章程是学校行政的依据。虽然法令不是死的，校务章程更可以（也应该）随时更革；但尽管近年来社会改变得这么快，学生改变得这么多、这么大，而绝大多数学校却是"以不变应万变"，死抱着几十年前的旧法令、老章程来对付学生，也要求教师如此这般地经营班级，试问学生又怎么不违规犯过呢？所以笔者常说，以旧的法令章程来管新的学生，学生违规犯过是"必然"，不违规犯过是"偶然"。

(二) 训辅人员对班级经营的影响

此处所说的训辅人员，是专指训导处和辅导室组长以上人员；级任导师虽身兼训导人员和辅导人员的双重角色，但并不在此处所说的训辅人员之列。以下试从三方面来谈训辅人员对班级经营影响的问题。

1. 从训辅人员特质来看这个问题

一般说来，目前大多数学校的训导人员都由男性教师担任，偶尔由女性担任的，也是具有男人性格的女性担任；另一普遍现象是，以体育教师身兼训导人员（特别是训导主任和生活辅导组长），而辅导人员则趋向女性化。男性阳刚，女性阴柔，训辅双方如能刚柔并济当然很好，可惜实际情形则是刚柔较劲，学生和班级导师成了夹心饼。

2. 从训辅人员角色扮演来看这个问题

通常训导人员扮演严父角色，唱前台戏，做恶人；辅导人员扮演慈母角色，唱后台戏，做好人。导师经营班级受制于训导人员的方面较多，为了班级和学生，与训导人员发生争执冲突的机

---

① 某年笔者视学新竹，发现某高职学校像一所严肃的军事训练机构，每间教室内的静态景观完全一致，学生在校外的言行也端整划一，连书包带子的长短、背在肩上的部位等，也都规格化。在这种学校里，导师要如何经营班级，就不言而喻了。

会也较多；辅导人员多不涉及实务，但偶尔也会因过分讨好学生，而和导师暗中起争议，或给导师带来困扰。

3. 从训辅人员工作态度来看这个问题

训导人员面对全校学生，看重团体纪律和荣誉，在求其"同"；辅导人员面对不同个案，关心个案成败，在求其"异"。班级导师面对全班数十个学生，需同时应付训导及辅导人员不同的工作要求，其难能的地方在此，其可贵的地方也在此（如果能做得很好的话）。

（三）训辅措施对班级经营的影响

学校里的训导辅导设施多得无法列举，而且样样都和教师的班级经营有关系；一般说来，大部分措施都有助于级任导师，但也有对级任导师不利或给班级经营带来困扰的。试就以下几项作简要说明。

1. 让导师头大的"三理政策"

截至目前，颇多中小学训导措施的主要概念，还是不出一个"管"字；能跳出此一窠臼的，可谓凤毛麟角；前面说过，以旧的法令章程，"管理"新的学生，学生当然会违规犯过；违规犯过就"修理"，大部分学生是权威式的管理、修理下的屈从者，也有一部分是不屈不挠的"叛徒"，遇到这种叛逆分子，训导处也无可奈何，只好给他贴上一个"坏学生"的标签，从此放弃他，不理他：这就是最常见的管理、修理、不理的"三理政策"。此等措施对导师的班级经营固然有好处，包括规范学生行为、建立班级常规等；但坏处却更多更大，例如它违背时代潮流，与民主开放的班级经营方向相左，学生自由意志、独立判断、理性的道德情操难以养成；而贴上标签的学生，更让导师头大。整体来说，在"三理政策"下，如果导师选择民主开放的班级经营方式，他的处境是很艰难而尴尬的。

2. 让民主教育黯然失色的干部训练

学校及班级自治干部的选、训、用，是民主教育的重要一环，目前各校多从"管理"的角度，视学校干部为"官"、为"工具"来加以利用（看看干部的职权，无不"官"味十足，就可想而知了），造成干部与导师、干部与学生之间的对立，也使民主教育的目标迷失，民主教育的功能为之黯然失色。

3. 让导师临表涕泣的"三表主义"

训导处有"三理政策"，辅导室有"三表主义"。说句公道话，实实在在做事、以实际行动直接辅导学生的辅导室，并非没有，只是不多而已；多数辅导室是奉行"三表主义"的。何谓三表，就是"表格"、"表面"、"表功"：因为不实际从事辅导学生的工作，所以就将重点摆在让导师和学生填写各种表格上面，特别是每年第一学期新生入学或班级重组时，及第二学期结束前，导师在最忙的时段必须处理一大堆A表、B表、个案表，真是欲哭无泪。这些"表"就代表辅导室的"工作"或"绩效"，这当然是"表面"的；许多辅导室却是以此作为"表功"的依据，上级视导或考评人员也就凭此以为评比、奖励的唯一依据。

4. 让导师脸上无光的"空降报告"

目前一般中小学最常见的现象之一是，行政人员足不出户，能号令全校学生，那就是利用广播来传唤学生或指挥班级；而频率最高的则是"训导处报告"。想想看，按照分层负责的精神，导师才是学生和班级的"一级主管"，任何人要想指挥学生或班级，在体制和礼貌上都应通过导师；现在则是大家都从导师的头上跳过去，而直接指挥学生、操弄班级，让导师感到脸上无光，也给导师经营班级带来负面的影响。

5. 让导师意乱情迷的各种竞赛

学校经常举办各种竞赛活动，包括学科测验、学艺竞赛、生活教育竞赛、体能竞赛等，其中除学科测验由教务处主办外，其余均由训导处主办。项目多，举办次数频繁，而且每项活动都须导师支援配合，导师难免叫苦连天；更让导师吃不消的是生活教育中有关整洁、秩序、礼貌等的各项竞赛，由于天天要比、时时要赛，而且竞赛办法不明确，优劣标准难区分，再加上评比给分的人多是学生，其准确性与公平性更难以让人信服。如此这般的结果，导师往往发现自己经营的班级，"实"虽至而"名"不归，不但丧失了自己的志气和信心，对班级学生也往往无法解说和交代；有些导师在几经挫折打击、心灰意冷之余，干脆采取消极抗拒的态度，对这类竞赛索性不闻不问；试看很多学校生活竞赛"吊车尾"的老是那几个班级，就可以思过半了。

四、学校总务设施与班级经营

总务设施和班级经营关系最密切者，一是校舍校园的规划、兴建、维护、分配和使用，二是水电、照明、厨厕的配置和管理，三是教学设备的添置和供应。兹分别简要说明如下。①

(一) 校舍校园的规划、兴建、维护、分配、使用问题

有许多实例显示，由于政府财政充裕，民间经济繁荣，近年来一般中小学校多是大兴土木，并朝着富丽堂皇的方向快步前进；但是如果实地考察一下，很多学校校舍校园规划不当，工程

---

① 有关总务设施及其影响的讨论，请参阅：

蔡保田：《学校建筑学》（正中），孙益祥：《学校建筑与设备的研究》（国泰），李政广编译：《学校建筑设计计划与实例》（大佳），方炳林：《生态学与教育之研究》（文景），及《中小学校教育情境研究》等。

Jean O. Wineman, "Office Design and Evaluation", *Environment and Behavior*, 14 (3), 1982.

Louis Harris and Associates, *The Steelcase National Study of Office Environments, No. 11: Comfort and Productivity in the Office of the 80'S Grand Papids*, Mi. Steelcase, Inc., 1980.

M. J. Brookes and A. Kaplan, "The Office Environment: Space Affective Behavior", *Human Factors*, 14, 1972.

Floyd T. Christian, "Evaluation of Climate Control and Its Contribution to an Effective Educational Program", *School Building Research*, Publication No. 1008, 1963.

设计兴建拙劣，传统做法的重外观、重量不重质、不考虑功能性及实用性等缺失，依然处处可见。① 至于校园校舍的维护、分配、使用，乃至各班级清扫管理区域的分配等，更是漫无章法。凡此种种，均给班级经营带来了负面影响。

（二）水电、照明、厨厕的配置和管理问题

公共设施中水电、照明、厨厕等，关系学生的安全、健康及学习生活至巨；目前尚有不少学校饮水有问题、照明设施老旧、厕所严重不足、厨厕配置不当，造成学生生活和教师班级经营的许多不便。② 另有一些值得忧虑的相关事物，如饮水机管理不善、贩卖机充斥校园（据研究发现，目前中小学里"胖宝宝"越来越多，与此有密切关系）、合作社以营利（而非以教育）为目的肆意经营、学生午餐或便当盒饭让人倒胃口……种种缺失，也都直接或间接地影响学生生活和教师班级经营。

（三）教学设备的添置和供应问题

军中战备补给有一项基本要求：适当的物质，在适当的时间，到达适当的地点。这也应该是教学设备添置和供应的基本要求才对。但事实上，近年来学校经费虽比以前宽裕了许多，可惜由于"人"的种种因素，教学设备的添置、管理和供应的情形，仍距理想很远。教师从事班级经营或班级教学，就和部队在前线作战一样，如果不能适时得到适当的补给，那仗就没法打了。

---

① 有一荒唐可笑的实例：1989年"台湾省教育厅"规划迁建房舍，新房舍规划设计为地上五楼、地下一楼；筹备会上笔者建议宜将目光放在二三十年后，最少应改为地上七楼、地下二楼，先后两次提出建议，均未被接受；1991年新房舍落成，发现不敷使用，不得已乃在新落成的房舍地下一楼下面再挖建一层；1992年10月新"厅长"陈英豪接事，发现新房舍仍不够用，想在地上五楼顶上再加建一层，结果碍于规定未获通过；也正因为如此，新房舍延至1993年9月仍未启用。

② 某年笔者视学高雄县时，发现某小学财产登记上有五间厕所，实际情况是两间已不知去向，一间因距离太远废置不用，只有两间还在勉强使用，但已老旧不堪。又某年视学台中县时，发现某小学校门两旁各建一座厕所，办公厅正对面（相距不到五米）也建一座厕所，政府又拨款供其建厕所，却苦于无处可建。

第四节 班级经营的现况与改进

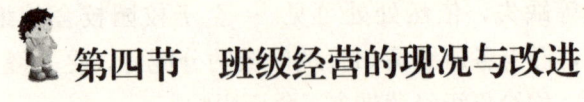

前面大体上已经谈到过，班级不是孤立的，班级经营必须多方面密切配合，教师是班级经营的关键人物等观点。这一节试对中小学校班级经营的现况作一粗略的观察，并提出一些原则性的改进建议。重点分为：(1) 班级经营的目标；(2) 班级经营的取向；(3) 班级经营的主体；(4) 班级经营的绩效；(5) 班级经营的改进之道。[1]

一、班级经营的现况与批判

(一) 在班级经营的目标方面

本书"编首概述"中曾提出，打造一个"生机活泼、和谐安详"的班级，是班级经营的终极目标；这也是开放型班级经营所追求的美好境界，其浅近的目标在便利班级教学的实施，最终的目标则在造就身心平衡、个性与群性获得充分发展的健全公民。但就目前实际情况来观察研究，以及从若干专门著作来体会省思，凡谈到班级经营的目标时，往往都只偏重在浅近目标的达成，以为只要班级教学能够顺利进行，就很不错了。也正因为这个缘故，班级经营的目标方向才出现以下几种异常现象：

---

[1] 有关探讨班级经营现况的著作，请参阅：

钟思嘉主编：《孩子的挑战》（桂冠），颜庆祥等译：《有效的教学》（五南），许慧玲编著：《教室管理》（心理），李园会编著：《班级经营》（五南），周焕臣编著：《小学班级教学研究》（"台湾省教育厅"），张春兴：《教学的心理基础》（"台湾省教育厅"）等。

B. S. Bloom, *Human Characteristics and School Learning*, New York: McGraw-Hill, 1976.

W. Doyle, "Classroom Tasks and Students' Abilities", In P. L. Peterson & H. J. Walberg eds., *Research on Teaching*, Berkeley, Ca.: McCutchan Publishing, 1979.

J. D. Long & V. H. Frye, *Making It till Friday: A Guide to Successful Classroom Management*, Princeton, N. J.: Princeton Book Company, 1977.

1. 目标模糊或根本没有目标

若干中小学校校长及行政人员在主持校务工作时，长年累月都在原地打转，每学期周而复始，奉行故事；他们所经常强调的，无非团体荣誉、学生安全、升学率，再加上校舍观瞻、校园绿化美化，等等；至于班级经营的目标为何，多无清晰明确的概念。在这种主事者引导下的级任导师，班级经营目标具体明确者固然不在少数（全靠经营者的理念），但目标模糊或全无目标者也大有人在。

2. 目标刻板现实，缺乏教育意义

为了达到顺利进行班级教学的目的，很多学校和教师的班级经营目标都很刻板现实，他们强调常规训练，重视教室秩序，要求学生安静不要讲话；于是各种消极的、防范的、管制的招数便纷纷派上用场，教室的表面景象似乎井然有序，教师便可如愿地进行教学或批发作业。① 至于有无教育意义，那就没有人去仔细推敲了。

3. 目标大而无当，不切实际

一般中小学校的各个班级，都象征性地设有各自的"班训"，作为全班师生努力追求的共同标杆，也是将班级经营目标加以具体化的做法之一；如果各班能够针对自身的实际需要，订立一个具体可以实践的班训，并借以陶铸成各自不同的班风、班性、班格，那当然是很好的做法。但这种事并不多见。通常中小学校的各班班训都徒具形式，例如以"礼义廉耻"或"天下为公"为班训，而且全校各班都一模一样：这种大而无当的班训，其实是甚少实际意义的。假使改以诚实、整洁、礼貌、互助、守时等道德信条作为班训，再通过教师的细心经营规划，促使全班学生以实

---

① 有些小学教师为了惩罚随便讲话的学生，用胶布将他的嘴巴贴起来；为了防止学生考试时互相偷看，将书包竖在课桌中间当作屏障。一位小学二年级的教师更是自己坐在讲台的靠背椅上，跷着二郎腿看书，让小班长拿着教鞭，依序打着一长排孩子的手心。

际行动去践行它，久而久之就会达成共识，造成真正的"诚实班"、"整洁班"……也因而形成不同的班风、班性、班格，这样的班训和班级经营目标才有实际意义。

（二）在班级经营的取向方面

在客观的环境因素和教师自身的因素交互影响下，一般中小学校的班级经营，大概不出以下四种类型：官僚型、权威型、盲目型、情感型。

1. 官僚型的经营

官僚型的班级经营是在学校行政体系下产生的，训导处依据有关法令及校务章程，在班级中设"官"分职，将学生一分为二，一边是治人管人的"干部"，另一边是被治被管的大多数同学；干部中有班长、副班长、各种股长（最近还将"风纪股长"改为"警卫股长"），不仅名目官僚化，而他们的"职权"则更是管理教室秩序、登记违规姓名、为老师或训导处通风报信等官僚化的消极工作；干部训练和定期的干部座谈会，也是为了强化他们的官僚功能和官僚地位。这是全校一致性的经营格局，学生分为治者与被治者，教师假手少数干部操控多数学生，以致造成全校团体氛围的疏离和紧张。

2. 权威型的经营

权威型的班级经营是由级任导师促成的，如果级任导师的性格是权威型的，再加上学校的高压气氛和班级干部的官僚化，于是因缘际会，教师自然而然地就会将班级带向权威化：教师高高在上，班级干部奉命行事，其余唯唯诺诺，班级气象死气沉沉、冷冷清清；教师在时秩序井然，教师不在时则吵翻天；等到教师回来了，各种"小报告"纷纷出现，教师再来个"秋后算账"。如此这般，周而复始。

3. 盲目型的经营

盲目型有时会和放任型很接近，或者也可以说，盲目型的经营取向，很容易趋于放任。学校行政松散，校长和行政人员不能善尽职责，加上级任导师专业素养不足，专业精神匮乏，则班级经营便难免盲目无定向，或最终不得不放任听其自然。这种班级组织很散漫，次级团体左右一切，工作成效低，也很少有成员会关心班级的毁誉。

4. 情感型的经营

这是一种柔性的、以教育爱为基础的班级经营取向，教师全身心地投入自己的班级，和学生生活在一起、工作在一起、欢笑在一起，有时也哭泣在一起。教师和学生之间除了师生情谊外，还有甜蜜的亲情滋润着彼此的心灵；班上的学生也相处得像兄弟姊妹一般；而且这种家人般亲情的热力还会从其成员的身上，自然而然地放射出去，让班级以外的人、事、物也获得美好的感染；更重要的是，这种热力还会历久不衰。

（三）在班级经营的主体方面

级任导师是班级经营的编剧、导演、演员和观众，也是班级经营的主体。从目前台湾地区中小学校的实况来观察分析，负责班级经营的导师，优秀、尽职的固然不在少数（这也是我们中小学校教育尚能维持一定水准的重要原因之一），但不称职的也所在多有。对这些不称职的级任导师，试加粗略分类，可以得出下面三种类型，即无知型、无能型、无心型（优秀、尽职的导师当然也可分为许多类型，为节省篇幅，兹从略），以下分别加以解说。

1. 无知型的导师

有些教师也希望把班级经营好，但却不知从何处下手，因此还可能经常做一些吃力不讨好，或事倍功半的事；也有些教师限于专业知能的不足，对班级经营的重要性懵懵懂懂，甚至浑然不知，结果往往是，不好而不知改，不会而不知学，不懂而不知问。他们整天忙忙碌碌，工作劳累，心情紧张；班上学生也跟着老师东奔西走，疲于应付，但班级表现却总是得不到提升，即使偶有成就，也难期突出或持久。无知型导师一旦觉醒过来，往往会翻然奋起，设法把不好的改好，把不会的学会，把不懂的弄懂。所以说，无知型的导师是不成问题的，或至少是有希望的。

2. 无能型的导师

有些导师受到自身基本能力的限制，既不知道班级经营的重要性，也不知道班级经营须讲求方法；学校将班级交给他，无论是怎样的班级，他都无能力将其经营好；最严重的情形是，有些导师连起码的上课秩序都建立不起来；班上学生整日熙熙攘攘，有如一盘散沙；学生家长也常有不信任、不满意导师的反映。在这种情势下，导师也就没有什么尊严可言了。无能型的导师如果经过不断的自我努力，也还是可以慢慢有所改善的。有些人有自知之明，并有力争上游的决心和毅力，虽限于基本能力而进展得颇慢，但日积月累下来，仍不难渐入佳境。因此，无能的导师也是不成问题的，或至少也是有希望的。

3. 无心型的导师

有些导师基本能力没问题，也知道班级经营很重要，也明白班级经营须讲求方法，甚至他自己也有方法；只是因为某种缘故，他总是得过且过，没有兴致把班级经营得比现况更好一些。在这种导师经营下的班级，有起码的水准，坏不到哪里去，也好不到哪里去，平平淡淡、庸庸碌碌，而且数十年如一日，原地踏步或原地转磨，不求有功，但求无过，如此而已。这种导师多半无从改变，或很难期其改变；如果有一天触动了他的心思隐秘处，使他豁然兴起，那么他的班级经营必将是别人无法望其项背的。

（四）在班级经营的绩效方面

班级经营的绩效很难考核，首先考核的标准就难订立，考核的方式和担任考核人员的态度、能力等，更足以影响考核的结果。很多经过考证公布出来的班级经营成果受到质疑，很多班际竞赛活动引不起师生的兴致，很多导师不在乎学校所作的班际活动绩效考评，都是有原因的。以下根据观察分析，将班级经营的绩效划分为四类，并作简要说明。

1. 功利化的经营绩效

许多中小学校校长和行政人员，都看重现实的功利：大的项目如升学率、各种校外校际竞赛活动的名次等，小的项目如班级师生对学校倡导的活动（如募捐、订阅书刊、吃公办午餐……）是否热心等，都是考核学校经营绩效的重要指标。在此等以现实功利为导向的诱因下，有些班级导师便不择手段地事事争功邀功，而学校乃至学生家长更是只看结果，不看过程；许多被视为经营绩效最好的班级，很可能就是违背教育原理原则、篡改政府教育政策和法令（如常态编班）最严重的班级；至于学生在虚伪、机诈、不公平的设施下所受的戕害，那就可想而知了。

2. 表象化的经营绩效

表象化的班级经营和功利化的班级经营，虽在某些方面有相似之处，例如只重结果，不重过程，但功利化的经营绩效如升学率、竞赛成绩等，仍须经一番努力、下一番工夫才能有收获，而那些收获也并非毫无意义。表象化的经营则只追求一些表面上的符合要求，甚至只是绣花枕头式的形似而已，至于实际的意义或价值如何，那就不必追问，甚至也不堪追问了。以生活竞赛为例，有些班级在整洁、秩序、礼貌、服装仪容等项尽管常常名列前茅，但大都只是善于应付检查所得的表面成绩。教师对学生的实际生活态度、行为习惯既少有教诲，对学生在对人、对事、对物方面的价值判断更少有开导。结果往往是：生活竞赛名列前茅的班级，不但违规犯过的几率高于他班；甚至由于学生洗脸、洗澡、换衣服等习惯并未养成，因而个人浑身发酸发臭，教室内更是恶臭难当，教师也不加闻问。这样的经营绩效就更等而下之了。

3. 封闭者的经营绩效

有些教师不重视周遭教育情境的变动，对自己平日工作的得失利弊也很少去检讨反省,只管埋着头孜孜不倦地经营自己的班级;也有些教师自视甚高,凡事都以为自己是对的,自己的作为就是标准答案,并设法在学生心目中树立自己的权威形象。以上这两种都是封闭型的教师,他们所经营的班级虽比较扎实,但因昧于客观环境和主观条件,其经营绩效往往不被接纳或不受肯定;班级学生的胸襟和视野,也局限于一隅而不够开阔,眼前的学校生活与未来的社会生活,在适应上都会遭遇困难,而且一旦他们走出班级,走出教师的阴影,就会不由自主地发现以前是受骗了。

4. 深耕者的经营绩效

勤奋的园丁,朝夕在自己的园地里深耕,虽劳苦异常却无怨无悔;他们甚至明知不可能有什么奇迹式的好收成出现,但对于自己的园地仍是钟爱无比,对于园里的每一棵幼苗仍是抱着无穷的期望;他们如此一点一滴地辛勤耕耘的结果,除非遇上天灾地变,否则,他们的园地必然会比别家更为郁郁葱葱,他们园里的每一棵幼苗也会自然地和他们心心相连,并且不负他们的期望而茁壮成长,而开花结实,而历久不折、不凋谢!这就是深耕者的真实收获。

二、班级经营的改进之道

在探讨过班级经营的目标、取向、主体和绩效之后,此处针对现况所暴露的诸多缺失,进一步提出一些原则性的改进建议。由于班级经营并无放之四海而皆准的标准答案,所以只能站在第三者较为超然的立场,作原则性的建议,以供读者参考。①

---

① 有关探讨班级经营改进之道的著作,请参阅:
黄政杰:《教育理念革新》(心理),吴清山等:《班级经营》(心理),卢美贵:《夏山学校评析》(师大书苑),林宝山:《教学原理》(五南)等。

H. Walberg, *Educational Environments and Effects*, Berkeley, C. A.: McCutchan Publishing Corporation, 1979.

K. Lewin, R. Lippitt & R. K. White, "Patterns of Aggressive Behavior in Experimentally Created Social Climate", *Journal of Social Psychology*, 10, 1939.

（一）教师要有坚定的信心

1. 对教育和班级要有信心

教育不是万能的，也不是无能的，它是可能的，只要诚心诚意全力以赴，并持之以恒，一定会有成就；班级不是宿命的，也不是不可捉摸的，它是可以经营改造的，只要拿出勇气和办法来，一定大有可为。

2. 对自己和学生要有信心

孙中山先生说："吾心信其可行，则移山填海之难，终有成功之日。"别人能做得到、做得好的事，我一定也能做到做好，大不了多花一些时间和心力；大多数学生都有控制自己的能力，只要教师肯关心并帮助他。

（二）教师要有明确的态度

1. 要有勇于改进的态度

经营班级没有最好的方法，但却有最坏的方法：长期安于现状、不事检讨改进，就是最坏的方法。

2. 要抱持民主开放的态度

民主开放是大势所趋，谁都挡不住；民主开放的班级经营起步可能不顺当，但一旦走通走顺了，便会无往不利。

3. 要抱定不退让的态度

教师要对学生一再强调，校规班规虽可以有弹性，但学生的不良行为一定要改，没有讨价还价的余地；而且信赏必罚，说到做到。

（三）教师要有有效的行动

（1）身教是有效的，事事身教，时时身教，处处身教，班级经营就成功了一半，原有的缺失自然就会日渐减少，原有的困难自然就会被一一克服。

（2）剑及履及，立即行动，说做就做，说改就改，积小胜小成为大胜大成，班级的面貌便会日渐改善。

（3）走进班级，才能认识班级、改造班级；走进学生生活领域，才能接纳学生，并被学生所接纳。

（4）随时随地用言语和行动，表现出对学生的关爱、赞赏和支持，而且是自然的、真实的。

（5）眼观六路，耳听八方，随时随地留心清除班级中的不良情境或不利诱因，扶植生机活泼、和谐安详的班性、班风、班格。

开放型的班级经营所追求的，是生机活泼、和谐安详的美好境界，它须经由两条并行的主轴，以相辅相成的态势向前推进，才有实现的可能：一条是民主开放的主轴，用以孕育"生机活泼"；一条是法治伦理的主轴，用以孕育"和谐安详"，二者缺一固然不可，二者畸轻畸重也不行。试看我们当前的政治和社会景象，就不难了解了。

第五节　本章摘要

本章为"认识班级经营"，是本书的重点之一，所以也占了较大的篇幅。

第一节为"班级经营的含义"，在对有关理论略加介绍后，本书将班级经营的含义界定为：班级是一个多元的有机体，教师为了达成教育目标，运用适当的方式和过程，使班级中各个元素产生良性的互动，使教学活动在愉快的气氛中顺利进行，这种方式和过程，即是班级经营。

第二节为"班级经营的基本理念"，我们从教师和班级经营的关系、教师对班级经营应有的认识、班级经营的一般原则三方面作探讨。

第三节为"班级经营与学校行政设施"，我们从校长办学态度、学校教务设施、学校训辅设施、学校总务设施四方面,分别探讨其与班级经营的关系,及其对班级经营的影响。

第四节为"班级经营的现况与改进",我们从班级经营的目标、取向、主体、绩效四方面,对班级经营的现况作扼要的探讨;从教师的信心、态度和行动三方面,对班级经营的改进之道作原则性的建议。

最后提出,民主开放、法治伦理是实现开放型班级经营理想的两条主轴,二者须并行并重。

中编

开放型班级经营策略

第五章

对开放型班级应有的认识

第一节 开放型班级的含义

根据系统理论者的说法,系统分为"开放型系统"及"封闭型系统"两大类。开放型系统的主要特征是:(1)它有比较容易穿透的界限,外界的资讯和能源比较容易输入进来,因此它的体质也比较容易改变;(2)它能和外界保持适当的交往,外界的情境是多元的,对它的影响和要求也是多元的,它就以多元的态度和它们保持良好的关系,但却不轻易改变本身既定的目标;(3)它能自我调适,当外界或内部的压力增强,甚至威胁到它的生存发展或权益时,它有能力予以化解;(4)它有充沛的活力,能对抗来自外界或内部的重重威胁,一旦遭受挫折,它就会展现出生命活力而再接再厉,使组织不致凋零;(5)它有很灵敏的回馈渠道,能接纳外界和内部不同的声音,并对自身作适当的调整。[1]

---

[1] 有关开放型系统理论的著作,请参阅:

黄昆辉:《教育行政学》(东华),方德隆等译:《教育行政学》(复文),何长珠等译:《教育组织与行政》(五南)等。

Edgar F. Huse & James L. Bowditch, *Behavior in Organizations: A Systems Approach to Managing*, 2nd ed., Reading, Mass: Addison-Wesley Publishing Co., 1977.

Paula F. Silver, *Educational Administration: Theoretical Perspectives on Practice and Research*, New York: Harper & Row, Publishers, 1983.

本书上编第三章第二节中，曾从系统理论的观点探讨班级的形成、班级的结构等问题，特别是在讨论班级结构问题时，以系统理论的观点指出：（1）班级不是孤立的；（2）班级是一个开放的系统；（3）班级的结构是多元的；（4）构成班级的元素是互动的。

综合以上两部分的资讯和观点，试为"开放型的班级"拟一界说：经过教师的精雕细琢和学生的良好适应，凝聚成组织结构稳定、气氛团结和谐、具有充沛的活力和弹性的班级；在这种班级里，不但教学活动能得以顺利而有效地进行，学生和教师都生活得很惬意，而且每个人都觉得自己既安全又充满希望。

这个界说至少说明以下几点：（1）开放型的班级是由教师和学生共同经营缔造的；（2）它的形体和质地是稳定和谐而又生机活泼的；（3）它的功能除了使教学活动顺利有效地进行外，并能让师生生活得既健康愉快而又充满希望。

第二节　情势咄咄逼人

为什么要走开放型班级经营之路呢？这是我们认识开放型班级的第一步。

解答前面这个问题的答案只有一句话，那就是"情势咄咄逼人"。虽然有些学者认为，教育是自发的，并不一定老是得被动地"跟着感觉走"；也有学者主张，教育不仅要适应社会变迁，更需要引导社会变迁。但事实上，从中外教育史来看，无论是教育哲学、教育思想，还是学校制度、课程发展，乃至教材教法等，绝大多数都是循着客观时空的情势递嬗演变的。① 更何况，我们中国的政治、社会的民主开放之路尚在起步阶段，通过民主开放的班级经营，以培育具有民主素养的公民，多少也有些自发的、引导变迁的意味在。

情势咄咄逼人的事实，可从以下几点得到印证。

一、时代变了

从20世纪90年代开始，整个世界都进入了一个多变突变的时代。这一期间，柏林墙被推倒了，两德统一了，苏联解体了，东欧发生了剧变，中国大陆的改革也在逐步深入，中东以巴也握手言和了……这一切改变和突变，都是在民主、自由、人权的大浪潮下应时出现的，而且今后势必会持续下去。这样全球性的大改变，是任谁也阻挡不了的，任谁也都无法置身事外而不受波及的。教育自亦不能例外。

二、社会变了

这几年的台湾地区，整个社会都变了：往日单纯稳定的社会组织，变得复杂多元而熙熙攘攘、动荡不安了；往日仁风义行、

---

① 有关教育发展史方面的著作，请参阅：
"中华民国比较教育学会"主编：《世界教育改革动向》（幼狮），"中国教育学会"主编：《开放社会的教育政策》（台湾书店），欧用生等译：《世界各国学校教育新貌》（天马），黄光雄主编：《教育概论》（师大书苑），徐宗林：《西洋教育思想史》（文景），徐南号：《当代教育思潮》（三民），郭明东编著：《各国教育行政》（"台湾省教育厅"），田培林：《教育史》（正中）等。

R. Freeman Butts, *A Cultural History of Western Education*, New York: McGraw-Hill Book Company, 1955.

H. G. Good & James D. Teller, *A History of Western History*, 1969.

Frederick Eby & Charles Flinn Arrowood, *The History and Philosophy of Education Ancient and Medieval*, 1958.

Jacques Maritain, *Education at the Crossroads*, Yale University Press, New-Haven and London, 1943.

Carroll Atkinson & Eugene T. Maleska, *The Story of Education*, New York: Chilton Books, 1965.

John S. Brubacher, *A History of the Problem of Education*, New York: McGraw-Hill Book Company, 1966.

长幼有序的社会秩序,变得争强斗狠而危机四伏了;往日勤劳节俭、守法安分的社会风尚,变得行险侥幸、巧取豪夺,甚至以无行无状为时尚了……总而言之,这几年的台湾社会,真是"好一个'乱'字了得"。社会组织乱了,社会秩序乱了,人间是非没了!各式各样的陷阱,加上见利忘义的大众传播,给家庭和青少年儿童带来不良的冲击,更给学校和教师带来无穷的困扰;在过去,学校可以关着校门办教育,教师可以板着面孔说教,今天都不行了,今后更行不通了!班级经营的模式,更到了非改不可的地步了!

至于中国大陆地区的社会,这几年受到世界性的改变和自身改革开放的影响,也渐渐由封闭而走向开阔明朗了。教育即将面临前所未有的大变局,学校和教师即将面临前所未有的大考验。这是可以预期的,兹附记于此,留待来日的事实验证。

三、家庭变了

(一) 家庭的形体及成员关系变了

小家庭及无根的家庭多起来了,家庭成员与外界的交往日益频繁,成员彼此之间的交往反而日益减少,而且心灵之间的差距日益扩大;于是外力介入渐多,流动的、无根的、破碎的家庭也日多。

(二) 家庭的功能退化了

传统的家庭兼具生产、保健、文化传承和教养子女的功能,现在除了生产的功能外,样样都减退了,其中减退最快、最多、最大的,是教养子女的功能。现在的家庭将教养子女的功能向"钱"和"学校"二者身上推:以为用钱供孩子享用、用钱给孩子去补习,就可以心安而神闲了;以为将孩子用高级轿车送进学校,就一切后果由学校负责,自己便可以自由自在或理直气壮地苛责学校、斥责教师、厚望孩子了。而事实上,这是不可能的,也是不公平的，许多子女教育问题也是由此而产生的。

（三）家庭教育子女的态度变了

传统的家长处处给孩子好的示范、好的启发、好的指引，现在很多家长都以"忙"为借口，教养子女唯"头"是赖：以大方的"手头"来打发孩子的时间，以粗暴的"拳头"来对待孩子的身心，以"摇头"或"点头"简单回应孩子的心灵需求，让孩子身上不离"锁头"而成为"钥匙儿童"，而自己则有闲有钱去找"玩头"或"姘头"：如此这般之下，很多孩子就变成了"浑头"或"魔头"，而让学校和教师"头痛"不已（这一段有点儿荒腔走板，言不及义，望读者见谅）。

（四）家庭跟学校、教师的关系变坏了

过去的家庭除了能发挥教养子女的功能外，并能和学校、教师充分配合；现在的家庭，既不管自身的职责，更不管子女的言行，而专管学校和教师，还有从"教育部"一直管下来的也大有人在。

四、青少年学生变了

（一）身心早熟

生理发育快速，速食文化和广告文化造成许多"胖"小孩和"大"小孩；庸俗的大众传播和小众小道传播造成许多心智早熟的小大人；刚由二年级升上三年级的小学男生懂得"打会"，而且懂得"内会"、"外会"和"倒会"；女生懂得早些为自己打算，挑个听话的男生替自己做事，自己则替他生孩子，搞不好就离婚"拜拜"。……总之，很多孩子都变成四肢发达、头脑不简单的小巨人了。

（二）文化刺激疲乏

父母钱多手头阔绰，孩子自幼即接触到各式各样的文化刺激,目不暇接,手足无措;慢慢长大后,便发现"太阳底下没有什么新奇的事物",对一切都没兴致,对伤脑筋、费时费力费心思的学习更感到索然无味;很多孩子的荣誉心、上进心很差,意志力也非常薄弱。

(三) 自我意识高涨

多元化社会的冲击,加上父母的形式上支配而实质上纵容的教育方式,造成青少年学生自我意识的高涨,说它是多重压力下的反弹也好,说它是盲目地跟着流行走也未尝不可。学校里或班级中许多破坏事件、抗拒抵制行为、反社会规范行为等,大多是在这样的情形下发生的。

(四) 价值观念分歧

在所谓"后工商社会"里成长的青少年学生,别的事情没学会,凡事有意见、随时随地表现异常行为的种种成人社会行径倒是全都学会了;小学中年级以上的孩子,经常顶撞教师,也出现拉帮结派、垄断控制弱势同学言行的情势;至于放高利贷、勒索、设局诈骗教师、贪图短暂的官能享受或刺激而做出怪异的事等,更时有所闻。总之,"只要我喜欢,没什么不可以"。

面对这样大变特变的时代、社会、家庭和青少年学生,学校的教育策略不改行吗?教师的班级经营还抱残守缺行吗?那当然是不行的。消极地说,那是鸵鸟式的心理和姿态,其后遗症是立即可见的[①];积极地说,那更是玩忽教育职守、自贬专业身价的行为,在道义和法令上都是不可以的。这就是情势咄咄逼人的真相,不容我们不承认或不接受,因为它是客观真实存在的,它逼得我们非改变不可!

---

① 1993年暑假期间,台湾地区的中小学校,就发生了好几起地方人士发动学生罢课、杯葛校长、抗议分班不公平、要求调整班级导师等事件;如果学校和教师还不及时变革,预料今后这类事件必将有增无减。

第三节 母鸡在哪里

母鸡在哪里？这是我们认识开放型班级的第二步。

教师带班级，就像母鸡带小鸡一样：母鸡从自己的发育成长，到下蛋、孵化，到"咯咯咯"呼唤小鸡破壳而出，到带领小鸡学步、觅食，独立自主，脱离母体的庇护，这一漫长的过程，几乎就是教师带班级的缩影。不过这里所讲的母鸡，是土生土长的传统家禽，而不是被圈养在架子上的生蛋鸡；这里所讲的小鸡，是由传统母鸡下蛋、孵化出来的小土鸡，而不是用孵化箱大批孵化出来的科学鸡。用科学方法大批孵化、饲养的生蛋鸡，会不会亲自孵卵、"咯咯咯"呼唤、带小鸡学步觅食等，我们不知道；我们只知道传统的母鸡会做出这些事。换句话说，在现行的师资政策下，我们不知道是不是所有教师都会经营出开放型的班级，我们只知道某些教师的确有能力从事开放型班级的经营。

然而母鸡在哪里？开放型班级的导师在哪里？

以下试从（1）开放型班级导师的成长过程、（2）开放型班级导师的人格特质、（3）开放型班级导师的形象三方面，来探讨这个问题。

一、开放型班级导师的成长过程

台湾地区的中小学教师，绝大多数是由师范院校培养的；师范院校对中小学校师资培养的卓著贡献有目共睹；但多少年来，师范教育体制封闭保守，师范院校独占师资供应市场，师范院校本身的师资亟待汰旧更新，其课程、教材、教法及师范生情操教育、专业精神亟待充实调整等，种种缺失亦早为各方所诟病。① 1994年1月,"立法院"将《师范教育法草案》更名为《师资培育法》,使台湾地区中小学师资培育从此迈入多元化的领域;但师范教育应兴应革的事项还很多,不是仅仅完成《师资培育法》就能济事的。

有一个事实值得教育主管部门及师范院校探讨深思:根据笔者十余年视学台湾中小学校的见闻所得,大部分学校处室主任、组长之类的行政人员,凡是由教师兼任者,多不是经由师范教育培养出来的"科班生"。这种非科班出身的行政人员所占的比例有多少,因为问题未受重视或未被发现,所以没有人去加以调查统计分析,故无数据可循;笔者所说,只是印象而已。笔者曾就这种现象多次请教有经验的校长,问他们为什么喜欢用非科班出身者担任行政工作,他们有的笑而不答,有的具体指出,这些人工作认真、态度好,容易和同事相处,比较安于其位、久于其职、乐于其业。反过来说,是不是师范教育科班出身的人,就比较不具备这些优良品质呢?我们不敢断言,但却值得大家玩味和深思。

话题落实到中小学校的导师身上。1991年台湾地区的小学教师,约82%是师范教育体系培养出来的,这样的师资阵容应该足以令人自豪。但是,师范教育科班出身的教师,是否就能胜任导师,并有能力经营出开放型的班级呢?根据前文的叙述来寻思,可以说仍是大有问题的;而且有许多实例可以支持此一看法,读者眼明心知,此处无暇——引证。

师范教育是问题的根源。其次是在现行的教育行政、人事行政、学校行政体制下,开放型班级导师的成长问题。

---

① 有关探讨台湾地区师范教育的著作,请参阅:
林清江:《文化发展与教育革新》(五南),"中国教育学会"主编:《迎接二十一世纪的教育改革》(台湾书店),张春兴:《希望的追寻与挫折》(东华),王连生主编:《人文化师范教育研究》(嘉义师院),"中国教育学会"主编:《开放社会的教育政策》(台湾书店),黄政杰:《教育理念革新》(心理),熊智锐:《"台湾省政府教育厅"志·卷三教育行政》("台湾省教育厅")等。

在现行的教育行政下，教师法尚未完成立法，教师与公务员的身份尚混淆不清，教师的专业地位尚未受到应有的尊重，教师专业组织及申诉渠道尚未建立，教师进修制度及其渠道尚未畅通。

在现行的教育人事体制下，初中以上的教师实行聘任制，小学教师实行派任制，使为数最多的小学教师觉得受到歧视；至于工作待遇和价值上，小学教师待遇最低、工作条件最差、工作负担最重、社会地位最下，其次则是初中教师；另外，政府行政设施及社会公众视校长为"官"，是高高在上"管"教师的，赋予校长许多的管教师的职权，使校长自己亦认为管教师是理所当然的，校长如有违失，政府便将他"降调"为教师，教师地位不受尊重，于此便更加明显了。

在现行的学校行政下，校长具有考核教师勤惰的权力，而且很多校长经常将此威权摆在脸上、挂在嘴上，教师的专业自主权及班级自主权几乎不存在，因为校长和行政人员自认为官大学问大，可以为所欲为地摆布教师。而校长却又是教育行政当局摆布的对象。

从师范教育到教育行政、人事行政、学校行政，一系列地检讨寻思下来，中小学教师的处境既如此，会带小鸡的母鸡又到哪里去找呢？很多学生一旦离开学校，登上讲台，扮演了教师的角色后，不是心灰意冷、得过且过，就是不安于位、随时准备另谋他就；有些老于其职的教师，则数十年如一日，不读书、不进修、不事改进；也有少数教师将学生和班级丢在一边，放牛放羊吃草，自己猛啃书，专心参加考试，结果步步高升后，回过头来就傲视原先的同事，这种例子多如牛毛。

开放型班级的导师是辛苦的，谁肯干呢？除非他是傻瓜，或生来就具有优良教师的人格特质。也许母鸡就在这里吧！

二、开放型班级导师的人格特质

开放型的班级不是原本就存在的，而是由开放型的教师经营缔造出来的。前面谈到母鸡在哪里的问题，此处再进一步探讨，会带小鸡的母鸡到底是个什么模样，亦即开放型的教师到底应具备怎样的人格特质。

有些学者将教师分为经师、人师、良师三类型。认为具有学科专长、熟悉教材教法、懂得指导学生应付升学考试的，也就是"会教书"的教师是"经师"；他们是好学生的好老师，是家长心目中的"名师"。另一种是重视学生品格培养和生活辅导，关怀学生人格成长和身心发展，他们不仅是好学生的好老师，对于不成才的学生也能因材施教，这就是具有专业精神的"会教人"的"人师"。"良师"则是"以兴国为己任"的教师，他们具有强烈的时代意识与国家观念，以正确的人生观和价值观引导学生，使其成为承先启后、继往开来的好公民。①

开放型的教师人格特质，可能和经师、人师、良师有很多相似或重叠的地方，但他绝不是经师，也不完全是人师或良师。以下试参照相关文献资料及笔者平日视听积累的经验，从基本表征、做人、处事、教学及经营班级等方面，对开放型教师的人格特质作一简略的描绘。

（一）在基本表征方面

身体健康、情绪稳定、仪容端庄、服饰整洁朴素、态度和

---

① 有关探讨教师人格特质的著作，请参阅：

郭为藩：《人文主义的教育信念》（五南），刘真：《办学与从政》（台湾商务），林本：《现代的理想教师》（台湾开明），林清江：《文化发展与教育革新》（五南），周焕臣编著：《小学班级教学研究》（"台湾省教育厅"），及《中小学校教育情境研究》（五南）等。

H. L. Light, "High School Pupils Rate Teachers", *School Review*, Vol. 38, Jan. 1930.

M. E. McDonald, "Students Opinions as Regard Desirable and Undesirable Qualifications and Practices of Their Teachers in Teacher-Training Institutions", *Educational Administration and Supervision*, Vol. 17, Feb. 1963.

P. A. Witty, "Evaluation of Studies of the Characteristics of the Effective Teachers", *Improving Educational Research*, Official Report, A. E. R. A., 1940.

G. M. Blair, R. S. Jones & R. H. Simpson, *Educational Psychology*, 3rd ed., 1968.

蔼、性格开朗、有活力、有耐心、有幽默感、有广泛的兴趣、有不断学习的精神、有足够的相关知识、有爱国家爱民族的情操。

（二）在做人方面

诚恳、友善、合作、宽厚、体谅他人、欣赏他人优点、同情他人缺点及无心的过失、有亲和力、有良好的生活习惯、重视每个人的存在和尊严、重视团体荣誉及人际关系。

（三）在处事方面

有条理、有方法、冷静客观、温和平实、不慌不忙、勤勉负责、公正无私、不拘成见、洁身自好、细心、时时检讨改进缺失。

（四）在教学方面

认真、热心、公平、不厌烦、有爱心、关怀学生、口齿清晰、教训方法生动细致、赏罚分明、重视个体差异、乐意帮助学生、不计较眼前的得失、重视潜在课程对学生的长期影响。

（五）在经营班级方面

有目标、有步骤、有决心、有信心、能关照全班、能凝聚群智群力、能取得学生信任、重视团体和谐与班级风格、经常与家长联系讨论、经常保持班级活力与向心力、能和外界保持良好的互动关系。

三、开放型班级导师的形象

一般讨论教师形象的论著，通常从教师的自我形象和公众形象两方面入手。所谓"自我形象"，就是教师本身对自我的评价——教师本身根据他自己的主观条件、加上对自己的期许、再参照公众对他的客观评价，就综合形成自己对自我的评价。所谓"公众形象"，就是社会大众对教师的评价——社会大众根据教师的主观条件、自我期许、各种具体表现等,乃综合形成对教师的客观评价。因此,教师的自我形象和公众形象,往往是互为因果的,这种因果关系可成为良性循环,也可成为恶性循环。以下分别就开放型教师的自我形象及公众形象作简略的描绘。①

(一) 开放型教师的自我形象

开放型教师的人格特质已如前述。至于他们的自我形象如何?他们自己心目中的自我是什么模样?这是属于个人内心的自我认定或自我意念,可以说是很难捉摸描绘的。以下试就某些教师的日常言语行事加以观察揣摩,对开放型教师的自我形象作一概略的勾勒。

(1) 认为教师的工作是神圣的,地位是崇高的,所以工作兴趣和工作意愿都很高;不管别人的想法做法如何,自己都必须兢兢业业。

(2) 认为自己的形象是美好的,而且老是觉得别人都在暗中窥视自己,所以自己的言行必须有分寸。

(3) 认为自己的能力和品德修养还是不够,必须不断充实求进步,所以一有机会就会很认真地去观察学习、读书进修;从来不敢自满或自以为是。

(4) 认为其他同事都各有长处,也都是自己的助力,所以随时随地都在找机会去接近、交谈或观摩学习。

(5) 认为班上学生个个都很可爱,也都应该得到老师的爱,

---

① 有关教师角色及教师形象的讨论,请参阅:

张崇赐编著:《小学教师优良品质的养成》(台湾书店),林清江:《教育社会学》(台湾书店),贾馥茗:《英才教育》(台湾开明),陈奎憙:《教育社会学研究》("教育部")等。

B. J. Biddle, "Teacher Roles", in *Encyclopedia of Educational Research*, 4th ed., Macmillan, 1969.

J. Kob, "Definition of the Teacher's Role", in A. H. Halsey et al. ed., *Education, Economy and Society*.

Victor H. Vroom, *Work and Motivation*, New York: Wiley, 1964.

所以常常喜欢和学生工作在一起、学习在一起，乐在一起或苦在一起。

（6）认为班上学生个个都有学习的潜能，人人也都喜欢学习，所以总是千方百计地帮助学生学习。

（7）认为班上学生个个都有快乐的权利，也都希望得到快乐，所以总是设法替他们解除痛苦，让他们得到快乐。

（8）认为生活教育比课业成绩重要，学生生活习惯的养成比生活竞赛的名次重要，所以老是不厌其烦地改正学生生活言行的种种缺点与不足。

（9）认为每个学生都希望在班上有地位、有表现、有朋友，所以老是喜欢替学生作各种安排，让他们如愿以偿地得到地位、表现和朋友。

（10）认为每个学生都希望得到老师的重视，他们的家长也在暗中期待老师多多照顾他的孩子，所以就随时随地设法满足他们的希望和期待。

（二）开放型教师的公众形象

自我形象是自己内心所塑造的，公众形象是大众集体塑造的；社会大众根据平日观察接触的经验，日积月累地塑造出一个开放型教师的标准形象；他们拿着这个标准形象去核对印证，即可分辨出谁是（或不是）开放型的教师。换句话说，在大众心目中，开放型教师几乎是一望即知的，他们的特征是：

（1）经常兴致勃勃、面带笑容；偶尔也会生气或发脾气，但时间都很短暂，而且由于不常如此或不习惯如此，所以连生气或发脾气的样子都很滑稽可爱。

（2）身边经常有不同面孔的学生出现。这一点很重要，因为他是公平无私、对学生没有偏见、偏爱，所以每个学生都喜欢接近他，他也给每个学生接近的机会。而且学生在他面前都大大方方、有说有笑；偶尔也有师生相对默默无语或泪眼相看的时候，那是更可贵的交往互动的方式。

（3）平时似乎不慌不忙，实际上做任何事都比别人下工夫，因此坐在办公室里喝茶、聊天、看报、发愣或打瞌睡的时候很少，大部分时间都在不声不响地做着学生、班级或学校的事。

（4）和学生有很好的默契，因此不会大声吼叫责骂学生。班上学生彼此之间也有很好的默契，很少有打闹喧哗的场面出现。

（5）喜欢参与学校举办的各项团体活动，也乐于支持学校主办的各种庆典活动；喜欢和别人打招呼或在一起工作，别人也乐意和他在一起工作。

（6）衣着、仪容、言行举止都很平淡，也都很端庄得体；在任何场合都不会炫耀自己、贬抑别人。

（7）学生都很喜欢上他的课。在他上课的时候，教室气氛生动活泼。

（8）对学生的个人资料、家庭状况都很清楚，对从前教过的学生也都如数家珍；离校多年的学生也会记得他的一切，并跟他保持很好的联系。

（9）在校外，学生见了他不会逃避或不理不睬；学生家长也都很喜欢和他打招呼、交谈。

（10）他可能没有什么突出的表现或赫赫之功，也不是别人竞争或排斥的对象。但凡有人提起，绝大多数的人都会承认他是一位够水准的朋友和老师。

从开放型班级导师的成长过程、人格特质、自我及公众形象的探讨，可知会带小鸡的母鸡在哪里，他是个什么模样；也可知他们是很辛苦的。不过有一点是值得肯定的，那就是绝大多数的人都承认他是一位够水准的朋友和老师，单单这一点，开放型教师已足以自慰自豪了。

第四节　朗朗乾坤的形影笑貌

朗朗乾坤的形影笑貌，这是我们认识开放型班级的第三步。

开放型班级是个什么样子？它的形影笑貌如何？这是我们进一步要探讨的。概略地说，开放型班级就像一个小小的妙妙世界，也像一个开阔的朗朗乾坤；在有些方面虽和普通型班级并无太大的区别，但如果稍加深究或深一层地观察，它在很多方面都不同于普通型班级。以下试就两方面作探讨：（1）开放型班级的团体气象；（2）开放型班级的学生生态。①

一、开放型班级的团体气象

（1）它是一个开放的系统，具备开放系统的各种特性，一如我们在本章第一节所列举的一样。其中最重要的特性是，它有比较容易穿透的界限，这使得它一方面比较容易接收到外界的资讯和能源，用以调整、增强自身；另一方面，它自身的形影笑貌也比较容易投射出去，让外界对它有较多的了解，因而比较愿意接纳它。封闭型班级则是内外比较疏隔的。

（2）它的组织结构似乎比较松散，特别是在经营初期，班级成员彼此之间的情谊尚未建立，互相信赖的程度很低；有些学生甚至不习惯教师经营班级的态度和做法，便采取观望或消极抵制的姿态，班级结构显得松散无力。但真正经营成功的开放型班级，其组织结构表面上似乎较为松散，但实质上的凝聚力却十分强劲。

（3）它的组织运作似乎比较迂缓，这是因为它重视"过程"

---

① 有关团体气氛或班级气象方面的论著，请参阅：

王家通校订：《教育行政学》（复文），周焕臣编著：《小学班级教学研究》（"台湾省教育厅"），吴清山等：《班级经营》（心理），许慧玲编著：《教室管理》（心理），蔡培林：《教育环境评鉴》（复文）等。

Andrew W. Halpin, *Theory and Research in Administration*, New York：Macmillan, 1966.

Donald J. Willower, Terry I. Eidell and Wayne K. Hoy, "The School and Pupil-Control Ideology", *Penn State Studies*, No.24, the Pennsylvania State University Press, 1967.

Rensis Likert, *The Human Organization：Its Management and Value*, New York：McGraw-Hill, 1967.

而非重视"结果"。在政治现象或社会现象方面也是如此，凡是崇尚民主开放的组织，其运作过程都比较迂缓。但经过迂缓过程所得到的结果，往往才比较合理，比较容易为多数人所接受，也比较容易赢得多数人的支持和赞赏。

（4）它的组织效能似乎不高，甚至可说是偏低；在很多固定的、有形的、具有竞争意味的活动中，它的表现往往并不十分突出，但也不至于太差，因为它的效能是全盘的、长期持续的。如果在某项竞争活动中，它认为有追求特殊表现的必要，在它的成员的努力下，通常是不会落空或令人失望的。

（5）它有很旺盛的团体活力，参与公共事务的意愿很高，行动既快又好；在公众活动的表现方面，参与的人数比率总是超过其他班级，但各项指标方面的"成绩"却常常比有些班级逊色；它认为"参与"比"成绩"重要，参与的本身才是最有价值和意义的。

（6）它有很好的团体向心力，随时随地都能彰显出很高的团队精神；除了班级导师外，凡是来上课的教师，都能受到很好的尊重，觉得在这种班级上课是一种享受。有时也有意见上的冲突和压力。在开会或讨论问题的时候，常会出现百家争鸣的局面；但往往都能适可而止，表现出很好的自制力和相忍相让的民主风度，而且事后谁都不会斤斤计较。

（7）班级气氛宽松融洽，到处充满了和煦的阳光、舒畅的空气；即使偶尔遭遇挫折或出现低气压，也很快就会被旺盛的组织活力所冲淡，又展现出一片晴朗的天空。

（8）班级中有很多次级系统或次级团体，但负面作用都不大；偶尔也会出现一些异常的状况，但信息很快就会传开，异常状况很快就会被班级本身的动力化解掉，或次级系统自行化解而消弭于无形。

（9）班级中的次级系统或次级团体，能发挥很好的正面功能，使得班级生机活泼，气象开阔；而且它们是以民主的、开放的方式，展现其各自的生命力。这是其他班级所难以企及的。

（10）它有很耀眼的班级风格，每个成员都觉得他为此风格而耕耘过，因而引以为豪，而且这种风格在当时和以后，都有很好的形象和影响力。

二、开放型班级的学生生态

（1）学生个个都活得很惬意，都很喜欢上学、进教室或上操场；每个人都觉得日子很好过，时间过得很快，特别是在学期快结束的时候，师生都有依依不舍之情，场面和气氛都很温馨感人。

（2）生活常规教育有成，学生不但在班级或教室内有很好的表现，在班级或教室外的表现也同样令人激赏；特别是在待人接物的态度和语言表达能力等方面，都比一般班级的学生优秀。

（3）在多姿多彩、多元化的分组学习活动下，每个学生的潜能都能得到适当的发展，在班上都有他的重要性，都各自扮演一个以上的重要角色；无论是团体的或个别的，无论是读书、工作，或运动游戏，都很主动积极，无须别人督促甚至逼迫。大部分学生都觉得读书学习虽然有压力，但却是很有趣的事，因此无须别人为他操心。

（4）转学生、留级生或复读生，都乐于进入这个班级；他们也都很容易进入，很容易被接纳，很快地就跟大家融合在一起。所以，它的异质性很高，它的同质性或融合性更高。

（5）班上同学彼此之间都有很好的情感，能互相关心、互相照应，有的甚至情同手足；男女同学之间交往也大大方方，不会有飞短流长，或奇奇怪怪的事情发生。学生的心胸也比较开阔，大大小小的争执、冲突总是难免的，但都很容易排除或冰释。

（6）班级干部不会狐假虎威、盛气凌人，大部分同学都会尊重他们的权责，和他们配合得很好；特殊分子、意见领袖的地位不高，影响力不大，也享受不到什么特权或优遇。

（7）班上学生都能自尊自重，也能尊重他人；每个人都觉得自己很安全，对现况很满足，对自己很有信心，对未来怀着美好的憧憬。

（8）很多学生都会受到导师的物质帮助和精神鼓励，因此也乐于随时随地帮助和鼓励他人；如果发现本班或他班同学遭到不幸，便会自动自发地展开协助或救济。

（9）当时的情况固然很甜蜜美好，大家也都很珍惜；但十年、二十年，甚至更久以后，大家尤其觉得回味无穷；而当年教师的谆谆教诲和同学们的形影笑貌，更成了个人一生中的宝贵财富。

（10）如果你向班上的学生打听，每个学生都会说："我们的班级最好，我们的导师最公平、最喜欢我。"这一点非常重要：唯有导师以开放的态度经营班级，以有教无类的精神公平地对待每一个学生，才能让每个学生都对自己的班级有好感、有向心力；也唯有导师的因材施教，才能使每个学生都各有所成，都真切自然地感受到老师的爱。

以上试从团体气象和学生生态两方面作简要的描绘，作为我们进一步认识开放型班级的门径。尽管我们已竭尽所能，但仍然难期周全；而且中小学校班级林林总总，每一开放型教师所经营的班级也不尽相同，真的就像朗朗乾坤一样，任何描绘总是挂一漏万的。

第五节　本章摘要

本章为本书中编"开放型班级经营策略"的第一章——对开放型班级应有的认识。

开放型班级的含义是：经过教师的精雕细琢和学生的良好适应，凝聚成组织结构稳定、气氛团结和谐、具有充沛的活力和弹性的班级；在这种班级里，不但教学活动能得以顺利而有效地进行，学生和教师都生活得很惬意，而且每个人都觉得自己既安全又充满希望。

为什么要走开放型班级经营之路呢？答案是情势咄咄逼人。事实告诉我们，时代、社会、家庭、青少年学生都变了。这些是我们认识开放型班级的第一步。

开放型班级须由开放型教师来经营，然而会带小鸡的母鸡在哪里呢？他们的成长过程、人格特质、自我及公众形象如何，这些就是答案，也是认识开放型班级的第二步。

开放型班级的形影笑貌究竟如何？从它的团体气象和学生生态加以描绘，发现它既像一个小小的妙妙世界，又像一个开阔的朗朗乾坤；总之，它是生机活泼、和谐安详的。这是我们认识开放型班级的第三步。

第六章

开放型班级经营的工作内涵

第一节 工作内涵的含义

　　本章继续前一章，在对开放型班级作一概括性的认识之后，进一步探讨开放型班级经营的工作内涵。

　　所谓工作内涵，意义十分明显，就是级任导师在从事一个开放型的班级经营时，必须做哪些事。一般级任导师经营一个班级，都有一些必须要做的工作；经验老到的级任导师，早已视其为家常便饭，年年岁岁照做就对了。也正因为这个缘故，许多导师在工作中常常遭遇一些新的挑战，或意想不到的困扰，因而手足无措；最近几年的情形尤其如此。事实上，无论是班级教学、班级经营，或学校行政事务的处理，都不宜抱着年年岁岁照做的态度。笔者经常说，学校里的工作没有一项是新工作，它都有一些章程、定例，或类似的工作可供参考，本着"鉴往知来"的法则，参考前例稍加检讨修正，虽新工作亦可驾轻就熟；反过来看，学校里的工作也没有一项是旧工作或例行工作，如果因为老有经验，便等闲视之而年年岁岁照抄照做，从来不作检讨改进，那就不会有进步了。

　　开放型班级经营的工作内涵，说起来可能和一般班级的并无太大的差别；但如果认真去寻思的话，就会发现在工作态度、工作重点、工作项目、工作方法等各方面，二者还是有若干出入的。

关于开放型班级经营的工作内涵，以下试从三方面来作探讨：(1) 开门七件事；(2) 纲举目张；(3) 守常与创新。[①]

第二节 开门七件事

照传统的说法，一般人日常生活的开门七件事是柴、米、油、盐、酱、醋、茶。生活在"后工商社会"的人们，生活方式和生活内容都有了很大的改变，所谓开门七件事的说法早已站不住脚了。

班级经营是一场长期持续的苦战，导师置身在诡异多变的战场上，随时随地都会有意想不到的状况发生；一般型班级经营的导师昧于情势，在遭遇新状况时便穷于应付或怨天尤人；而开放型班级经营的导师对新情势早已有了认识，在心理上和工作上早已有了准备，因此便不会手忙脚乱。此处提出"开门七件事"的说法，就是对从事开放型班级经营的导师，提供一些简要具体的建议。当然，这些事是每一导师都须时时面对的，不过开放型班级导师必须特别洞察，必须全力以赴罢了。

一、观风云

导师要像气象台或温度计，对天气的阴晴、风雨、寒暑固然

---

① 有关探讨班级经营工作内涵的著述，请参阅：
李园会编著：《班级经营》(五南)，朱文雄编著：《班级经营》(复文)，吴清山等：《班级经营》(心理)，许慧玲编著：《教室管理》(心理)，颜庆祥等译：《有效的教学》(五南) 等。

Len A. Froyen, *Classroom Management*: *Empowering Teacher-Leaders*, Columbus: Merrill Publishing Company, 1988.

E. T. Emmer, "Classroom Management", in Michael J. Dunkin ed., *The International Encyclopedia of Teaching and Teacher Education*, Oxford: Pegramon Press.

要明了，要留心，以便随时提醒班上学生早作准备；在天气突变时，更要照料学生，小心应付。此外，班级气氛是另一种"隐性气候"，随时都在暗潮汹涌，随时都可能发生狂风暴雨，导师更不可掉以轻心；万一暴风雨突然来临，或先遣性的小雷雨渐渐逼近，导师能防患于未然当然最好不过，如果争执纷扰已经表面化，也须沉着应对，妥善化解处理。

二、察内外

一般型导师只将注意力集中在自己的班级上，对于班级以外的事物多不太关心。开放型导师为了经营班级，必须放眼观察学校外面的社会情境，和学校里面的物质情境及精神情境；并随时留心这些内外情境的动态变化，以期减免外力的负面影响，获取外力的有利资源，俾有助于自己的班级经营。此外，对于团体互动或人际交往，也不宜置身事外；如能热心参与，甚至互动倡导，那当然更好。

三、看脸色

导师要看谁的脸色？并非是校长或行政人员的脸色（有时也是要看的），而是班上学生的脸色，也就是学生的健康。导师早上一进教室，首先即须注意学生的面容神色，特别是少数较易生病的孩子，看看他们有无异状；下午放学前，还要再瞄一下孩子的最后状况，如果经过一天的课业活动，某些孩子面露疲惫痛苦的气色，就该提醒他回家告诉父母。对于迟到的、早退的、缺席的、请病假后第一天到校的，都应加以追踪和关怀。为了重视学生的健康，各种健康检查、预防注射、清洁卫生习惯的培养等，也是导师例行性工作的一部分，均宜随时想到、做到、或指导学生做到。在中小学教育中，日常生活教育可以说是教育的重心，一位负责尽职的导师，一位开放型班级的经营者，必定是一位重视日常生活教育的良师。

四、修门面

门面是什么？包括学生的仪容、教室布置、环境卫生、校园整洁区等。一个开放型的班级，它的学生服装仪容一定会经常保持相当的水准；它的教室布置一定会经常更换，且具有某种独特的风格；它的教室周遭的环境卫生，它所负责的校园整洁区，它所认养或负责维护的花圃、菜圃或动植物等，也一定会照顾得面面俱到。这一切，是班级的门面，也是需要导师经常分心关注的。

五、明进退

常规训练是班级经营的重点工作之一，其内容无非洒扫、应对、进退的礼节，及更进一层的是非、群己、取舍的分际；有些事甚至看起来是一些无关紧要的细枝末节，但是导师所须坚持的，是对或错的问题；凡是错的行为，无论是大错或小错，亦无论是张三、李四、王五、赵六所犯的错，统统是不可以的，是不被容许的。常规之下就是赏罚，一位开放型的班级导师，在心地上他是一位忠厚纯正的儒者，在行事上他是一位信赏必罚的法家。因此，虽小恶微过也必罚，虽小善微功也必赏。这样做的目的，固然是为了建立班级常规秩序，更重要的是，旨在培养民主法治的正确观念，培养21世纪的优秀公民。班级里的常规事件多得不得了，导师稍不留意就会有所疏失，而无心的疏失却往往成为学生抓在手中的"小辫子"，或存着不妨一试的侥幸心的萌发渊薮。在此情况下，无论是教师的无心的疏失或有心的宽容，都是常规秩序或民主法治的大敌，做导师的人不可不当心！

六、计盈亏

开放型班级的导师整日埋头工作，多是不计自身得失的无名英雄。教育经济学者认为教师也是教育资源之一，教师个人的精力时间有限，在班级教学或班级经营中应斟酌使用，务期以最小的耗损（成本）获致最大的效果（效益）；更有学者主张，教育资源都是来自人民的税捐，教师既是教育资源之一，就应作公平而有效的分配，对于少数"投资报酬率"低的学生（如低智商、低成就、行为异常等），教师就不必枉费太多的心力，以免对其他学生造成不公平现象。这当然都是在计算盈亏。不过上面这些偏重经济效益上的说法，从教育的观点看是否妥当，还是值得深思的；思考的方向有二，一是"社会成本"问题，今日计较经济上的投资成本，他日必将付出更高、更惨痛的社会成本；二是教师的专业道德问题，教师有"不教"或"偷工减料"而少教、惜教的权利吗？答案可能是否定的。因此，作为一位开放型班级的导师，是不必计算这一类的盈亏的。

此处所要计算的盈亏，是班级经营中一些具体事务的处理；导师日常工作烦琐，稍不留心，往往会有闪失；小的闪失还无关紧要，大的闪失就不妥当了。哪些事须随时检视、特别当心呢？一是教学进度，须配合学校行事，与其他班级同步，不宜超前或落后；二是学生课业，进度符合了，学生课业实情如何？三是作业批阅处理，不要等到教务处抽查时才手忙脚乱；四是学校行事历，要经常翻阅，以免有所贻误。总之，经常计算盈亏，凡事预则立、不预则废，道理简单易明，能做到，便能趋吉避凶。

七、勤走动

在班级里固然要常走动，以掌握学生动态；在学校里也要常走动，以与全校上下同呼吸，避免自己脱班或被群体遗弃；此外，和学生家长的联系尤其要抓紧抓牢，不可放松，这是班级经营的一把钥匙。每个学生都希望在导师和家长之间筑起一堵高高的围墙，导师却要设法在围墙中间开一扇门，而且手中握有那扇门的钥匙，随时穿越、畅行无阻。导师和家长都很忙，"无事"固然不必"登三宝殿"去麻烦家长，但有事时却千万不要忘记和家长联系；常用手中的这把钥匙，最后你会发现好处多多！

开门七件事，顾名思义，就是导师每天都要面对、时时都须检视和应付处理的例行性工作；七件事总共不过21个字，易记易明，如果能够背下来，每天早晚复诵一遍，看看有没有做到，有无遗漏，或将不无助益。

第三节　纲举目张

继"开门七件事"之后，开放型班级经营的工作内涵当落实到班级行政事务上。班级行政是具体而微的学校行政，学校行政分门别类，有关处室各司其职，看起来是井然有序，但事实上，各处室职责也并非泾渭分明，互相重叠的事固然不乏其例，互相辞让推诿的三不管地带也所在多有；遇上这种情形，各校处理的方式不同，此处无暇讨论。

班级行政事务由导师一手包办，有如一人公司，从董事长、总经理到雇员、工友，全堆压在导师一人身上；因此既无相互重叠之虞，也无相互推脱的可能。但，班级行政工作林林总总，理应分门别类加以厘清，以免满目满脑都是工作，错综复杂纠结在一起，搞得人头晕目眩，既伤神伤身，又容易误事；部分行政事务虽可由班级干部分担，但导师仍须操心，可谓责无旁贷。以下按照学校行政事务的分类，将班级行政分为校务行政、教务行政、训导行政、辅导行政、总务行政五项，逐项列举其重要工作项目，纲举目张，便于导师循序经营处理。所须申明的是：(1)逐项列举很机械，很乏味；(2)无论如何列举都难期周备，更何况各校各班"口味"不同，并无标准"菜单"；(3)主要项目跟一般型班级经营者大同小异，但经营态度自有泾渭之别；也有开放型班级经营所独备的，稍加审视便不难发现。[1]

---

[1] 有关探讨班级行政事务的著作，请参阅：

吴清山等：《班级经营》（心理），"教育部"订：《国民小学行政组织准则》、《国民教育法施行细则》，伊文柱：《国民中小学训导设施》（文景），"教育部训育委员会"等编订：《国民小学训导工作手册》，朱文雄：《班级经营》（复文），黎育玲：《班级经营之理论与实际》（载《教育资料文摘》）等。

一、校务行政

（1）衡量斟酌学校的层级、属性、教育目标、社会情境、家长期望、学校传统等，制订班级经营的目标及工作重点。

（2）了解校长的性格、教育理念、办学态度、平时强调或最近宣布的事项，调整或强化班级经营的工作内涵。

（3）配合校长整体规划、发展方向或重大活动，机动调整班级经营的工作步骤或步调；必要时，亦作适当的意见表达或行动参与。

二、教务行政

（一）了解教务行政一般概况

1. 教务行政目标

班级是学校的基础单位，是学校行政的执行者；学校教务行政旨在运用教育资源，支持班级教学，提升教学效果，达成教育目标。导师在了解教务行政目标后，应当全身心投入，以改进教材教法，提高学生学习兴趣及学习成效。

2. 教务行政组织

通常中小学校设教务处（小型学校教训合一，设教导处），处下设注册、教学、设备等组，处主任及组长均由教师兼任，各司其职。班级为执行单位，设班长、副班长及学艺股长，执行各项教务工作。

（二）认识教务行政基本职责

1. 教务处的基本职责

制订教务工作计划、各学科教师编配、学级及班级编组、课程教材及课表编排、教学实习及进度管制、成绩考核及学业竞试、学籍管理及学生异动、教学设备及图书管理供应、教学研究及教育辅导等。

2. 班级教务工作的基本职责

除执行教务处基本职责所规定的工作外，班级干部的选、训、用，班级教学情境的安排与美化，课程、教材、教学补充材料的调配、搜集、陈列与运用，班级学艺活动的组训等，都是班级教务工作的基本职责。

(三) 掌握教务行政重要工作项目

1. 班级学生的动态与编组

通常在编班完成后，班级学生既较少异动，偶尔有转进、转出、换班、复学、退学之类的异动，导师即须及时处理相关资料的变动，对新进学生的背景、课业、情绪等，尤须多加关注；班级学生的勤惰及学习状况，须经常留意；各种分组学习的编排、小组长或小老师的指定、小组活动的进展等，更须长期努力和随时调整。

2. 教学资源的准备与运用

学生课本、作业本、文具、实习材料、日常生活所需等，须一次准备完成；教师教学所需的参考资料、工具书、视听媒体、辅助器材、社会可用资源等，既须早作搜集与准备，更须随时补充与更新。师生教学资源充足，运用时得心应手，教学便活络而易于成功。

3. 学习情境的美化与扩充

教室及实习场所空间的安排，座位或工作室的安置，门窗、桌椅、橱柜、墙壁照明及空调设备的配置维护与利用，室内室外环境的布置与美化，教室及作息时间的控制与调节，广大空间及自然季节的适当配合与运用等，都是班级教务工作的重要工作项目。

4. 学习风气的培养与维持

学习风气和班级气氛有关，精英班固然较易培养出好的学习风气和班级气氛，放牛班或下段班也并非完全不可救药，关键在于教师的专业精神、教学态度，及能否因材施教、循序渐进、激发自动学习的意愿。但此项工作非常重要，是班级教务行政和训导行政的首要项目，须导师下大决心、大工夫去经营与维持。

5. 教学成效的考评与发表

中小学校学生德、智、体、群、美各项学习成效的考评，分平时考评、定期考评两种；考评的方式分形成性考评、总结性考评两种；考评的工具或凭借有纸笔作业、技能作品、学习过程、行为表现等多种；考评的实施有学校主办及任课教师自办两种。在考评前，导师须作充分的准备；在考评时，导师须作公平合理的安排；在考评后，导师须作成绩的登录、得失的检讨与情绪的疏导和激励。

三、训导行政

一、了解训导行政一般概况

1. 训导行政目标

班级是学生自治活动的基本单位，也是训导活动的实体。学校训导行政旨在通过学生自治活动及各项训导设施，使学生的个性与群性获得充分、均衡的发展，以成就群己和谐、健康愉快的健全公民。在此目标下，导师当斟酌班级的外境和内境，从民主自由和法治伦理两大主轴去分进合击，促其实现。

2. 训导行政组织

通常中小学校设训导处（小型学校组织简化，设教导处），处下设训育、生活教育、体育、卫生四组（或简化为三组或二组），处主任及组长均由教师兼任，依职责及权责办事。班级为训导活动的实践单位，设班长、副班长及风纪、康乐、体育、卫生等股，推展班级自给活动及各项训导工作。

(二) 认识训导行政基本职责

1. 训导处的基本职责

推荐各班导师参考名单供学校敦聘，制订训导工作计划，推动自治活动、社会活动、艺文竞赛、体能竞赛、生活教育、社区服务及各项庆典活动等。

2. 班级训导工作的基本职责

训导处的基本职责也就是班级训导工作的基本职责；但导师居于第一线，学生从事任何训导活动，或训导处要求班级扮演何种角色、符合何种规定或承担何种任务，导师都必须指导协助学生，从计划、实施、呈现成果，到事后的结束、检讨、奖赏激励，一步一步地实际去做。这就是班级训导工作和导师工作的基本职责。

(三) 掌握训导行政重要工作项目

1. 班级干部的遴选、组训与运用

班级干部也就是自治干部，依教育学者吴兆棠的意见，训导工作应从学生生活常规的"自为立法"、"自为守法"、"自为司法"入手。学生自治干部的选、训、用，其目的即在通过干部，建立班级自为立法、守法、司法的生活秩序，其重要性可以想见。但目前一般学校自治干部的职权及选、训、用方向，完全偏离了此一宗旨，自治干部成了管同学的"官"，这是民主教育的悲哀！

2. 自治活动与生活规范的经营

自治干部是服务的角色，而非当官管人的角色；开放型的班级中，自治干部是为全班同学服务的，而班级自治活动则是全班同学共同参与的，班级生活规范则是全班同学自为立法、守法、司法所实践的。导师居间协助经营，使其走向正确有效而不偏颇。

3. 师生沟通及成员互动模式的建立

开放型的班级特征之一是学生可以说话、敢说话、会说话，知道什么时候、什么地点、怎样说话、说什么话；这是师生良好沟通及成员良好互动的原因或动力，也是师生良好沟通及成员良好互动的结果。而沟通、互动模式的建立，是导师班级训导行政的工作要项之一，这件事做好了，很多难题都可迎刃而解。

4. 班级人格及团体氛围的培养

在个人人格受到尊重，也尊重他人人格的基本立足点上，学生的个性和群性得以平衡成长；在此基础上，班级人格才会逐渐形成，团队精神与团体和谐的氛围才会循序生成。这是开放型班级训导行政的另一要务。

5. 健康愉快生活的追求与实现

以民主自由的生活为经，以法治伦理的生活为纬，二者并驾齐驱，绝无畸轻畸重的现象或事情发生；能如此，不但学生的学校生活是健康愉快的，其人生远景亦必将是健康愉快的。

四、辅导行政

（一）了解辅导行政一般概况

1. 辅导行政目标

中小学辅导工作旨在协助学生认识自己，发展自己的潜能和优点，改正自己的缺点或不良适应行为，使他能适应环境，并进而改造不良不利的环境。

2. 辅导行政组织

通常中小学校设辅导室，下设资料组及辅导组；中小学辅导室设主任，高中、高职设主任辅导教师；组设组长。主任及组长均由教师兼任。小型学校则简化其组织。班级中以往并无辅导工作干部，最近有些学校已建立辅导导生制度，这也是今后发展的新趋势。

(二) 认识辅导行政基本职责

1. 辅导室的基本职责

制订辅导工作计划，充实辅导信息，建立学生辅导资料，提供辅导服务，协助教师增进辅导知能，从事学生学业辅导、职业辅导、生涯辅导，建立全体教师参与辅导工作制度等。

2. 班级辅导工作的基本职责

中小学虽设置辅导专业组织及专业人员，也推行全体教师参与辅导工作的制度；但事实上，学生的辅导工作绝大部分都是落在导师的身上。而辅导工作又是无时无地无事不存在的，从有形的辅导资料的建立，到无形的学生行为、课业、职业、生涯等的辅导，都是导师的分内事。中小学校辅导工作始终无法落实，导师唱独角戏而疲于奔命，是主要病因之一。

(三) 掌握辅导行政重要工作项目

1. 建立学生基本资料

此为目前中小学辅导室的基本工作，而由导师负责搜集、填写、移转、登录；资料项目包括基本资料、综合资料及一般参考资料等。此项工作劳民伤财，而且往往只是静态资料的积累，甚少实际作用，新的资料往往很少随时登录或更正。

2. 协办各项测验

此亦为目前中小学辅导室的基本工作之一，须由导师协助办理；测验项目包括智力测验、性格取向测验、成绩测验等。由于测验工具、实施技巧、分析运用能力等均尚欠成熟，其功能亦尚未适当发挥。

3. 实施团体辅导及个别辅导

此为导师每日必做的工作，但导师虽实际做了许多，却无时间填写辅导室所重视的相关表格资料；其结果往往是，资料归资料、实务归实务，甚至出现做事多者资料少、做事少者资料多的

反常现象。理想的做法是随做随填、避免拖欠脱节；即使当时简要填写一下，也比事后补填要真实有效得多。

4. 加强个案辅导

对于特殊个案，须特别加强辅导，或会同辅导室、邀请适当教师作专案辅导，并长期追踪办理，不见成效绝不终止。特殊个案在班级中往往有传染性或恶性扩张作用，其问题必须及时彻底加以解决。

5. 作好亲职教育辅导

台湾地区中小学教育的缺失之一是，只灌输青少年学生如何做个"好孩子"，不曾教导他们将来如何做个"好父母"；因此很多年轻人一旦为人父母，便手足无措，不知如何扮演一位称职的父母，也无法和学校或导师作适切的配合。因此，导师的另一项重要工作就是，辅导学生的父母负起父母的职责，做称职的父母。

五、总务行政

（一）了解总务行政一般情况

1. 总务行政目标

中小学校总务行政旨在配合学校整体发展计划，及全校师生和行政部门的平时需要，提供人力、物力、财力及空间环境的支援和服务，使学校教育目标、校长办学理念，得以在良好的师生教学活动中逐步实现。

2. 总务行政组织

通常中小学校均设总务处，与教务处、训导处合称三处；处下设文书、事务、出纳三组，小型学校每有精简。处主任多由教师兼任，也有由考试合格人员专任的；组长都是专任的。班级中的总务行政组织，除班长、副班长外，另设总务股，或分设文书、服务、事务等股，负责班级总务工作。

（二）认识总务行政基本职责

1. 总务处的基本职责

制订总务工作计划，学校文书收发处理，学校大事记及会议记录之记载与处理，员工薪酬、学校经费及学生缴费之收支处理，校地、校园、校舍之购置、规划、修建、美化、管理，教学设备及日常用品的添置、管理、分发，学校财产的管理，工友的任免及管理，师生日常生活的照顾与一般安全维护事宜等。

2. 班级总务工作的基本职责

班级总务工作为具体而微的学校总务工作，除了没有房地购置修建及工友任免管理两项外，其余几乎都包括在班级总务工作范围内；不过有的事可由班级总务干部担任，有的事则必须导师亲自负责。

（三）掌握辅导行政重要工作项目

1. 学生活动空间的辨识与利用

和学生活动有关的场所包括教室、特别教室、实习实验场所、校园、体育场、活动中心、厨房、厕所、合作社、警卫室等，应引导学生一一辨识，并指导学生如何进出和利用。

2. 学生良好生活态度的培养

开放型的班级经营旨在养成现代化的公民，举凡环境保育、人与物和谐相处、爱惜物资、节约水电、使用者付费、用后物归原处、量入为出、公私分明、科学管理等生活态度，宜随时随地多加灌输培养。

3. 班级经费的筹措、管理与运用

班级经费大概来自三方面，即学校拨用、本班师生乐捐及学生家长捐助；在推动师生、家长捐献时，宜强调人人参与、人人输将、热心公益、爱护团体的观念，但须量力行事，不计个人捐献之多寡。在管理与运用上，宜建立预算、决算、出纳及账务公

开制度，以凝聚团体意识，培养守法、自爱精神。

4. 班级公物及消耗品的领取、保管与使用

班级公物或消耗品，无论是向学校领用、分配、领养或由班级经费购置，均宜妥善保管、维护、陈列、使用；并宜培养公有物大家珍惜、私有物互通有无的良好风气，久而久之形成班风、班格，用以扩大影响。

5. 师生日常生活及一般安全的照顾与请求

师生日常生活的饮食、作息、衣着、行止、运动、嬉戏等，随时都可能出现危险或意想不到的状况；平时宜多教导照料，并宜预先构想安排一些应急措施，以应付突发事件。

虽说纲举目张，也不过是粗枝大叶，约略呈现一些框架而已；有心人倘能循此推演，或可望更加周详。开放型班级经营的理想境界是生机活泼、和谐安详，在此大方向下去寻思追求，亦不难获致真正纲举目张的效果。

第四节　守常与创新

从第二节"开门七件事"和第三节"纲举目张"中，可约略看出开放型班级经营的工作内涵。当然，这些工作内涵并非开放型班级经营所特有，很多工作在一般型班级经营中也是不可或缺的。基本上的差异，是工作理念和工作态度的问题。关于开放型班级经营的工作理念和工作态度，本书以前各章已随时有所呈现，以下各章也会继续呈现。

本节再试从另一角度来探讨开放型班级经营的工作内涵，那就是"守常与创新"的问题。开放型班级经营基本上是采取进取的态度，守常是"守"的态度，创新是"进取"的态度。清朝末年有一群学者如冯桂芬、张之洞等，提出"中学为体，西学为用"的主张，"中体"就是守常，"西用"就是创新，也是守常与

创新并行并重的。本章第二节、第三节所列的工作内涵，可说是偏于守常的，以下再就"守常的方向"及"创新的策略"两者作说明。

一、守常的方向

（一）工作领域上的守常

班级经营有一定的工作领域，一般型班级的导师固须遵守，开放型班级的导师也不可例外。班级有如一个小型王国，领土疆域是有明确的界限的；导师经营的领域就是这个班级，不属于这个班级的事务，还是少插手为妙。在"全体教师参与训导辅导工作"的要求下，有些事虽不可视而不管，但也须管得恰如其分。而且临时性、即兴式地插手管一管，和长期的、持续性的"经营"毕竟是有区别的，如果你热心过度，将临时"管一管"的工作变成长期"经营"的工作，其结果必将是不愉快的。因此，工作领域上的"越位"是宜避免的，偶尔必须越位，也须谨慎行事；当然，领域内的工作更不可"缩水"，缩水是放弃领土疆域的不负责行为。

（二）工作职权上的守常

学校行政组织有上下层级的区分，班级是学校行政组织的基础单位，它的上层是各处室组及校长、主任、组长等。这些层级都各有其职权，班级经营者既不宜"越权"，当然也不宜怠忽职守或"弃权"。工作领域是平面的，是班级与班级之间的"横"的关系，长期"越位"的结果，别人可能会骂你"鸡婆"；工作职权是立体的，是班级与上级之间的"纵"的关系，一再"越权"的结果，别人可能会骂你"三八"，都是宜小心回避的。

（三）工作品质上的守常

班级经营的工作内涵，不只是"量"的问题，更是"质"的问题。前面提到的工作领域和工作职权，多是从"量"的角度说的。在量上，该做到的一定做到，这是守常；在质上，不但是该做到的一定做到，而且是该做好的一定做好，经营保持一个相当程度的高标准，这更是守常。如果一位开放型的班级经营者，在班级工作上，"量"和"质"都能守常，那就不仅是班级经营品质的保证，更是教育质量的保证。不过，班级工作的"量"有其疆界或上限，班级工作的"质"却是没有疆界或上限的，经营者尽可好上加好、精益求精；而"偷工减料"则是工作品质的大忌讳，是切须预防或避免的。

（四）工作情境上的守常

工作情境和班级导师密不可分，而开放型的班级导师和工作情境的关系更为密切。因此，一位开放型班级的经营者，应设法跟工作情境经常保持和谐流畅的互动关系，这就是工作情境上的守常。班级导师从事班级经营，既是在工作情境"中"进行各项工作，就必须与这个情境中的人、事、物经常接触；举凡接触的态度、方式、频率、气氛等，都会对接触的效果产生正面或负面影响。为了保证班级工作的质和量，经营者跟工作情境中的人、事、物，最好能保持正常化的关系。冷热无常、大起大落，都是不利的。

二、创新的策略

（一）从课程、教材、教法上求突破

班级经营的工作领域和工作职责既然都有一定的局限，导师要想开创新的工作内涵，就必须另辟蹊径。第一个可能的尝试，就是从课程、教材、教法上求突破：有形的课程、教材虽多由政府主控，但无形的潜在课程和补充教材，教师仍有很大的运作空间；而教法的改变，更会直接影响到课程、教材及教学效果，对班级工作内涵也产生连带性的涟漪作用。最近森林小学和毛毛虫实验学苑的做法，就是现成的例证。教师如果按照教育主管部门指定的课程、教材，逐科逐课照本宣科，班级工作的内涵就变得既简单、又固定；反之，就会增加许多工作项目，丰富许多工作内涵；有经验、有专业精神的教师，必不甘心受制于有形的课程和教材，而会设法由教法入手从事新的尝试，以突破有形课程、教材的束缚，迈向更开阔的天空。

(二) 从训导、辅导工作上求改变

另一开拓班级工作内涵的尝试，就是从训导、辅导工作上求改变。一般训辅工作或迷信权威理论，照着理论亦步亦趋去做；或因袭故旧，年年岁岁走在同一条狭隘的道路上，周而复始。如此既少有更张，也少有新的工作内涵产生。例如在训导上，传统的打骂、管理、训话、压制、防范等措施，大家虽早已知道是不对的，但却始终无法改掉。为什么？成人的权威性格及直截了当、省事省力的积习使然，如此而已。辅导工作的情形也差不多，似乎填表格、办测验、出刊物、积累资料已变成辅导的化身了，真正的辅导工作却少有人去闻问。开放型班级的导师格外辛苦，他们不但须拒绝人云亦云、人做亦做，而且还得应付那些人云亦云、人做亦做的形式化工作，甚至更需劳心费力抚平学生因形式化做法所受的创伤；然后才能设法走出眼前训辅工作的窠臼，以新而有效的训辅态度和方法，开拓班级工作的新面貌和新内涵。

(三) 从师生关系上求开展

第三个开拓班级工作内涵的尝试，就是从师生关系上求开展。一般型班级的经营者，大部分心力花在教室秩序的建立和维持上，因此师生关系或是对立的，或是疏离的，或是若即若离的；班级工作的内涵也不超出教室常规管理的制式范畴。开放型的班级，师生关系是亲和融洽的；这种师生关系的营造和维系，导师须从多方面下工夫,.甚至连上学、放学或上厕所途中，有意

无意地安排跟某个学生同行，以便边走边谈，拉近彼此之间的关系。这种近乎无所不用其极的做法，当然增加了导师的工作负担；但就开放型班级的工作内涵来说，却在无形中又开拓了许多新的工作项目和工作领域。

（四）从活动时空上求更张

此外，我们还可以从教学活动的时空上谋求更张，以尝试开拓班级工作内涵的可能性。一般说来，教学活动的时间和空间总是以学生在学校里为限；但开放型班级的活动时空，便不能以此为满足。无论是教学、训导、辅导等活动，如果仅仅局限在学生上学的时间及学生在校的空间，教师的工作负担当然较为单纯轻松，班级经营的工作内涵也就相对简化减少了许多。但是，开放型的班级经营，它的教学、训辅种种活动的触角，往往会很自然地延伸到学生上学时间以外，及学校活动空间以外。例如课程教材补充资料的搜集、课前预习、亲职教育、家庭联系、田野调查、校外动态教学训辅活动等，其时空的延伸是有很大弹性的。而每有延伸，班级工作的内涵当然就会随之丰富起来。

从以上陈述不难发现，无论为守常或创新，开放型班级经营的工作内涵和一般型班级都有显著的不同。不过，上面这些陈述只算是举例性质；事实上，守常也好，创新也好，范围会扩展很多，班级导师倘能各尽所长，各显其能，多方面去思考追求，相信在工作内涵的提升和拓展上，必将有更多更好的收获。

第五节　本章摘要

本章探讨开放型班级经营的工作内涵，首先界定工作内涵即是导师从事开放型的班级经营时，必须做的事情。

导师必须做的事情，分三部分作探讨：第一部分是"开门七件事"，列举观风云、察内外、看脸色、修门面、明进退、计盈亏、勤走动七事。

第二部分是"纲举目张",从校务、教务、训导、辅导、总务五个方面列举班级经营必须做的事情。

第三部分是"守常与创新",分别从工作领域、工作职权、工作品质、工作情境四个方面谈守常;并从课程、教材、教法的突破,训导、辅导工作的改变,师生关系的开展及活动时空的更张四个策略谈创新。

第七章

开放型班级经营的工作方法

第一节 工作方法的含义

本章探讨开放型班级经营的工作方法。所谓工作方法,含义十分明显,就是级任导师在从事一个开放型的班级经营时,经常采行或可能采行的办法。

普通型班级的导师在经营班级时,也各有一套工作方法;而且长期如法照办,自认为还蛮有效、蛮得意的。开放型班级经营的广度和深度,既远远超出普通型班级,自须另有其行之有效的工作方法。有"幼教之父"美誉的福禄贝尔曾说:"教育无他,爱与榜样而已。"果真如此吗?一位教师只需要实施爱的教育、并能以身作则、给学生好的示范就行了吗?其实是不够的。有经验的教师必然都曾体验过,"方法"是非常重要的。

有太多太多的事例告诉我们,很多父母辛辛苦苦养育子女,都是望子成龙、望女成凤、宠爱备至,而父母自身也都是端正纯良、言行一致的人;但事与愿违,未能将子女教养成才,甚至反成为忤逆不孝、危害社会国家的不肖之徒,让父母悔恨伤心不已。为什么会这样?就是"方法"问题。所以笔者尝说,天下"无"不是的父母,这是就"动机"和"目的"来讲的;天下

"多"不是的父母，这是就"方法"和"过程"来讲的。父母教养子女都是基于爱子女，希望他们成龙成凤成才，所以说"天下无不是的父母"；可惜很多父母方法不当，例如打骂、苛责、揠苗助长、溺爱……最后未能收到预期的效果，所以说"天下多不是的父母"。不过，我们不应责怪父母，因为他们并未受过"做父母"的专业训练，他们只是在做了父母后，才兀自摸索、跌跌撞撞地匍匐前行而已！

教师的情形就不同了，绝大多数中小学教师都受过职前的养成教育和在职进修，对教、训、辅方法都很熟悉。但事实上，"知"和"行"往往是两回事，熟悉而不加运用，或运用而不事改进，也是白搭。很多中小学教师都感到心力交瘁或事倍功半，工作负担沉重固然是主要原因，方法不当才是关键所在。有些教师被学生怨恨、羞辱，甚至殴打、伤害，除了归罪学生不好外，教师自身的教、训、辅方法可能也须检讨。

第二节 踏出稳健的第一步

凡事起头难，凡事也是起头最重要。所以唐朝名臣魏徵在《谏太宗十思疏》中，特提出"慎始而敬终"的建言；西谚也有"好的开始，是成功的一半"的说法。导师为了经营一个开放型的班级，首先即须想到如何"开始"的问题。本节从三方面作探讨：（1）全方位地思考和投入；（2）走在接班的前面；（3）熟读、死记、活用学生资料。

一、全方位地思考和投入

(一) 全方位地思考

思考须有线索、有网路，过去的所学、本书的建议、以往的经验、他人的得失等，都是思索的脉络。

（二）整体性地规划

要像重大工程设计一样，参考系统分析、评估的技术，将思考所得，绘制成一张整体性的班级经营蓝图，以便此后按图施工。这种蓝图贵在提纲挈领，无须巨细无遗，以免劳神费时而流于形式。

（三）全方位地投入

导师工作是苦差事，目前很多"聪明"的教师都不肯接手。但世上毕竟还有不少"傻子"，以佛家地藏王菩萨"我不入地狱谁入地狱"的精神，接下了导师这个重担；既接下了，也就"认"了。怎么个"认"法？一是要有三分傻气、七分干劲儿。二是要拿出三铁的本钱；所谓三铁，即铁的身体、铁的信念和铁的毅力。三是用上面这两项要件作基础，全心全力，无所不用其极地投入到班级经营的"战场"上，浴血奋战，赢取战果。

二、走在接班的前面

（一）广结善缘

无论是学校内境的同事，还是学校外境的学生家长或一般民众，平时都宜多和他们交往，让他们对你有所认识，甚至产生好感，这就是广结善缘。其中有些人是"广播电台"，经常会替别人作义务宣传；结善缘就会有善的宣传信息，结恶缘就会有恶的传播效应。广结善缘的目的无他，裨益日后的班级经营而已。

（二）自创品牌

过去国际上讥讽台湾是"仿冒王国"或"盗版天堂"，专门仿冒各行各业的世界名牌，或盗录盗印别人家的智慧财产，因而声名狼藉。这几年才慢慢发愤图强，很多行业都创出各自的品牌，在国际市场上逐渐崭露头角，受人肯定。导师也当如此，平时经营班级，就要有自创品牌、自立风格的一些独特做法；一旦再接新班，品牌早已名声在外，就不难产生一种先声夺人、先入为主的好效果。

（三）里应外合

新班级的外面，有导师自己已结的善缘和已创的品牌；新班级的里面，可能隐藏着一些早已认同导师的学生，包括这位导师早先教的学生之弟妹，低年级升上来的对这位导师有好感的学生等；两种因缘里应外合，便成了班级经营的无形助力。

三、熟读、死记、活用学生资料[①]

这是班级经营"踏出稳健的第一步"的最重要一步，熟读、死记、活用学生的各项基本资料。基本资料存在辅导室档案里，导师接班后即可调出来运用。目前一般中小学的辅导工作多属静态的、刻板的，学生基本资料一经填妥交出，便很少有人再去过问，结果便出现以下种种缺失：（1）填记不完整，无论为学生自填或他人代填，常见很多项目空着，导师和辅导室也不加筛查补救；（2）填记不真实，有些调皮学生故意在资料表上乱填乱写，目的无非隐瞒事实、耍大牌整老师、玩花样考验老师，导师和辅导室也视而不见或根本不想触碰它；（3）新资料或异动资料未登录，包括家庭状况、学校生活等新的或异动的资料，很多都未随时登录填记。

除辅导室资料外，教务处、训导处、军训室（高中、高职）也有一些学生资料，接班后也都可借出来，以补正辅导资料的不

---

① 有关学生基本资料的建立与运用，请参阅：
吴武典主编：《学校辅导工作》（张老师），陈汉强编著：《教育辅导》（"台湾省教育厅"），宗亮东等：《教育辅导》（正中），宋湘玲等：《学校辅导工作的理论与实施》（文鹤）等。
A. E. Traxler, *Techniques of Guidance*, New York: Harper & Row, 1966.
D. Carrington, A. J. Cleveland & C. Ketterman, "Collaborative Consultation in the Secondary Schools", *The Personnel and Guidance Journal*, 56, 1978.

足或缺失。在补正的过程中，对部分可疑或缺漏的项目，宜设法核对校正，包括向学生、家长及相关的人当面或侧面查证。

经补强补正后的基本资料，最好影印一份存在导师手上，以便随时再补强补正和运用。

（一）熟读

一面熟读手边的书面静态资料，一面熟"读"学生本人的动态资料，包括学生的行止笑貌、好恶习性、学习态度、作业完成情况等；将每个学生的所有相关资料都整合连贯起来，然后把它读熟读彻，让每个学生都活生生地活在导师的脑海里；而且导师在很短的时间内都能辨认全班学生，随时叫出每个学生的姓名而绝对不会叫错。

（二）死记

对每个学生的相关资料不但要读熟读彻，更须死记硬背某些关键性的资料，包括学生的生日、家人亲属状况、学科成绩、健康情形等。导师不是万能电脑，不可能记得这许多资料；较为科学的办法是将这些资料摘录成一张简表（能输入电脑最好），每天早晚都调出来阅读背记一次，以备当天或次日派上用场。

（三）活用

记了许多资料如果不用或不会灵活使用，也无多大意义，资料贵能灵活运用才有价值。正式地或非正式地跟学生谈话，当然须参考他的背景资料才容易切入和切题；批阅学生的作业（特别是周记、日记、作文之类），有机会也可以在批语上"点"到、用上。

如果导师在走廊上遇到张同学，随便和他搭讪攀谈几句："张××，你的老祖母快八十几了吧？她的耳朵还灵吗？眼睛还看得清吗？每餐吃多少饭？……"

如果导师在校园树下遇到李同学，随便和她聊几句：

"李××，你哥哥今年要参加大学联考了吧？他的成绩一向很好，应该没问题，老师预祝他考上理想的学校。……"

如果导师在路上遇到王同学，很关心地问他："王××，你爸爸最近有信来吗？你妈妈现在是上夜间班还是上白天班？她胃痛的毛病好些了吗？告诉她要去看肠胃科专门医生啊！……"

类似这样的亲切话题，学生内心的感受如何呢？是不是感到既惊异又窝心呢？回到家里会不会津津有味地转述给家人知道呢？他们的家人听到后的反应会怎么样呢？这些学生以及他们的家人跟这位导师之间的关系，从此会发生怎样的变化呢？……

又，如果导师每天早晚抽几分钟的时间，瞄一眼全班学生的资料简表，发现当天或次日有两个学生过生日，就设法给他们一个小小的惊喜，或找机会逗他们高兴高兴，这两个学生也许会终生难忘！……

踏出稳健的第一步，是开放型班级经营成功的锁钥，导师倘能得心应手地妥善规划运用，必能为此后的班级工作带来意想不到的好效果。

第三节 行动·活动·互动

上节"踏出稳健的第一步"可说是准备阶段，本节是实际经营的开始。学校刚开学，学生结束假期（多半在暑假结束后），上学的第一天就接到分班编班的消息；如果是中等学校的新生，或小学一年级的小小朋友，心情就更加慌张甚至无助。级任导师也是一样，经验老到的导师和在原校服务的导师，心里比较笃定；新手或新调校服务的导师，自己也难免紧张；如果新接的班级是原班不动，只换导师不换学生，情况倒好些；如果是新生或新编成班的学生，加上新手导师接班，情况就不相同了。但无论如何，学校新开学，学生新上学，导师新接班，全校难免乱糟糟、闹哄哄则是事实。本节即以此为前提，给新接班并准备以开放的态度经营班级的导师，提供一些原则性的粗浅建议。①

一、行动

（一）一切先从自己做好

"台湾省国校教师研习会"会歌中有一句话很有意义："一切先从自己做好。"这是好老师的座右铭，更是导师的座右铭。一位新接班的导师，是全班学生目光注视的焦点，从衣着到言行举止，学生都在细心窥视中。导师要想给班级学生一个好的"第一印象"，就应衣着得体，言行举止端庄适度，各项准备工作周详无误，不慌不忙地与学生接触，守时守分地走进教室，心平气和地开口跟学生讲话：这一切虽是小事，但却是导师接班时最重要的，也是最需要做到的事。

接班后，导师和学生的接触多了，彼此的距离渐渐拉近了。但是无论如何，导师和学生之间还是应该有分际的，导师是老师，做老师的就应该"像"老师；导师除了是老师和像老师外，他还是导师，他要经营班级，要引导班级学生走上"生机活泼、和谐安详"的康庄大道；因此，他接班的一言一行、一举一动，都应该对自己负责，对班级学生负责，做班级学生的好榜样。如果说"一切先从自己做好"是导师的座右铭，也是导师班级经营成功的灵丹妙药，应该是"虽不中亦不远矣"。

---

① 关于班级经营的行动、活动、互动问题的探讨，请参阅：
吴清山等：《班级经营》（心理），吕胜瑛：《咨商理论与技术》（五南），黄焜辉编：《青少年不良适应行为》（天马），黄焜辉：《团体辅导研究》（天马）等。
Webster's Third New International Dictionary, Springfield: Merrian-Webster Inc., 1986.
J. Withall, "The Development of a Technique for the Measurement of Social Emotional Climate in Classroom", *Journal of Experiment Education*, 17, 1949.
A. W. Halpin & D. Croft, "The Organizational Climate of Schools", *Administration Notebook*, 11, 1963.

（二）要有一篇中肯的开场白

有一位导师第一天、第一次走进自己的班级，跟班上学生的开场白是三句话，第一句："我现在还是很气。"第二句："搞什么鬼嘛！"第三句："真是莫名其妙！"弄得学生一头雾水，后来才知道他不满意教务处的编班方式，更不满意把他分配到这个班级来。后话就不必细说了，这样的开场白如何能将班级经营上道呢？

导师的开场白是很重要的，不同类型的导师用不同类型的开场白和学生见面。

1. 万事通型

自我介绍时，巴不得将自己所有本事都一一摆出来给学生看，让学生知道他不但所教的本科学养很行，而且见识广博，几乎无所不知、无所不能，是个地道的"万事通"，让学生对他佩服得五体投地，庆幸能遇上这么好的导师。

2. 想当年型

自以为有光荣的过去，有很好的成就，或至少过去曾教过某几位好学生，现在社会上、政坛上某某名人就是他的高足；如果是以升学为导向的学校和班级，他更会标榜吹嘘自己某年某班经营得如何如何成功，升学率如何如何由不看好而大放异彩。

3. 大将军型

以很威武的神情走进教室，点名、训话、下命令、严格规定学生必须遵守第一至第 N 条班规，否则严惩不贷；强调一个命令一个动作，没有讨价还价的余地，并随即产生班级干部，要求干部彻底执行命令或班规，要求班上学生服从干部领导。

4. 小媳妇型

在不利的情境长期压抑下，小心翼翼地走进教室，低声下气跟学生讲话，央求学生跟老师配合，不求有功但求无过，只要不出事情，平平稳稳走完这个学期或这个学年的路，就好了，希望学生不要给老师带来麻烦；如果惹了麻烦就自行负责，老师是不会帮忙，也帮不上什么忙的。

5. 倒霉鬼型

就像前面说的那样，一进教室就连连抱怨"我现在还是很气"，"搞什么鬼嘛"，"真是莫名其妙"，把自己所受的闷气一股脑儿地都发泄到学生身上；接着就骂学校、骂某某人，说别人都不是东西、没担当、没诚意，说自己是倒霉鬼，碰上一群不是人的人，才被分到这个没人要的班级来，真是倒霉透了。

....

人心之不同各如其面，开场白之不同各如其人。一位有经验、有智慧、有决心将班级带向民主开放领域的导师，他的见面礼或开场白，可能是下面这些话：

各位同学，大家好！我就是张××，有些同学也许已经认识我，因为我教过他哥哥或姐姐，到他家拜访过（拉近师生距离）。很荣幸，我能奉校长的指派担任本班的导师，从今天起，我们至少有一年的时间会生活在一起（建立师生关系）。我们的班级是×年×班，教室位置在操场的左边，从校门进来一直向前走，走到一棵大榕树前面向右转就到了（认同班级空间）。

每个老师带班级都有他的希望，希望把班级带成什么样子。老师的希望是，从今天起，我们大家能高高兴兴地在一起工作、一起读书、一起游戏，也一起遵守学校的校规（表示概括意愿）。

学校有校规，我们自己的班级也有班规，我们的班规是什么，等到开班会的时候大家共同来商议决定（表现民主态度）。在班规还没商定前，为了大家的方便和我们班级的荣誉，老师想跟各位同学商量一下，下面几件事，我们大家共同来遵守好不好（展现主动积极精神）？

一是守时间。上学上课，不迟到、不早退。不管是老师或同学，如果迟到早退了，一定要跟班上同学说明原因（实践法治生活)。

二是有礼貌。老师和同学之间，同学和同学之间，彼此都要客客气气，互相尊重。有事好好商量，有意见、有争执，公开说出来，大家商议解决；如果和我班以外的人有了争执，一定要跟老师讲，千万不可以私下用打架的方式来解决（实践民主生活）。

三是同学要多说话，老师要少说话。现在的社会，说话是很重要的，会说话，懂得什么时候说什么话的人，到处都会受欢迎。老师希望我班同学多多练习说话，说话的态度、声调、内容都要好好学习，多多练习。但是不该说话的时候，也不要乱说话；更不可以大声叫嚷。至于老师呢，如果同学都很会说话，老师就不必多说话了（培养生机活泼的气象）。

上面这三件事，各位同学如果同意，老师就和你们共同来努力，共同来遵守（征求认同）。等到将来订班规的时候，再将这三件事正式放进班规里（遵守民主程序）。老师的话说完了，各位同学如果有意见或需要老师帮忙的，请现在告诉老师（建立开放型导师的风范）。

导师在说上面这一席话时，要态度诚恳，语气平和，声调高低适度，目光柔和慈祥，并注意到班上每个学生的反应和表情。当然，这只是一篇参考性的开场白；导师衡量学校性质、学生程度等客观因素，可以自拟一篇适当的开场白，以赢得导师的第一场胜利。

附：一位高工导师的开场白[*]

各位同学大家好，真是有缘千里来相会，在往后的日子里，我们将有一段不短的相处时间，希望这一段时间能给我们以后留下温馨美好的回忆。为了祥和与愉快，我们先来相互认识一下，也顺便作一些约定。对人我绝对以诚相待，一

---

[*] "省立"台中高工导师朱洪福提供原始资料，熊智锐整理。

视同仁，我们的关系从一张白纸开始，希望我认识你是通过你优良的表现而不是不好的表现；每个人以前的种种，我们就让它成为过去，不再"负面表列"，大家都一样重新开始。高职是个成长的重要阶段，从今天起，每个人都要为自己的一切负完全责任。老师会扮演一位过来人的角色，不断地给各位提供参考意见，让大家很顺利地从男孩、女孩往男人、女人方向成长转变：认清自己的所作所为，知道如何充实自己，如何尽自己的本分、做个自尊自爱的现代人。

虽然老师不是万能，但是你们遇到任何困难，记得告诉我，我当尽力协助你解决、大家先小人后君子，有意见当面提出来，彼此沟通了解、化解问题，不要在背后说东说西地无担当。人非圣贤孰能无过，知过能改，善莫大焉。若是自私自利、投机取巧，或耍老大、搞特权，一而再、再而三地讨人厌，若依然故我，那你将不得安宁，对此我疾恶如仇，因为我必须对其他好学生负责，到时候不得不忍痛采取严厉的手段。当然最好是不要有此不愉快的事情发生，各位如果有意见或有更好的办法，也请随时提供出来，大家共同商量，谋求最好的解决之道。

大家在一起，就像兄弟姐妹一样，相互关心，相互帮助。希望大家很快就能体会或发现，来到这里是三生有幸，因为这里欢乐特别多，温馨满怀，人人都会为他人设想，为团体牺牲奉献。当然我们是动静分明、利害一致的，为了团体荣誉和个人的未来，大家必须把握现在，全力以赴。

总而言之，我希望大家在这个班上都能生活得快快乐乐，平平安安，在学习上都能天天有进步，到毕业的时候，有一张漂亮的成绩单让父母会心一笑，让社会开怀欢迎我们，因为我们的确长大成人了！

(三) 走进班级的里面

这里有两个极端的事例。

事例之一：一位小学级任导师说，她班上的孩子没有一个是可爱的，她看到他们就讨厌、就心烦。她有洁癖，不习惯闻到学生身上的汗臭味，更担心学生的身手碰到她，所以就刻意和班上学生保持距离；教室里摆有她的办公桌，她却很少利用；偶尔坐下来处理班级事务，又怕学生围过来，于是就用彩色笔在桌子四周地面上画出一个界限，规定学生不可越过界限侵入她的范围。

事例之二：美国进步主义教育学者杜威，主张教育和生活要合而为一，他的名言是"教育即生活，学校即社会"。有一则带讽刺意味的故事或笑话说：有一天，杜威走进一所小学的某个班级，看见全班闹哄哄地，教室里乱七八糟；杜威博士很惊异地问："你们的老师呢？"一位和学生差不多的女孩站出来应道："我就是老师。"杜威问："你怎么把班级带成这个样子呢？"女孩说："我是在实行杜威的进步主义呀，杜威主张老师和学生要打成一片，我这就是啊！"

上面这两个事例告诉我们，有些老师刻意和学生保持很大的距离，有些老师又过分接近学生，甚至和学生没什么差别：这两种类型的老师都是不对的或不妥的。老师，特别是导师，要适度地接近学生，但还是要有分寸，要保持老师的尊严和地位。导师经营班级，尤其是经营一个开放型的班级，他应该投身于班级，成为班级的一分子；既不宜高高在上，也不宜抱着冷眼旁观或坐台看戏的态度，更不宜整天跟学生腻在一起，甚至跟学生称兄道弟，打打闹闹全无体统。

导师投身于班级的基本做法是：（1）和学生工作在一起、生活在一起、读书在一起、游戏在一起；（2）当师生在一起的时候，老师还是老师，学生还是学生，老师是站在引起兴趣、督促进度、指导方法、排除困难或阻挠的立场；（3）因为是真心诚意地喜欢学生、关心学生，所以老师随时随地都展现出很自然、很真实、很快乐的神情；（4）即使是跟很笨很傻、很穷很脏的学生在一起，甚至学生出了状况（例如学生在教室里大小便了），老师的态度也还要像平常一样，不让当事者感到难为情，也不让其他人传为笑柄；（5）除了自然的机会外，老师还找机会，或制造机会跟学生在一起，让学生享受意外的温暖和喜悦。

　　导师投身在班级里面的好处很多，包括：（1）缩短师生间的心灵距离；（2）减轻学生对导师的疑惧；（3）增加导师对学生的关怀和了解；（4）削弱班级间次级团体或次级文化的负面影响；（5）提升导师在学生心目中的地位；（6）改变弱势学生在班级中的处境；（7）促进班级和谐。

　　导师投身于班级须注意以下各点：（1）是真正走进班级里面，不是装模作样或虚应故事；（2）导师走进班级里面是有目的的，所以要随时随地运用自己的感官和心智，关怀了解学生；（3）要多和班级中的弱者（包括家境清寒、身心残障、性情孤僻、学习成绩不好……）接近，让他们也有信心和乐趣；（4）要预防自己的言行举止被扭曲或被利用；（5）自己的行为要自己掌握，让自己有绝对的行为自由，不可受制于学生。

二、活动

　　导师以"行动"走进班级的里面，与学生生活在一起；然后进一步以"活动"带给班级活力，让班上学生动起来，并动得有意义、有趣味、有生机，也有一定的节制。就个人说，活动活动，要"活"就要"动"；班级是个人的集合体，不活动或活动不够，就会死气沉沉。系统理论家亦提醒我们，如果一个系统活力不足，就是衰老甚至凋零的前兆。

　　过去学校里有"课外活动"的课，现在以"学艺活动"、"社团活动"或"联课活动"之类的"活动课程"来取代。这是对的。依课程的含义来说，学校里所有的活动，都是具有教育意义的"课内"活动，所谓"课外"活动的说法是不通的。近年来"潜在课程"受到重视，是学校教育的一大进步；学校中各项活动的价值渐受肯定，自有其道理在。有些人（例如学生家长）认为学校活动太多，影响学生课业和升学，因而大加反对；这是升学主义下的一偏之见，是不足取的。

中小学校里有许多活动，导师所能着力且跟班级经营有密切关系的，不外学科教学内的活动、学科教学外的活动及大型活动等三类，兹分述如下。

（一）学科教学"内"的活动

列在课程标准或班级课表中的各个学科，有的偏于静态，有的偏于动态；例如艺能学科及高职的职业科目，多偏于动态；其余国语（或国文）、英语、数学等科目，多偏于静态。在学科教学过程中，无论静态学科或动态学科，教学者稍不留意，学生中就会出现倦怠、沉闷、疲乏的情况；一旦此种情况出现，教学效果即会大打折扣；此时教师须马上改变教学方式，或暂停一下原先的教学过程，穿插一些短暂的小活动，将气氛转变过来。这些小活动包括教师个人的表演和学生集体的活动，如口技、肢体动作、官能活动、康辅人员的带动唱等；倘能适时、适当、适度，马上就会恢复班级的活力，并将学生的学习情绪再度调动起来。

教学方式的改变也会产生同样的效果，例如老师讲、学生听，时间稍长，学生即会生厌；此时立即改用问答法或表演、演练法，教学气氛便会生动起来。

当然，各科教学过程，在教学前、教学中及教学后，最好都让学生多多参与、多多活动，避免老是由教师一个人唱独角戏；采用这种活动化、生动化的教学方式，那是最好不过了。

（二）学科教学"外"的活动

中小学校各科教学以外的活动很多，例如整洁活动、升降旗、上下学、爱校服务、社区服务、远足、郊游、旅行参观，等等。这些活动的本身即具有多重教育意义，也是实施潜在课程的最佳场所。更重要的是，各种学科教学并非全由导师担任，而教学过程中所能穿插运用的活动时间也很有限，所以活动的功能止于调剂点缀而已；至于学科教学以外的这许许多多的活动，其活动的本身既是一种过程，也是一种目的，而且绝大部分都掌握在导师手上，或由导师主导或领航。

　　因此，导师要如何安排这些活动，如何深化、意义化这些活动，乃至如何使学生从活动中得到益处、得到快乐，以及如何让学生感受到导师真正爱他们、关怀他们，并真正和他们休戚相关、苦乐与共，这才是导师掌握或主导这些活动的主要目的；而这位导师的专业精神和服务的道德心，也在此等处最能显示出来。当然，这个班级的班风、班格如何，能不能成为一个开放型的班级，也就看导师在这些活动的主导或领航上如何着力了！

　　以整洁活动为例，导师经营引导的方式可能有以下数种：

　　1. 指挥统御的方式

　　导师召集全班学生或有关干部，将整洁区域、打扫整理的要求水准、工作进度或检查期限等交代清楚了，这就算任务完成了。检查结果不满意或学校公布成绩不光彩（自属意料中的事），就回到班上骂骂学校不公或骂骂学生不努力、不爱护班级。

　　2. 漠不关心的方式

　　整洁活动是学校训导处的权责，整洁区划定后是班级学生的事，整洁比赛得不得名次甚至吊车尾，跟导师薪水、导师费没什么关系；学生去做，训导处去管，事情就这么简单。

　　3. 紧张吼叫的方式

　　过分争强好胜的导师，视学校规定事项如圣旨，视班级荣誉及各项比赛成绩如自己的第二生命；为了争取整洁比赛的好的名次，每天整洁活动时间都紧张兮兮，因而经常大吼大叫地斥责学生、要求学生；但学生毕竟是学生，尤其是小学生，既不懂工作方法，也体会不到导师的心意，结果往往是导师气个半死，学生累个半死，而名次却总是上不去。

　　…………

　　真正以"行动"走进班级、以"活动"带动班级的导师，他用"方法"带动学生从事整洁活动，他"举重若轻"，像是没费多少力气；或像庄子所讲的"庖丁解牛"似的，目无全牛而游刃有余。他的方法及过程可能是下面这些：

一是仔细观察自己班级所分配到的区域，然后将大区域划分成几个小区域或小的工作项目，划分得愈具体、明确、单纯愈好，例如教室内外、门窗、桌椅、厕所、楼梯、操场边、花圃、树木灌溉、草皮洒水等。

二是按照所划分的小区域或小的工作项目，将学生作适当的分组，每组成员人数不必相等，但都包括上、中、下不同素质、不同能力的分子，并推选出小组长，交代责任区。

三是准备必要的工具，除向学校领用外，可由班级储备金购置，或请学生从家里带来。

四是导师按照分组一一讲解工作范围、工作要求及工作要领，并亲自示范工作方法给学生看；导师不会或不擅长的工作，他会事先设法学习或发掘班上人才，让他担任某项工作的小老师，做给同学看。对于工作相关的小组，彼此要如何配合，事前也会讲解得很清楚。

五是在初期工作阶段，导师会随时巡回各区去督促指导，并亲自参加学生的工作行列，一边工作，一边讲一些趣味性、启发性的话题给学生听；而且每组都会走到做到，导师不会遗漏或偏心。等到一切都上了轨道，导师才放手让学生自己去做。

六是在活动过程中，培养学生从工作中求改进、求乐趣的情操，并开导学生看重工作、看重学习、不计较比赛得失，要互助合作、胜不骄败不馁。

七是工作开始前会告诫学生注意安全，工作中不可做出危险的动作；并留心观察有无不合理、不合情、不合作的事情发生，还会设法让弱势学生也能受到尊重、得到乐趣、增加信心和勇气。

他带整洁活动如此，带其他活动也大同小异；总之，他是很投入、很用心的。看起来他似乎没费多少力气，实际上他是费尽了心力的。

（三）大型活动

全校性的活动如运动会、校庆、教学观摩会等，全校师生总动员，这当然是大型活动。此外，班级自办的庆生会、联欢会、同乐会、郊游旅行等，事前须作妥善规划和长期准备，也算是大型活动。

学科教学"内"和学科教学"外"的活动，多属于短暂的、间断的、即兴的、个别的、单纯的小型活动；它可以随时随地展开，也可以随即中止；它是维系班级活力的源头活水。大型活动的准备时间长，牵连的范围广，活动的项目复杂，参与的人数众多；它对全体成员构成很大的挑战，也是凝聚成员向心力、制造成员情绪高潮的有效武器。但是由于它劳师动众、费时费力费钱，所以举办的次数不宜太频繁，两次之间的间隔不宜太接近，以免产生负面影响，甚至得不偿失。

导师带动学生参与学校主办的大型活动，多是被动的，时间、项目、方式等都少有选择的机会；如果是自己班上办理的大型活动，则多是出于主动的，弹性的空间较大。但无论为被动参与或主动自办，导师要想将一次大型活动办得有声有色，达到预期的多目标的教育效果，以下几点可供参考：

1. 鼓舞参加意愿

班级自办的同乐会、庆生会或郊游野餐，学生当然乐意参加；学校主办的活动就不一定了，要看导师的态度，即使导师意愿不高，但为了学生，为了教育，也当鼓起兴致，带动学生的参加意愿。学生意愿高，活动才可能办好。

2. 及早着手准备

凡事预则立，不预则废。提早准备，提早制订工作计划，并将计划宣告学生周知，用以建立共识。

3. 实施任务编组

按照工作计划内容，将学生编成若干小组，每组选定组长、副组长各一人，交付任务，按部就班做好准备工作。

4. 营造热烈气氛

准备工作要一鼓作气，不宜断线冷场，这是营造紧张气氛；制作活动海报、美化内外环境、邀请家长参与及参观，这是营造热烈气氛。

5. 照顾弱势学生

随时随地照顾弱势学生，这是开放型班级导师的基本信条之一。平时如此，办大型活动时亦如此。弱势学生如能适材适用，对其他学生是一种环境教育，对弱势学生是一种激励，更能借此促进团结和谐。

6. 严格管制进度与品质

在准备阶段，导师随时提醒、随时检查、随时修正或改进，以减少缺失，避免错误，提升品质。

7. 清理善后

紧张过后，大功告成，但须有始有终，快速清理善后，快速恢复正常。

8. 检讨得失

丰收庆功，兴高采烈之余，事后作一次彻底的得失检讨，并作成简明的优劣对照表或记录，以供此后参考，至此才算尽其全功。

三、互动

开放型班级的经营，不仅需要导师以"行动"进入班级内层，以"活动"引发班级生机；更需要导师促进成员间或成员与外界的"互动"，使班级的生命力更加旺盛、持久与开阔，班级经营的目标更易达成。以下试就班级互动的特征、层面、规则及导师在互动中的角色四者，陈述浅见以供参考。

（一）班级互动的特征

1. 对应的

来而不往非礼也，这是中国人交往的基本态度之一；所以有来有往、你来我往或我往你来，就成了人与人之间互动的基本模式，也是其特征。这其中当然包括形式与内容两方面。

2. 灵敏的

班级互动是很灵敏的，如应斯响，瞬息往返，有时会应接不暇。

3. 善意的

一般互动往往以牙还牙、以眼还眼；但班级互动多是善意的，以情还情，苦乐共享。

4. 多元连续的

班级互动往往以多种源头、多种面貌出现，而且一波接一波，永无止息的一刻。

（二）班级互动的层面

1. 班级内学生与学生之间的互动

这是最基本的互动层面，有个别成员间的互动，有小团体之间的互动，有单线、多线、辐射的互动。

2. 班级内学生与老师之间的互动

老师包括一般教师和导师，多半是一位老师对多数学生的互动。

3. 班级与其外境之间的互动

开放型班级与外境接触的机会较多，层面较广，故互动亦比一般班级频繁。

（三）班级互动的游戏规则

1. 相互尊重

无论为何种层面或何种性质的互动，都应在相互尊重的前提下进行，这也是培养现代公民生活素养的起步，否则便会漫无章法。

2. 自我约束

导师首先须以身示教，自我约束；然后须随时告诉学生，我们虽无法要求各自约束其言行，但却应该而且有办法要求自己自我约束。

3. 形式与内容并重

互动多半是形之于外的，互动的形式是否妥当，关系十分重要；例如"握手"，说声"对不起"，形式不同，效果即不同。互动的内容当然也很重要，以虚应故事的态度应付对方诚恳丰富的内容，是违背游戏规则的。

(四) 导师在班级互动中的角色

1. 编导的角色

一边编剧，一边导演，同时这也是导师在班级互动中最常扮演的角色；同时这也是很敏感的角色，扮演时要特别小心谨慎，最好是不露形色，将自己隐藏在幕后。有时编导也可能化为触媒的角色，那就更自然惬意了。

2. 演员的角色

参与学生互动的群体，或自己担纲，跟班上学生演一场精彩的互动戏。这是较易讨好的，但仍须适度保持教师的分寸。

3. 观众的角色

作一个忠实的、中性的观众，对于学生的演出，虽关心、欣赏，但不偏颇或越位。

4. 调解裁判的角色

导师有时须居间调解，对逾越游戏规则的互动，以"四两拨千斤"的方式加以导正或平息；有时须居间仲裁，判是非，决嫌疑，不偏不倚，令争议双方心服口服。

导师以行动、活动、互动等多重方式来经营班级，主要目的是希望班级成为生机活泼、和谐安详的有机体，让学生在动的情境中学习，在动的情境中成长，成为群己和谐、活泼的现代化公民。

第四节　教师的锦囊

导师经营班级，每天都须面对许多各式各样的挑战，有的必须立即破解，有的则要经过一段时日始可化除；一般教师也常遇到类似的情形。教师或导师在面对学生挑战时，都各自有一套应战的招数，有的招数灵验有效，有的招数不见得有效；有效或无效，与招数本身并没有什么绝对的关系，甲师行之有效者，乙师、丙师行之未必有效；此时此地对张生行之有效者，换个时地对李生、王生行之未必有效。这中间受许多主观、客观因素的影响，没有人敢替你打包票。

这一节"教师的锦囊"，是王廷兰老师的经验之谈，由笔者加以整理列出，以供读者参考。这只是她经验之谈的一小部分；每位老师也都有这一类的经验，都应有整理公布的机会和价值，只可惜没人留意、没人肯做！王廷兰担任小学中年级级任导师几十年，曾获得"台湾省教育厅""杏坛芬芳录"表扬，是万千优良教师之一。以下"锦囊"实例均确有其人、确有其事，只是为了尊重学生的隐私权，将学生的姓名改了而已。

一、教学锦囊

（一）上课中的振奋剂

下午上社会课，天气炎热，孩子们的精神难以持久，二十几分钟后，就有松散、疲惫、打瞌睡的现象；功课再进行下去，也不会有什么效果，于是我又设法投下振奋剂。过去采用读唐诗、吟唐诗、说绕口令等，都很有效。

自从国语课读过《猜谜语》后，我一面让他们在日记中写两则谜语，一面把过去买的《小谜语》带到班上给大家看，所以这几天大家对猜谜语都很着迷。今天我就用猜谜语来做振奋剂。我在黑板上写道："百万雄兵消白旗，天下无人来征西，秦兵折了余元帅，骂得曹操无马骑。"孩子们苦思一阵后，巫重庆忽然叫道："老师，第一个字是不是'一'？"接着又有人叫道："第二个字是不是'二'？"最后有好几个人同时叫道："是'一二三四'对不对？"此时全班学生情绪高涨，纷纷要求继续猜。我又采取适可而止的做法，及时停止，回到正课。

（二）一网网到六条漏网的小鱼

明天是母亲节，我将班上做的康乃馨分给孩子们带回家给妈妈，每人两朵。分完后，我顺便说，如果你们嫌少，自己可以再多做几朵。这时又想到陈东良曾说过："我不会，老师怎么知道？我没交作业，老师怎么知道？"因此我又顺便追问："还有没有不会做康乃馨的？请举手。"我原以为这是多此一问，因为我们做过很多次，而且分组做，每组都做了很多花。没料到却还有六个孩子举手表示不会做，他们是班上美劳课的漏网之鱼。

下课后，我把他们叫到前面来，再亲自教他们，直到教会为止。我想，如果我不问，岂不又制造了六个"陈东良"？如果我很凶，动不动就骂学生"笨"，他们敢举手吗？

（三）变个方式，兴趣就来了

给学生布置作业的方式，也要常常改变。这几天，我把国语作业本中的"照样造句"、"换句话说"、"替换语词"等，作一次集中整理，然后分别交给各小组去重新再做一次，算是考前复习；例如第一组做"照样造句"，第二组做"换句话说"……他们觉得很有趣，做得很起劲。后来他们模仿这种方式，几个小组长自行商量，把其他类似的作业，也分类分组再重做一次，效果也都很好。

（四）还是不回答比较好

教完《猜谜语》一课后，我出了一个作文题叫"谜语二则"，规定必须设想一个情节，才能写出谜面和谜底来，不可直截了当单写两则谜语；能够自己编出谜语来，当然更好。事后发现效果不错，有些谜语还真像是他们自己编出来的哩！像"七把刀"、"八把刀"之类。

有个孩子很调皮，写了谜面不写谜底，而且指明要老师猜。学生"考"老师的事，过去常常听说，我还是第一次亲身遇到，心中颇不是滋味的。稍加酌量：一是答出来，表示老师不会被考倒；二是维护尊严，发一顿脾气；三是拒绝回答，要他依规定写出谜底来。最后的决定是：老师不做"万事通"，也不必"发脾气"，简单明了地老模式批语：

一、你的作文进步了，请继续努力。
二、依照老师的规定，请把谜底写出来。

（五）带起背唐诗、吟唐诗的兴趣

为了解决收毛笔字的麻烦，我们用空白的卡片纸，一面写上学生的号码，一面写一首唐诗，写好后全部插在一个木制的卡片盒里；交过毛笔字的孩子，抽出自己的卡片，放进口袋里随时拿出来读，读会了，就自己找一首新的唐诗，写在另一张卡片上，插进木盒里，再交作业时，再抽出来再读。他们都觉得很有趣。

今天偶然发现魏永福会"'吟'唐诗"；利用下课时间，叫他吟一遍给我听，他吟"春眠不觉晓"一首，我大加赞赏。原来他是坐在教室后面，可以听到隔壁六年级三班吟诗的声音，所以学会了。他功课不好，什么都不会，能顺口溜唐诗，也算很难得。但是我还是告诉他，上课要专心，以后我们班自己吟唐诗，你就不必再去听隔壁班的了。我又叫巫重庆跟他一起吟，他们又叫了两位同学来，四个人手挽着手，晃着身子踏着步子吟，十分得意。我让他们表演给全班同学看，大家也很快就学会了。

（六）老师受苦，学生受惠

老师批改作业，大笔一钩过去了，最轻松愉快；举手之劳替学生改一改，也不麻烦。但很多时候我都是把学生叫来，把是非对错的道理说给他听，叫他自己去订正，这样当然比较辛苦，学生却能得到实惠。

例一：魏永富的"照样造句"是："我有十条小狗，其中一条住在门口。"我把他叫来，问他："你看小狗是'住'在门口呢？还是'卧'在……"他不等我说完，眼睛一亮，马上抢过作业本，又笑又跑地说道："对对对！是'卧'不是'住'。"随即改好了又送回来。就这样，让他得意了好几天。

例二：李小芬用"保持"造了两个句子："我们要保持安静，这样本班才会加分。""我们要保持教室整洁，这样老师才高兴。"我看后，觉得很难过，为什么学生处处都要讨老师的欢心和计较分数呢？我把她叫来，告诉她，这两个句子都造得很好，但是你知道吗？我们保持安静是为了让大家安心读书；保持整洁是为了大家的健康和养成好习惯；不是为了加分，也不是为了让老师高兴。她会心地笑了，像是忽然领悟了的样子。

二、训导锦囊

（一）清水变鸡汤的班会话题

级任导师常会为寻找班会的讨论话题而伤透脑筋，小学四年级的孩子，不大不小的，想找一个他们喜欢讨论、也有能力有资格讨论的话题，真不容易。

最近几天为了联课活动分组，好几个孩子嚷着要回到我负责的劳作组来，理由是想多和老师在一起，他们知道升上五年级后我就不教他们了。也有几个孩子在日记中埋怨爸爸妈妈不陪他们做功课，不带他们出去玩。我就抓住这个机会，以"怎样帮助父母和老师，让他们有更多的时间跟我们在一起"为话题，要大家在班会中讨论讨论。

其实这是个老掉牙的话题，也许时机很好，加上我的一段中肯的引言，他们居然讨论得很起劲，所提的意见也都很平实切题：要好好照顾自己、帮助父母做家务、把弟弟妹妹带开不让他们吵闹父母、要体谅父母的辛劳……要专心听讲、要认真写作业、字迹不可潦草、老师改正过的错别字不可一错再错、不要在外面做坏事……

我私下评估，这是一次成功的班会，让他们知道：（1）凡事不可单从自己的立场说话，也要替别人想想；（2）凡事都可以提出来讨论，让大家学习如何发言、如何思考问题和解决问题；（3）他们也许无法说到做到，或只能做几天又忘记了，但至少他们已能体会到父母和老师的辛劳，这样也就行了。

（二）抓住机会就给小捣蛋们抹粉

我班有几个小捣蛋，经常会给班里添些小麻烦。三年级全年中，我班没得过整洁秩序比赛冠军，这虽然跟学校行政上的偏袒不无关系，但小捣蛋们不合作也是事实。升上四年级后，我班一连得了八周整洁秩序比赛冠军，老师、学生都是原班没动，小捣蛋们也还是照样没变，只不过是学校行政上的偏袒因素除去了而已。

从第五周起，我就开始勉励全班，要连续争取十周的冠军荣誉，打破全校过去的纪录。孩子们也都很振奋。每次得到冠军旗后，我让全班同学先进教室坐好，然后由班长、副班长、卫生股长护着冠军旗走进教室，高高举起，全班起立，鼓掌庆贺。接着我对大家说，这项荣誉是全班同学共同辛苦得来的，让我们大家来一次"班呼"，给自己鼓鼓劲儿。而且我会抓住机会，给那几位小捣蛋的脸上猛抹粉："你们知道吗？这个荣誉冠军旗能够再一次走进我们教室，大家还得特别感谢张小强他们几个同学，因为他们在上周表现得特别好。老师不是随便说的啊，你们也觉得他们几个比较不乖对不对，其实他们都比别班同学乖，所以我们才能得冠军。"于是特地叫他们站起来，接受全班鼓掌。

就这样，我班果真连续十周得冠军，在学校创造了一项新纪录。

（三）化敌为友，排难解纷

三年级分班时，林敏宏走错了班，三天后找回我班来，刚刚跨进教室，就和萧胜哲吵了起来，两个人针锋相对，互不相让。我叫他俩先停下来，再请大家鼓掌欢迎林敏宏，然后叫他俩分别说明争吵的原因，要慢慢说，说清楚。说完后，我亲切地摸摸他俩的头，又拍拍他们的肩膀；接着就称赞他俩都很会说话，国语说得标准又流利，条理又很清楚，将来可做我们班的国语小老师，以后如果有谁说国语有困难，就找他们帮忙；完全不提刚才争吵的事。后来也还常常称赞他俩国语说得好，并真的叫他们担任国语小老师，结果两人变成了好朋友。

另外有两个孩子来告状，互相指责对方抬草时不负责、不小心，把草撒在沿路上也不捡起来。我听了，认真地问了问当时的情形，然后说：也许是你们装得太满、走得太快、摇动得太用力，或是两个人的步伐不一致；下次再试试看，少装一点儿，走慢一点儿，摇轻一点儿，步伐"一二一"调整好，看看还会不会撒。他们听了，就相顾会心一笑地走开了。

（四）不肯同乐的小幽灵

三年级接班后，发现一个小幽灵般的孩子，他叫祝庆丰。整天嘟着嘴，冷冷地，无精打采，什么事都引不起他的兴致；家中做生意，妈妈常常开着进口轿车接送他上下学，从来不跟老师打招呼；成绩中等，提不起来，也落不下去……

三年下学期班上要开同乐会，大家都兴致勃勃，只有他，幽幽地冒上一句："我觉得开同乐会很无聊！"我的难题来了：如果他不参加，既破坏了全班的气氛，又会造成他学校生活中的遗憾。于是三番两次诱导他、劝他、鼓励他，都无效；打电话给家长，他妈妈说："随他便，参不参加没关系。"我实在没辙了。

后来我试着用抽签分组的方式，每六个人为一组，抽到同号的就编成一组，看看他的反应。说也奇怪，他忽然眼神一亮，率先抽签，并把签号亮给我看。我趁势叫他把同号的同学找来，又怂恿大家推他当组长，他高兴得眼睛眯成一条缝；第二天一大早，就把要分担的糖果费交来了！

（五）不用铡刀的包青天

《包青天》连续剧中，常常出现开铡刀、动刑具问案的镜头，在现今社会上当然是不被许可的。不过老师问案也另有绝招：我们三年级一位老师说，她确定某男生偷了同学的100元钱，只是遍查不着；最后她让那孩子解开裤子，才发现他把钞票折起来，用橡皮筋绑在小鸡鸡上。

昨天发生了一起我们班学生偷别班同学的钱的事，我刚开始谈话时，他总是先思索一下再回答，而且问一句答好几句，都是在闪避；后来我改变问话的方式，问一句只准答一句，而且问得很快，也要他很快回答，让他没有思索的余地，最后他终于承认了。当晚我打电话给他爸爸，说明了实情，劝他不要打孩子。今天他叫孩子把偷的钱带来了，我写了一张收条让孩子带回去：

××先生：

（1）孩子带来的钱收到了，谢谢！

（2）老师照顾不周，才发生这种不愉快的事情，我内心很惭愧。

（3）让我们共同努力，让孩子慢慢忘掉这件事，不要因为这件事受到太大的伤害。

以后我又用同样的方式问话，每次都很有效。

（六）谎言拆穿以后

有时老师像是在跟学生玩捉迷藏的把戏。就像周进兴，有一次没交作业，硬是说他交了；他的同桌说没看到他交，他的排长说没收到他的作业本，他自己却硬是说交了。回到家里，妈妈要看他的作业本，他说交给老师了，老师还没批改。他妈妈知道我是不会积压作业不改的,就打电话到我家里来查证,这才拆穿了他的谎言,原来他根本没写,所以不敢交出来。老师和家长约定,以后要再盯紧一点儿,也没处罚他,他父母都很感谢并支持老师。

母亲节前夕,学校举办教学参观日,周进兴知道他父母一早要上山去工作,不会来,所以有些失望。我事先打电话邀他们在上山前来一下,他们果真来了,我当着全班学生对周进兴说:"你看爸爸妈妈多爱你!明天是母亲节,我们这里有做好的康乃馨,你拿两朵送给妈妈好不好?"当他送花时,事先约好了的照相的老师,就把这个瞬间拍了下来,结果大家都很高兴,周进兴也不再撒谎了。

三、辅导锦囊

(一)穷孩子也生活得很高兴

班上有几个穷孩子,每遇捐钱就愁眉苦脸,这几天要买皱纹纸做康乃馨,我还是用老办法、老说法:"让张家良他们几个少出几块钱,他们目前比较困难,别的同学多出一点儿算是帮他们的忙;但是你们要知道,将来他们可能是大老板,他们会拿更多的钱去帮助别人。"这样说的次数多了,孩子们也都习惯了,每到出钱的时候就会有人自动多出一些。

这次买皱纹纸,我要求每人买一束花的用纸,每束需花费14元;张家良他们每人出5元,和别人共买一束。有的同学说:"老师,不要他出了,我自己买就好了。"我又告诉大家,做康乃馨颜色愈多愈好;我建议全班八排,每排买一种颜色,买回后裁开大家一起用,每个人就有八种颜色可用,既省钱,又有趣。结果大家都很高兴,穷孩子也不再愁眉苦脸了。

(二)把迷失的小羊找回来

接到三年级的新班后,就认识了陈东良:爸爸酗酒,妈妈外向；自己不会写名字，对注音符号也是一知半解，说话吞吞吐吐不成句；逃学，在外面偷东西被捉，被人告到学校来；三餐有一顿没一顿的，同学嘲笑他、欺负他，没人跟他做朋友；功课不会，作业不交，过去的老师不知道他不会、不知道他没交，他是一条漏网之鱼，也是一头迷了路的小羊。

我的对策：不提他的过去，不问他昨天为什么没来和做了什么事，不仇视他，不排斥他，也不冷落他；座位排得靠前一点儿，跟性情温和的小胖坐一起，一有机会就喊喊他，找些容易做成的事情给他做，做成了就当众称赞他，并叫全班同学为他鼓掌；给他找朋友，引导他讲话，安排小老师教他注音符号；我亲自教他写姓名，他老是把"陈"字写成"郘"，发现错了就觉得难为情，我宽慰他："这不能怪你，你的名字太难写了，如果你叫'丁一'，相信你很快就写会了。"他听了很高兴，就加倍努力学写，不久终于学会了！逃学、说谎、偷东西的毛病，也慢慢改掉了。寒假里，我常常去他家看看，偶尔遇上他父母不在家，他和弟妹三个人没着落，就照顾他们一下。

第二学期我班举行同乐会，我带他和另外两个女生去市区买饮料和糖果，去时搭公车，回程坐出租车。上车后陈东良说："老师，我长大了要开出租车，天天接送老师，不要钱，老师想到哪里都可以！"真令人感动。

（三）师生间的小秘密

有首情歌中有一句"我们的小秘密"的词儿，有些孩子也会哼唱。这几天，收到很多圣诞卡，有邮寄的，有自己投进我家信箱的，有放在办公桌上、讲台上的……我都无暇细看。今天讲台上又有一张贺卡，我正想收进抽屉去，有个孩子说："老师看看是谁写的嘛！"

我打开一看，上面密密麻麻写了很多字，原来是"小胖"陆建荣写的，最后的两句话是："老师，我决定从今天起，好好读书做功课了！"我看了，很高兴，很感动。因为我昨天很生他的气，骂了他，并且告诉他，如果再不认真写作业，我就再也不理他了。下课后，我把他叫来，悄悄打开他写的贺卡，要他把最后那两句话念一遍；然后称赞他有志气，并告诉他："这是老师和你，我们两个人的小秘密，不要告诉别人好不好？"他乐极了，一整天都很高兴，也没有再惹是非。我决定利用这张贺卡，随时叫着他，提醒他，希望能产生奇妙的效果。

（四）转学生来了

大概是这阵子班上太平静了吧，上星期来的转学生，竟成了这星期孩子们周记的好题材：很多孩子都写"我们的新同学"或"新朋友来了"；写她叫什么名字、性别、从哪里转来的、老师怎么把她介绍给全班，又怎样把本班的班规、班长、副班长、排长介绍给她。

我把她分到何志宜那一排，叫何志宜好好照顾她，有问题有困难要帮她解决；如果遇上解决不了的麻烦，就要告诉老师。何志宜很乖巧，善解人意，对新同学的描写也最详细，除了写前面大家都写的那些事情外，还写道："新同学说：我们班真好，同学们都对她很友善，老师更是喜欢她，她觉得自己很幸福。我告诉她：'本来嘛，我们大家都觉得很幸福，你以后就会慢慢知道的！'"

我看了很高兴，就在上面批道："老师觉得更幸福！"

（五）只要是他喜欢，有什么不可以

前些时，有一句流行歌词是："只要是我喜欢，有什么不可以？"结果引起卫道人士的责难而被禁唱。在学校里，如果是学生喜欢的学习方式，但却不合乎某种刻板的规定，是不是可以被接受呢？

杨振辉的例子：农家子弟，三年级时还不会写字，也不写作业；勉强要他写字，一个字要写上老半天，而且会超出格子外面很多。自从发现他割草又快又好后，就向全班推荐他做割草的小老师；从此以后，他在各方面都有了很好的表现，尤其是写字进步最快，升到四年级，居然被选为本班的写字代表，参加全校比赛，虽然没得到名次，我还是称赞了他。这次校庆运动会，他获得四年级赛跑第一名，奖品是两个直行的作业本，今天他就用来写数学作业，这当然和学校的规定不合；我发现了，不但没责备他，而且称赞他说："杨振辉你很好，这是你得的奖品，用起来特别高兴对不对？"他点点头。然后我再告诉他："等到这本用完了，再改用原来的，好不好？"他满面春风地答应了。

如果我劈头盖脸地骂他一顿，情况和后果当然就不同了。

（六）扎辫子的"扫把星"

汪以敬是个很憨厚的女孩，有一天，她扎了一对小辫子来上学，刚走进教室就引起一阵轻轻的嗤笑声。我假装没听见，很自然地称赞道："啊，好美的小辫子呀！"我常常找一些小事物来称赞孩子，让他们高兴，也借机会跟他们搭讪。汪以敬听了，却淡淡地说："才不咧，老师。"原来她在二年级时，有一天她扎了小辫子上学，却被老师骂了一顿，说她像个"扫把星"，难看死了；而且说她是想害老师、诅咒老师，才扎个鬼辫子来触老师的霉头。后来她就再也不敢扎辫子了。今天是想试试，看看会不会被老师骂。

我不但低声安慰她，更公开赞美她扎了辫子显得更活泼可爱了。后来班上其他女孩，也都喜欢扎辫子上学了，我就趁机讲一些保持头发清洁、美观的常识给她们听，"扫把星"的阴霾也就一扫而空了。

第五节　本章摘要

本章系探讨开放型班级经营的工作方法，工作方法的含义是导师在经营班级时所经常采行或可能采行的办法。并就"方法"的重要性作较为深广的解说。

首先建议"踏出稳健的第一步",包括:(1)全方位地思考和投入;(2)走在接班的前面;(3)熟读、死记、活用学生资料三个方面。其次建议采取"行动·活动·互动"的策略。最后以"教师的锦囊"为题,就教学、训导、辅导三个项目,根据王廷兰老师的经验,各提出六个实例,以供读者参考。

第八章

开放型班级经营的成败

第一节 成败的含义

成败的字面含义是很浅白的：成，就是成功；败，就是失败。但是，成败的实质含义是什么？换句话说，怎样才算成功？怎样才算失败？那就不是很容易识透和说透的了。

以班级经营这件事来说，一位导师终日兢兢业业，使班级事务有条有理，使班上学生百依百顺，在校内各项生活教育竞赛都名列前茅，升学成绩更是光荣耀眼，校长、家长交口称赞：这样算不算是经营成功的班级呢？

相反，如果另一位导师虽然也终日兢兢业业，努力经营他的班级，但班级事务并不十分停当，班上学生并不十分乖顺，各项生活竞赛也不十分出色，升学成绩更是乏善可陈，校长、家长当然对他不太满意：这样是不是就算经营失败的班级呢？

还有，俗话说，不以成败论英雄。但是，历史上成者为王、败者为寇的例子不胜枚举；司马迁更慨乎其言："'窃钩者诛，窃国者侯；侯之门，仁义存'，非虚言也。"[1] 而在今日以选举决胜

---

[1] 《史记·游侠列传》。

负的所谓"选举文化"下，更有"当选过关、落选被关"的讽谏。因此，人们究竟是以怎样的目光看待成功和失败呢？而成功或失败的当事人，又该怎样看待自己或自处呢？

本章以下各节分别以"成功观"、"失败观"及"未成功的案例"为题，来探讨班级经营成败的相关问题。

第二节　成功观

本书撰写的目的，是试图以民主开放的态度，探讨一种开放型班级经营的可能模式。既然是试图探讨，当然希望它成功，亦即希望以本书所建议的种种，能够成功地经营一种开放型的班级，或成就一个成功的开放型班级。不过事实上，每件事既有成功的几率，也有失败的几率；如何赢取成功，避免失败，一直都是我们人类所在意和全力以赴的。本书分别就以下三个重点作探讨：（1）成败的关键；（2）成功的通路；（3）长保成功之道。

一、成败的关键

本书系采取系统理论者的观点，来探讨开放型班级经营的相关问题。因此在讨论成败的关键时，也是从这个观点出发，对影响班级经营的各种因素，包括主观因素、客观因素、因缘合和等，逐一加以论列。

（一）主观因素

主观因素就是级任导师自身的因素，级任导师是班级经营的灵魂人物，班级经营的成败，级任导师本身起着决定性的作用。所谓级任导师的本身，似乎可以从以下几方面去作综合性的观察，看看他在成功—失败的天平上，究竟是哪一端的几率较多较高。

1. 基本素养

包括基本学科知能、学科外一般知能、基本生活习惯、待人接物的基本态度等。这些东西虽无法用度量工具来测量它的长短、轻重、多寡，但稍稍与人接触，别人便很容易窥见它的真实分量；素养的分量越重越够的，处理一般事务既可得心应手，在班级经营上也容易获得较多的助力，其成功的几率也较多较大。反之则否。

2. 人格特质

关于开放型班级导师的人格特质问题，在本书中编第五章第三节"母鸡在哪里"中，有较详细的论列，可供参考。一般来说，具备彼处所列举的那些优质的人格特质者，经营班级的成功几率即较多较大。反之则否。

3. 观照全局的能耐

本书强调班级不是孤立的，班级经营也不是导师一个人关着教室的门可以成事的；经营者必须有正确的认知，知道与班级经营息息相关的各种大大小小的系统，都有它的重要性，都可以直接或间接影响班级经营的成败。单单有了这种认知还不够，还必须具备观照全局、整合全局的资源成为自己经营班级的助力之能力，才能掌握较大的胜算几率。反之则否。

4. 全力以赴的性格

有些人的性格是无可无不可的，这种人做别的事或许有成功的机会，如果让他经营一个开放型的班级，成功的几率便不大。因为班级经营是一场长期持续的苦战，开放型班级的经营更是加倍辛苦，若无全力以赴的性格，并真刀真枪地死拼到底，是很难成功的。

（二）客观因素

客观因素就是级任导师自身以外的因素，本书上编第一章所讨论的"认识学校的外境"、第二章所讨论的"认识学校的内境"，这内境和外境，对班级经营的成败都有直接或间接的影响，都是班级经营成败的客观因素。而且本书其余各章，也都是围绕着这一观念反复陈述的，均可供参考。但是，此处必须加以强调的是，在众多的客观影响因素中，以下几种因素实为主要关键。

1. 学生

班级学生的品质是决定班级经营成败的第一关键。一般而言，女生班或男女混合班，较纯男生班易于经营；同质性高的班级，较异质性高的班级易于经营；文教社区、中上阶层社区的学生，较混合社区、低阶层社区的学生易于经营；上段班或升学班，较下段班或就业班易于经营。但是，所谓易于经营并非保证成功，不易经营并非一定失败，这是常识性的问题，不待细说。

2. 校长

校长办学的态度是决定班级经营成败的第二关键。本书上编第四章第三节，对校长办学态度与班级经营的关系曾作简要分析；一般而言，在教育型校长的主持下，较其他政治型、经济型、社会型校长的主持下易于成功。

3. 学校

学校的属性和校风是决定班级经营成败的第三关键。一般而言，乡村学校、升学导向学校、校风淳朴学校，较城市学校、就业导向学校、校风驳杂颓废学校易于成功。

（三）因缘合和

所谓因缘合和，就是主观因素与客观因素相遇合的意思。道理很简单，也很容易推想预测，凡是优良有利的主观因素与优良有利的客观因素相遇合，二者相加相乘的结果，经营成功的几率当然较大；如果主、客观因素都是低劣不利的，二者相减相除的结果，经营成功的几率必然较低较小；如果主、客观因素一优一劣或一有利一不利，二者相搏的结果，成败的几率可能一半一半。

当然，任何事情都不是绝对的，而且主观情势操之在我，如果级任导师执意要将班级经营成一个民主开放型的班级，则"事在人为"，相信是会成功的。所以孙中山先生说："吾心信其可行，则移山填海之难，终有成功之日。"就是这个道理。

二、成功的通路

一个经营成功的开放型班级,它的成功的笑靥会随时随地绽放在导师、学生身上和心灵深处,它的丰美果实也会长期供世人品尝。但这样的笑靥和果实不是唾手可得的,必须经营者努力为之,才有实现的可能。本书以前各章已多方探讨成功的班级经营的相关问题,也提出一些赢的具体策略;此处再表述一些通往成功之路的小奥秘,供班级经营者对照以前各章作灵活运用。

(一) 导师要懂得如何放松自己

导师是人,不是铁人,也不是机器;更何况机器也有弹性疲劳的时候。所以导师在劳心劳力的长途跋涉中,要随时随地抓住机会放松一下自己,玩一玩,动一动,笑一笑,休息休息;哪怕是三分钟、五分钟,甚至一分钟也好,千万不可过分虐待自己的身心。而且导师懂得放松自己,不但对自己有好处,对班上学生也有好处:(1)学生不会跟着老师整天紧张兮兮;(2)教室的气氛也会有宽松的时刻;(3)学生也会学着放松自己。

(二) 方法最重要

凡事都要讲求方法,不可硬干蛮干。更何况班级经营所面对的是复杂多变的情境,特别是班上几十个活蹦乱跳的孩子,他们是一个个性品味不同的个体,不用有效的方法是不行的。《一分钟领导秘诀》的作者布兰查和齐格密有一名名言:"一味地卖力工作,不如工作得法。"[①] 工作得法,就是运用了好的工作方法。在不同的时间、不同的地点,对待不同的人,或处理不同的事或物,都要选用不同的方法,也就是有效的方法。

[①] 布兰查、齐格密:《一分钟领导秘诀》,张国蓉译,台北,经济与生活,1988。

（三）谁都不准靠边站

在班级中，总会有几个学生排队老是向后跑，听讲老是往后坐，走路老是吊车尾；这种人就是所谓"边缘人"或"边际人"，自己觉得在团体中没有地位，不重要。开放型班级的经营者要想成功地完成他的班级经营，就要设法让每位学生都觉得自己在班上很重要、很有地位、很有尊严；日子久了，排队、走路、听讲等，就不会有人刻意地靠边站了。

（四）人人都要有所学

低能儿不会走进普通学校。只要不是低能儿，都有可教育性。分段编班的下段班学生，常态编班的学习迟缓生或成绩差生，开放型导师都应该设法找事情给他做，让他在工作中学习，在游戏、交朋友中学习；学习什么？并不是课业学习才算学习，举凡做事的方法、与人相处的态度，照顾自己、关心别人、爱护花草树木和班级等，都是需要学习的，也都是可以指导他学习的。只要他学习，就会有进步；只要他进步，就给他鼓励。时间久了，成功的经验积累多了，他就会变成一个成功的、快乐的学生。班上人人都成功、都快乐了，这个班级自然就会变成一个成功的、快乐的班级了。

（五）要让优秀分子有出头的机会

在团体的人际关系上，不宜有特权或特异分子存在；如果有，要设法调整他的角色，厘清他的自我意识，让他知道如何跟别人平等相处。如果有天资聪颖或特殊才能的学生，要设法充分发挥他的潜能，让他有展现所长的机会；如此既可以成就自己，也可以为班级、为学校争荣誉。孙中山先生说："教养有道，则天无枉生之材；鼓励以方，则野无郁抑之士；任使得法，则朝无幸进之徒。"[①] 如果一个班级中，无论上智、中材或下愚的学生，

---

① 孙中山：《上李鸿章陈救国大计书》。

都能各有所学、各有所成，这当然是个成功的班级了！

三、长保成功之道

创业维艰，守成不易。百行百业莫不如此，班级经营自不例外。虽然说"好的开始是成功的一半"，但成功的一半并不能保证一定成功；因为"行百里者半九十"，最后的十里才是成败的关键，而且很多人都是在最后五分钟败退下来的！能够坚持到底、争取到最后的成功，并能兢兢业业，长期保持成功的战果和令誉，才算是真正的成功者。为此，我们提供以下几点建议，供成功的班级经营者参考。

（一）以真挚的感情做黏合剂

导师经营班级，无论待人或是接物，都贵在诚实守信，这就是榜样。前面也提到过，教学、训导、辅导都要讲方法，新的领导理论是权变领导，和诚实、守信并不相悖。尤其导师在和班上学生相处时，最需以真挚的感情作为师生之间的黏合剂；在处理学生的争执时，除了说明道理以外，更须动之以情；即使与周遭情境长期应接周旋，诚信也是最佳的利器。这样说也许难免被认为迂腐；但教师之所以可贵、之所以表率群伦，除了诚信以外，实在也没有什么更好的凭借了，不是吗？

（二）要有危机意识

道家有一种"福祸相因"的哲学思想，认为"塞翁失马，焉知非福？塞翁得马，焉知非祸"，得失、福祸之间，是相因相循的；所以得固然可喜，但失也不必悲。这是比较消极的态度。从积极面去想，人生是一场长时间、多项目的竞技，每个人都有不同的竞赛项目和竞赛场合；当我们决心参与某项竞赛时，自当全力以赴，争取最佳成绩；一旦得到好的成绩后，除了要保持"胜不骄"的风度外，更须继续努力，以保有成功的美果，避免中途落败而被三振出局。这就是危机意识。班级经营的情形正是如此，经营成功的人要随时提高警觉，防微杜渐，须知星星之火可以燎原，小的败因败象，往往会造成全盘皆输的恶果。老子说："慎终如始，则无败事。"① 做人做事始终兢兢业业，是降低失败几率的要道。

（三）要保持班级的活力

儒、道两家都效法天，道家效法天的自然无为，儒家效法天的健动有为。《易经·乾卦·象辞》："天行健，君子以自强不息。"就是古人从天的运动不已获得启示，勉励人也当自强不息。道家也有"流水不腐、户枢不蠹"的说法。② 本书中编第七章第三节也谈到"动"的重要性。总之，无论个体或组织，最好都能经常保持活力，如此才能预防（或延缓）老化、退化甚至凋零败亡。班级经营的道理也是如此，要想长保成功的美果，经营者必须多方设法让班级有活力，包括表现于外的"动力"和"动量"，及蕴涵于内的"动能"和"生机"；一个活力充沛的个体或身体，必定是里里外外都"活泼泼地"。

（四）不放弃理想，不迁就现实

虽然开放型班级的理想景象是"生机活泼、和谐安详"，但却不可为求达到此一目标，而采取违背教育原理原则的不正当手段；例如为了保持表面的平静，或装饰和谐的假象，便轻易屈从学生不合理的要求，结果便成了和稀泥式的和谐，而成功的美果也会很快被腐蚀掉！因此，要想长期保有成功的果实，经营者不可轻易弃守崇高的教育理想的阵地，不可姑息学生故意的、严重的过失，尤其不可让学生误以为你是他的无条件的守护神，在你的曲意呵护下，他是有恃无恐的。对班上某些特异分子，更不可迁就纵容，以免成功的果实突然落地被摔碎。

---

① 《道德经》第六十四章。
② 参见（宋）张君房：《云笈七签》。

（五）偶尔有震荡起伏也很好

成功不是，也不应该是一个静止的状态，成功更不可能长期呈现一种亢奋或巅峰的状态，它偶尔有一些震荡起伏的变化，这不但是很正常的，也是很健康的。理由很多：（1）常胜军往往因为风头太健，不是招致别人的忌妒陷害，就是换来自己的骄傲挫败，以至于一败涂地；（2）长期保持亢奋或巅峰状态，组织及其成员都吃不消，都会出现弹性疲劳现象；（3）偶尔有一些震荡起伏，使组织和成员有调息的机会，有新鲜感，会产生新的动力……因此，经营者甚至有时不妨故意松懈一下，让自己的班级遭受一些短暂轻微的挫败，并借着这种挫败来教育学生，其实是有必要的，也是很有意义的。

（六）奖惩的基本原则要把握

行为学派有一套算是很实用的行为改变术，其中包括"增强理论"。当然，增强理论还是有争议的，特别是滥用误用的结果，有贬抑人性人格的倾向，是值得深思熟虑的。但增强理论和传统的奖惩原则，有若干互相吻合的地方，例如奖善于公堂、惩过于私室的原则，及时奖惩的原则，奖惩方式要和被奖惩行为相关联的原则等，都是教师，特别是班级经营者需要遵循或把握的。如果倒行逆施，滥用误用教师的奖惩权，不但奖惩的效果不彰，甚至会在一夕之间输掉成功的全部筹码。

前面说过，创业维艰，守成不易。班级经营的确如此。本节所谈的成败的关键、成功的通路、长保成功之道，都只是笔者的愚见，识者自可触类旁通，另辟坦途。

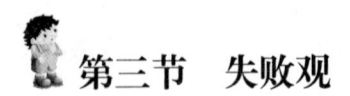

第三节 失败观

人人都希望一步步走向成功，一步步远离失败。而尝过成功滋味的人，才知道成功的可贵；尝过失败滋味的人，才知道失败的可怕。众所周知，成功不是一蹴而就的，失败也不是忽然从天上掉下来的。这一节试行探讨失败的征兆、失败的真实面貌、反败为胜之道。

一、失败的征兆或征候

（一）赔本的生意

班级经营一如工商业经营，投资的目的是为了回收，为了赚钱；上乘的经营是投资少而赚钱多，中乘的经营是投资少而赚钱也少，下乘的经营则是投资多而赚钱少，甚至连老本都赔了进去。如果投资和报酬的比率既合理，而且是在预期预测之中，那就是成功的经营；如果投资和报酬的比率不合理，即投资高而报酬低，而且出乎预期预测之外，那就是失败的经营了。这是从"结果"来说的。其实依结果论成败是不太合理的做法，也是比较草率的做法。众所周知，教育不仅重视或核算结果，更重视"过程"，如果甲、乙、丙三班各种条件都相同，分别由张、王、李三位条件也相同的老师来经营，并都以升学率作指标；一年后，三位老师虽都全力以赴，但升学率却差异悬殊。我们遂以这样的结果来判定经营的成功或失败，其实是不妥的。反过来说，如果三个班级升学率都一样好，我们也不能就判定他们都是成功的经营者。因为可能有人做了一笔赔本的生意，包括赔掉了学生的身心健康、人格发展、学习兴趣等，果真如此，即使升学率再高，也是全盘皆输的失败者。

（二）尔虞我诈的是非窝

成功的开放型班级是生机活泼、和谐安详的。经营失败的班级，有的就像一个尔虞我诈的是非窝，班级内的各种次级团体终日鬼鬼祟祟，各显神通。生活在这种诡异氛围下的学生，人格发展难期健全，负面的、乖张的人格倾向愈来愈明显，惹是生非的小动作特别多；导师难免顾此失彼，学生便越发有恃无恐，班级经营的失败征候遂接二连三、蜂拥而出。所以，班级里的小圈子、小动作、小魔头、小祖宗、小电台……一切小鼻子小眼睛的妖魔鬼怪，如果未能及时加以转化或消除，班级经营的败因也就埋藏在它的体内了！

（三）松松垮垮的烂摊子

如果一个班级出现了效率低、纪律差、反应迟钝、行动迂缓等迹象，那就是失败的前兆了。这样的班级，毛病可能出在导师经营无方，学生无心向学，或学校本身有问题，或者三方面都多多少少有些关联，因缘合和的结果，才形成班级的松松垮垮，和整个学校的萎靡不振。如果学校和大部分班级都没有问题，只是少数班级出现一副烂摊子的怪相，班级经营者即须彻底反省和检讨了。

（四）仿佛一个大黑洞

本书强调民主开放，因为这是大时代之大势所趋。但不幸的是，目前尚有颇多的中小学校的校务主持者走着封闭的老路：视学校为自己的势力范围，视教职员工为自己可以颐指气使的部下，视学生为自己的资产或鞭策驱使的对象；不接收外界的资讯，菲薄别人，膨胀自己，对自己的学校极尽美化神化之能事；甚至告诉初中学生说，现在外面一般高中都很黑暗、很可怕，你们一定无法适应，最好是继续留在本校读高中，将来考大学才有把握……这样的学校仿佛一个封闭的大黑洞，掉进去了就身不由己了，一旦侥幸爬出洞口，也早已面目全非了。有些老师经营班级也是如此，唯我独尊，主宰班级的一切，以致班级内风声鹤唳、鬼影绰绰；这样的班级即使某些方面表现得有模有样，但这个班级及其学生所患的神经质、猜疑心、狭心症、低气压、悲观消极和被动盲从等征候，则是它的隐忧和致命伤：这是它和民主开放的大时代趋势背道而驰的结果。

（五）很多人都成了"没有声音的人"

开放型的班级不但不禁止学生说话，而且还鼓励学生多多说话，同时更会引导学生知道怎样说话，怎样在适当的场合说得体的话。有人说，每一对夫妻的说话"总量"都是差不多的，有的是先生多话、太太少话，有的是太太多话、先生少话；这大概就是此二人之所以成为夫妻的缘故。班级的情形可能也有些近似，往往是老师多话、学生即少话；如果父母和老师都不喜欢"听"孩子讲话，或老是打压孩子们讲话，日子久了，很多学生都会变成"没有声音的人"了；班级经营到了这步田地，纵然能勉强维持班级的平静，其本质仍然是失败的。班级是一个多元化的小社会，每个成员都有说话的权利，都不应该让自己的声音缺席。如果班上大多数学生都终日默默无语，这样的班级无论如何都不能算是一个经营成功的班级。

二、失败的真实面貌

某个班级是否真的经营失败了，并不是很容易判定的；因为判定的指标很难确定，评鉴者的态度更难以掌握，其他还有一般评鉴工作中所经常遇到的难题。因此最好还是多观察，多期待，少妄下断语。以下几点看法仅供参考。

（一）少数与多数

以人数来说，一个班级往往数十个学生。如果多数学生平时表现（包括生活常规、学业成绩、毕业后升学就业情形等）都能令人满意，只有少数学生较差或很差，甚至令班级、学校的名誉受损，这仍属成功的班级，而非失败的班级。一般人习惯上只注意"失去"的，例如某甲考试得了 98 分，父母师长就惋惜他失去的那 2 分，而不知珍惜他得到的那 98 分。班级经营也是如此。

（二）全盘与局部

青少年儿童人格发展是整体的、综合的，不宜分解也无法分解来看。如果这个班级的大部分学生人格发展都很正常，只有少数特殊学生的人格发展出了问题，或出了很大的差错，就整体来说，这个班级还是成功的，而非失败的。再以班级的全盘事务来看，如果班级的教学、训导、辅导、总务工作都很上轨道；但各种竞赛、比赛、考试成绩却无法名列前茅，甚至常常吊车尾，这也不应视为导师经营的失败，可能有其原因。

（三）短暂与长期

以时间来说，通常导师经营一个班级，小学往往是一至二年，初中则一至三年；在此期间，如果这个班级平时都表现得很正常，偏偏在校庆会、校运动会等重大活动的当口表现失常，甚或出了大纰漏，这只能算是偶发事件，不应视为失败。反过来说，如果平时表现一直都很差，关键时刻却大出风头，或少数几位选手大展身手，这也只能算是失败，不能算是成功。

（四）表象与实质

有些班级经营者为了迎合学校的规定或期望，便多方追求班级表象的成功；至于学生是否真正得到好处，或是否符合教育原理原则，那就是另一回事了。例如某校负责主办全县市的共同校刊，为了扩大刊物的发行量，便从自己的学校开始，发起各班学生订阅共同校刊的竞赛；有些导师不管学生识字多少、能不能看懂共同校刊上的最浅白的文字，硬是规定每个学生必须订阅一本，结果便赢得全校最高荣誉班。这样如果也算"成功"的话，那又有什么意义呢？这种"成功"的背后，又有多少苦楚和悲哀呢？

（五）样板与真实社会

教育的目的之一是使学生"社会化"。班级是个具体而微的小型社会；如果它是一个"同质性"较高的班级，例如资优班、上段班或放牛班，它便成了一个"样板"，而非真实的主流社会。在样板型的非主流社会中生活的学生，他的社会化历程是残缺不全的，他只学习濡化到真实社会中的某一部分（精英分子或牛哥牛妹）的生活方式或生活知能；等到他一旦进入真实的主流社会，即会遭遇适应上的难题。因此，就教育的观点看，混合式常态编班下的班级，比较接近一个真实的主流社会的形态；导师如果能将这样的班级经营得有模有样，当然比经营资优班或上段班要多所付出，但这样的付出是值得的。而样板的资优班、上段班的成功或失败，跟常态班、放牛班的成功或失败，在含义上当然也是不同的。

三、反败为胜之道

反败为胜或败部复活的路，走来当然特别艰辛，但"不经一番寒彻骨，哪得梅花扑鼻香"；而且谁都不甘愿做个长久的失败者，能有机会在打入败部后，重新抖擞精神，争取败部复活的荣耀，那种苦尽甘来的滋味，可能比一帆风顺得到的胜利更甜美。市面上有许多谈"反败为胜"的书，美国汽车大王艾伯特在他的自传式的《反败为胜》一书中的名言是：请把忍耐的树种在你心的庭院中。这是艾伯特的建议。以下是我们的建议。

（一）诊断

假设你的确认定自己的班级是经营失败了，我们建议你首先不必灰心丧气；然后进一步设法找出失败的原因，例如导师自己要作深切坦诚的反省，看看是不是自己在经营的态度上、方法上出了什么差错。当局者迷，旁观者清，如果自己找不出失败的原因，或找不出自己经营的缺失，那么不妨细心观察别的导师、别的班级是怎样经营的；再不然，也可设计出一份问卷，以亲切贴心的语气向班上学生发问，看看他们对导师、对班上同学、对班级事务有什么样的看法或想法。然后将反省、观察、问卷三方面所得的信息加以整合，可能会诊断出失败的病因来。

（二）调整

从承认失败，到诊断败因，这是一段痛苦艰难的历程，须以极大的忍耐和决心才能走出来。

及至诊断出病因后，再坦然地面对它，设法调整经营的态度和方法，这个阶段其实也不是容易进入的。进入这个阶段的第一步是化除师生之间的敌意，撤除彼此之间的藩篱，就像根本不曾发生任何不愉快的事情似的，将师生的关系定位在一个新的起跑点上；第二步是以愉悦清醒的心情步入班级或走近学生，以亲切柔和的语气打开师生之间的僵局；第三步是真诚而自然地改正以往的缺失，并设法让学生感受到你的改变。即使是导师自身的"改过"，也没有什么不好意思的。古人认为君子和小人的差别是，君子知过能改，小人文过饰非，如此而已。

（三）再出发

机械有弹性疲劳的时候，人有心理生理周期，班级也有运行起伏的现象。失败可能只是一个低潮，一个自然现象，导师在诊断、调整之后，打起精神再出发，或许就像《易》卦中的由"剥"转"复"、"贞"下起"元"一样，从此无往不利也说不定。这个当口，导师宜设法多接近学生，多跟学生作个别谈话，或三五人一组小型座谈，都有助于消除嫌隙及增进情谊。以此为起点，从头开始营造新的师生关系，必将大有可为。

（四）大胆地开放

舍弃威权的、拘谨的、怯懦的做法，将班级事务及经营得失摊开在学生面前，让学生知道真相，并鼓励他们参与改革事项的规划；在他们享受民主开放的权利的同时，也要他们明了亦需分担守法自爱的义务。当然，此时导师最需表明的是，从今以后，师生必须共负班级经营成败的责任，谁都不得置身事外。导师不必担心害怕民主开放会带来何等后果，初期的景象也许不太理想，甚至乱糟糟的；但一段时日以后，师生都会慢慢调整、慢慢适应，最后必将渐入佳境。

（五）事缓则圆

民主政治是迂缓妥协的政治，凡事急不得。开放型的班级经营也不宜求速效，尤其在失败之后，重整旗鼓的情势下，以猛药攻，以治乱世用重典的方式，求立竿见影的效果，那是很冒险的做法。

比较可行的办法是，跟学生开诚布公地检讨、反思之后，列出改进的要点，并列出优先顺序，先从浅近的、容易为多数学生所接受而乐于实践的事项开始，一旦有些微绩效或起色，即给予适度的赞赏；如此则信心和共识便会渐渐建立起来，然后再循序渐进，由小事而大事，由简易的事而繁难的事，师生合力，则败部复活，断无不成之理！

失败是凄惨的，最好步步为营，力争上游，以免一不小心落入"败部"。但是天有不测风云，天下事不如人意者十常八九；更何况班级经营成败的因素并非导师自己可以完全掌握。因此，成功固然可喜可贺，不幸失败了，也不必怨天尤人，甚至一败涂地、一蹶不振；能够吸取失败的经验，走出失败的阴影，一步一步迈向反败为胜之路，才是智者自立自强的行事风范。

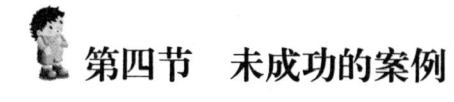

第四节　未成功的案例

教师辅导学生，一般以为不是成功，便是失败；但事实上却有虽未成功，亦不算失败的情形，我们称它为"不成功"或"未成功"。通常讲失败，是指不但未达到预期的目标，而且江河日下，比"原状"还要差；而不成功或未成功，只不过是未达到预期的目标，没有什么改善或进展，只在"原地"踏步，但也不比"原状"更差。这种例子几乎每位老师都遇到过。下面分别就为什么未成功、如何面对未成功的事实及未成功的案例三者加以列述。

一、为什么未成功

（一）导师太忙

导师最常说的一句话是："我没有那么多的美国时间去管他。"这是一句真心话，也是一句无可奈何的悲鸣。导师身心俱疲，连吃饭睡觉都难得安稳，对少数学习进步慢或行为异常的孩子，实在有心无力，想管也无暇去管。在管管停停的情形下，孩子就难有起色；因为他们年轻，意志力还很有限，老师盯不牢，他们就会"摸鱼"，就会回到原位。

（二）家长不配合

学习困难或行为异常的孩子，多起因于家庭，这是中外许多教育学者公认的事实。这些家庭"制造"了这群可怜的孩子，当老师想要挽救他们时，最需家长的支援配合；如果不幸家长不配合、不支援，老师纵有三头六臂，也往往使不上力气而徒呼奈何。有一位初中老师费尽周折找到了家长，告诉他孩子在学校抽烟、打架、跷课；家长却反唇相讥："大惊小怪，那算什么，我年轻的时候比他坏十倍，现在我比你们老师赚的钱还多很多，怎么样！"这类事例所在多有。

（三）学生自身的问题

有些学生受遗传、环境的影响，智力差、文化刺激贫乏、家长打骂式的管教、同侪团体的挟制濡染……长期陷于无力自拔的深渊；他的善性善根本来就很脆弱，老师家长倘能联手施以春风时雨，可能会产生沛然向善的神效。可惜而今导师太忙，无暇长期紧盯；家长漫不经心，不和老师站在同一条战线上，加上学生自身的诸多"积习"或"宿疾"：如果挽救成功可说是异数，不成功则是常态。

二、如何面对未成功的事实

（一）老师要坦然面对

老师或导师必须承认：自己不是神。既无取用不竭的心力和时间，更无点石成金、普度众生的法力。对于少数曾经尽心尽力辅导教诲过的孩子，结果却未能成功，也是无可奈何的事，也是可以问心无愧的。

（二）不要回过头来倒踹一脚

恨铁不成钢，是许多老师的共有心态；因"爱"生"恨"，也是人情人性之常。在百般辅导教诲下，发现此子乃是扶不起来的阿斗；再加上家长的不配合，甚至对老师的善意加以曲解或冷嘲热讽，在常情常理下，老师郁气难平是很自然的反应；于是将怨气怒火一股脑儿加在那位倒霉的孩子身上，对他加以排斥、讥讽、打压、羞辱、冷落……这就是"恨"了。孩子不成器、不争气，老师救援不成也就罢了，千万不要回过头来倒踹一脚，让他的学校生活更加痛苦难熬；家长不配合、不识好歹，老师也不可将怨气迁怒到学生身上。这是教师的职业道德之一。

（三）不要彻底放弃

老师心灰意冷之余，对此子彻底失望而彻底放弃，原本不足为奇。但老师毕竟是老师，他深知教育是"可能"的；对辅导教诲不成功的案主，老师最好还要抱着一丝丝希望，一有机会不妨

"再试一下"，一有机会仍不忘此一可怜的孩子，其他孩子都有的"机会"，也同样"分"一份给他，让他也有机会试试看。这也是教师的职业道德之一。

三、未成功的案例

下面这四个未成功的案例，都是王廷兰老师亲身的辅导经验。除学生姓名外，其余情节全属事实。老师教诲辅导学生未成功，固然不无遗憾。但也不必过分自责，因为整个教育情境并非完全掌握在教师或导师手中。此处将未成功的案例照实陈述出来，旨在供读者参考；所谓前事不忘，后事之师，如此而已。

（一）花心小顽童

1. 案主

李季伟，男生。

2. 辅导时段

小学三年级上学期至四年级下学期。

3. 生活史及行为特征

（1）家庭状况：父亲是职业军人，母亲是职业妇女，都没跟案主住在一起；而且相距有一段路程，少有见面的机会，也不太关心孩子。案主和祖父母及姑姑住在一起，祖父母年纪大了，对小孙子无可奈何。姑姑虽然很热心，表示愿意支持老师，但却拿不出办法，也下不了狠心。

（2）行为特征：优点是：能言善道；领悟力较强；早熟，同学不知道的事情他往往能说得头头是道；智力中上程度，偶尔也有好的表现。缺点是：会忘东忘西，怎么也改不掉；上课不专心，东张西望，或招惹前后左右的同学；作业潦草，不逼不催就不做，勉强做时还会偷工减料，投机取巧，企图蒙混过关；对人对事都很冷淡，似乎没有什么事情能引起他的兴趣；见了老师和同学都大模大样，一副漫不经心、爱理不理的样子；会逗口舌之能，会强词夺理狡辩；凡事都是五分钟热度，很花心、很浮躁，无法持之以恒；喜欢向同学要零食吃，同学不给就抢，老师如果责问他，他就辩说是同学甘愿给他的；行为流里流气，有时像个小流氓。

....

4. 辅导经过

三年级上学期重新编班，新接过的班级分子复杂，孩子们换了新教室、新老师、新同学，一切都变得很陌生，情绪往往很不安；再加上课本还没发，教学没正式开始，老师又忙着收费等杂七杂八的班级事务。这时如稍不留意，班上孩子便很容易出状况。所以每到接新班级的时候，我都特别小心谨慎。为了安定并缓和孩子们的情绪，除了例行地让他们作简单的自我介绍，带他们辨认教室的位置和四周的环境外；我还要求孩子们从家里带些故事书、漫画书、美劳材料、文具纸张等东西来，以便安排他们静下心来做些事情。

就这样，班上孩子大部分都安定了下来，只有李季伟，他无所事事，还不时干扰邻近的同学。下面是我们之间的第一次对话：

师："你昨天来了没有？"

伟："有哇。"

师："老师要你带些东西来，你带了没有？"

伟："没有哇。"

师："你家里有故事书吗？"

伟："有哇。"

师："为什么不带一些来呢？"

伟："看过了哇。"

师："看过了也可以再看，也可以跟别的同学交换看嘛。"

....

当天再告诉他一遍，并叫他写在一张纸条上，明天上学前先看看纸条，把要带的东西带来，不要忘记。第二天依旧没带；问他，他说纸条丢掉了。让他再写一次，并叫他放好，不要丢掉，明天一定要把东西带来。第三天还是没带；问他，他却辩说："又没有上课，带不带有什么关系。"我听了虽很生气，但却憋在心里没有发作出来。对这样的孩子，用直截了当的方式，骂他、凶他，或惩罚他，是很难奏效的；更何况是刚开学，刚接新班，师生都还处在生疏不适应阶段，老师千万不能随便动气。这一直是我切实遵守的戒条。

我试着采用一些办法，看看能不能改变他。

暂时不再逼他带东西来了；我介绍他和邻近座位的同学互相认识，借故事书给他看，或两个人共看一本图画书或共同完成一件美劳作品。但他不太容易和别人合作，也不太珍惜或理睬别人对他的善意。

为此，我又说一些交朋友的道理给全班同学听，包括朋友之间要互通有无、互相照顾，要珍惜这一段短暂的共同生活的美好时光；又说一些爱惜光阴、努力学习不懈，以及会利用时间的故事给大家听；并且告诉大家，我们每个人都要不断地学习，有些书要一读再读、越读就越觉得有趣，甚至还把精彩的句子或段落背下来；有些事要一做再做，越做就越进步、越熟练、越精美，像画画、写字之类。

正式上课及写作业后，他那不专心、潦草、偷工减料的毛病都一一显现出来。于是我就利用家庭联络簿和家长联络，家长也签名回应了，并表示很感谢老师，但是孩子的毛病却未见改善。我又利用晚上和家长在电话里交换意见，接电话的是他姑姑，也是满口感谢，并表示会将老师的意思转告给季伟的父母。事后虽略有改善，但并不理想。以后又打过几次电话，每次都是他姑姑接的，我开始有些怀疑，决定放学后用机车载着季伟去他家里看看；这才发现他父母根本不住在这里，爷爷、奶奶、姑姑都拿他没办法。有一次学校要检查作业本，前几天虽再三叮嘱，他还是忘记带了。我问他能不能请家人送来，他漫应道："可以呀。"过了一阵子，他爷爷上气不接下气地给他送来了。下课后我问他爱不爱爷爷，他很快地应道："爱！"我除了数说他不该忘记带作业本，不该让老爷爷替他送作业本来以外，上课时又以这件事为例子，对全班同学说，我们不能只在口头上说爱父母、爱长辈，或长大后要如何如何孝顺父母；每个人从现在开始，只要能好好照顾自己，不要让父母操心，更不要随便劳动长辈替自己送东西来，这就是爱长辈或孝顺父母。随后规定从下星期开始，看看谁最会照顾自己，表现好的，除生活与伦理加分外，并可获得全班同学的掌声，成为全班同学的榜样。就这样，对他还是没有什么效果。

后来再以电话联络到他父母：父亲不善言辞，妈妈口齿伶俐，说了一大堆推崇老师的话。我除了感谢她外，就委婉地拜托她，请她提醒孩子要认真上课、认真写作业、记住带学习用品和手帕手纸等。她满口答应了，我心里如释重负；但事后发现，两三天后又恢复了老样子。我并不因此气馁，并找机会让他发展口才的专长。有一次讲彰化陕西村黑面将军的故事，我问，为什么黑面将军刚来时只带了很少的民众，后来却越变越多了？班上同学都答不出来。李季伟举手说他知道："因为带来的人中有男有女，结婚后生了许多孩子，人就越来越多了。"我对他大加称赞，让全班同学给他鼓掌。我也真的觉得他是个可造之材。为了扩大增强效果，我让他把这件事告诉家人；放学后我也特地打电话给他爷爷奶奶、父母等，让他们分享老师的快乐，也好好地奖励奖励孩子。

为了满足他贪吃的缺点，我除了利用时机对全班同学说，零食可吃也可不吃，尤其不宜多吃，以免养成坏习惯，而且正餐不好好吃，对身体发育也不利；此外并与大家约定，如果爸爸妈妈不给零用钱，而你又很想吃零食的话，请你偷偷告诉老师，老师会请你吃一些。这话说过后，我真的买了许多小零嘴做奖品，凡是个人、一排或全班有好的表现时，我就请他或他们吃零食。并且故意找机会给李季伟吃，或故意多给他一些，让他得到满足。

如果是奖励全班吃零食，我会每次变换花样，包括变换零食的种类和吃的方式等，让大家有新鲜感。由于每次买的量很大，孩子们拼命吃也吃不完，直吃得人人摇头、个个告饶为止，最后还将剩余的分给家境清寒或平时贪嘴的孩子带回去。有一种吃法是孩子们最感兴趣的：吃小零嘴，第一次只准用一只手抓，尽量抓多，只是不许半途中掉下来。这时候笑声满教室；第一次抓过了，接着就随便自己拿，不加限制。刚开始这样吃零食时，贪吃的孩子难免有些争先恐后，几次以后，发现每次都有剩余，这种现象就没有了。由于每次都到那间糖果店去买，每次都买很多，糖果店老板问我："你是不是在贩卖呀？销路不错嘛！"

我对班上孩子说，我们班上每个人都有两个家，一个是你们自己的家，一个是我们的班级；我们在家中吃东西，可以放开心情，随便怎么吃都不要紧，说说笑笑，边走边吃，争先恐后，说贪吃的话，做出贪吃的样子……都没关系，因为这是自己的家。但是在外面吃东西，就要注重礼貌，不能让别人看不起，或笑我们是野蛮人。

经过这许多努力后，李季伟贪吃的毛病改了很多；那些家境贫困的孩子或胆怯、害羞的孩子，也有了很好的改变。为了诱导李季伟奋发向上，每当他有好的表现时，我都特别加以鼓励：他学绕口令又快又好，就让他做绕口令的小老师；他朗读的声调美、韵味足，就让他做朗读的小老师；写作业的情形也改善了，忘东忘西的毛病也好转了。可惜的是，这一切的一切，都有如昙花一现，转眼间又旧病复发！直到四年级交班为止，我对李季伟的教导一无所成，说来真是惭愧。

5. 检讨与省思

（1）父母没有跟他生活在一起，既照顾不到他，又未能真正关心他。祖父母和姑姑总是隔了一层，孩子的心灵难免空虚落寞，也缺乏安全感。

（2）家人虽都感激老师，也愿意跟老师配合，只是很少真正拿出实际的行动来。

（3）老师的确太忙，无法真正做到个别化的教学与辅导；很多教学要求或辅导策略都不能自始至终地执行,效果难免虎头蛇尾,大打折扣。再加上已经是读到三年级的孩子了,他的成长过程已相当漫长而复杂,一位势单力薄的老师短时间想改变他,本来也就不是一件容易的事。有些教育学者说,教育既不是万灵丹,也不是长效药,做老师的人也只有拿这些话来聊堪塞责与自解自谅了。

(二) 会耍老师的小精灵

1. 案主

吴玉璇,女生。

2. 辅导时段

小学三年级上学期至四年级下学期。

3. 生活史及行为特征

(1) 家庭状况:一家四口,父母、姐姐和她;我教过她姐姐一个学期,后来因为再一次分班,她姐姐被分到别班去了。父母都在公家单位服务。妈妈当家主政,爸爸因为要炒股票,妈妈优待他,不必洗自己的碗筷;此外一视同仁,全家都听妈妈的。妈妈很自负的样子,动辄批评教育政策、教育制度,指责"教育部长"、"教育厅长",常说外国如何如何,"我知道怎样教育我的孩子,我的孩子怎么会有问题呢?"这是她对老师的说辞。

(2) 行为特征:优点是:聪敏伶俐;学科成绩优异,经常保持四科考400分的最佳成绩;能言善道,甚至会花言巧语曲意讨人喜欢;她姐姐在我班上时,她才一年级,每次见到我都很有礼貌,会和老师打招呼。缺点是:虚伪,不诚实;忸怩造作;上课不专心,无精打采,有时趴在桌子上睡觉;写作业不认真,常常不写,或不带来,或偷工减料;人际关系不佳,没有好朋友;对老师爱理不理,对老师交代的事也不认真做;会设计耍老师或骗老师,被老师识破或点破后,也不知羞愧忏悔。……

4. 辅导经过

那年初接班时,一眼望见吴玉璇,就觉得很高兴;她也露出欢喜的笑容，因为我们早已相识且有过很好的交往了。尤其她姐姐很善良，读书做事都很负责，人又很厚道；虽只教过她一个学期，但我对她的印象很好，所以连带着也很喜欢这个妹妹玉璇了。开学后不久，我慢慢发现这孩子人格发展上有一些问题，也慢慢对她感到失望起来。

　　开始时见她聪敏伶俐，就让她做小老师、小领袖，替老师分担一些杂事，也替同学做些服务工作。一般孩子都很乐意做这类事情，但玉璇却懒洋洋地，显得没有什么兴致的样子。再接下来，又发现她自己的作业都不认真写，有时根本一个字都没写，或推说放在家里忘记带来。她还很会耍老师，如果她作业没写或没带来，她会绕着圈子设法让老师忘记检查该科作业；或邀三五个同学央求老师今天不检查该科作业。刚开始时我不明就里，也没料到孩子们会耍老师，曾被她蒙混得逞过两次。后来我发现，凡是玉璇交不出某科作业时，她就会在老师身边转来转去，也有三五个同学跟着她在老师身边兜圈子，找一些不相干的话题分散老师的注意力。有时也会提出一些似是而非的说辞，让老师今天不进行某科或不检查某科的作业；改做其他活动或检查其他科的作业。我有了警觉后，再遇到这种情形时，我就盯得特别紧，而且一定要看玉璇的作业。当然，我也不会使她难堪，只是强调说："你是小组长，又是小老师，你要做同学的好榜样，今天一定要把国语习作（或某科作业）交给老师检查。"或者以进度、月考快到了等为理由，坚持一定得按课表上课，并照例检查作业。

　　在此情形下，她搪塞逃避不过了，只好把作业交给老师看；而且每次我都会发现，不是没写完，就是跳着写，或完全没写。有时数学练习，她会将简单的习题反复写两遍，而将难的或不会做的习题跳过去不写。问她原因，她会若无其事地说："我忘了嘛。"一次两次三次都是如此，我就用联络簿和家长联系，家长只是签名盖章而已，没有什么回应。后来改在晚上用电话联系，好不容易联络上了，我总是照例先称赞孩子一番，说她如何如何乖巧，如何如何讨人喜欢等，并称赞家长把孩子带得这么好，老师教起来很省事，所以要特别感谢家长等；接下去我才指出孩子上课不专心、写作业不认真、会逃避检查，等等。电话是她妈妈接的，也礼貌上表示谢谢老师，接着却是一大篇大道理，批评现在的教育一无是处，"教育部长"、"厅长"都是饭桶等；再下来就撂下一句："我知道怎么教我的孩子，我的孩子怎么会有那些问题呢？老师放心好了，我自己会把她教好的。"但是事实上，玉璇的毛病却一直没什么改善，甚至毛病还越来越多，越来越严重。

每当教学上遇到难题或困境，我都会自行检讨。有人学习迟缓，有人学习超前。玉璇大概属于学习超前的一型。于是我公开对全班同学宣布，凡是国语、数学能力强的人，课本上的内容对你来说也许太容易了；这也没关系，上课时老师特准你不必听讲，你可以向图书室借书来看，或做其他有意义的事情；只要事先告诉老师一声就可以了。而且我还特地私下对玉璇再说一遍。不过事后发现，她也无动于衷，上课情形也无任何改善。

不但如此，后来我渐渐发现，她的毛病真的越来越多，而最大的毛病是不诚实，也很会掩饰自己的缺点或过失。例如当老师发现她写作业偷工减料时，她会很老到地说："对不起老师，我抄错了。"叫她和另一位同学一起去办公室告诉某老师一句话，半途中她溜掉了，问她办的结果怎样，她说，某老师不在；另一位同学却证明她根本没去办公室。我责问她，她却满不在乎地说："人家不想去嘛！"

我始终信守着做老师的基本信条：绝不轻易放弃一个学生。玉璇虽一再让我生气和失望，她妈妈更经常流露对学校和老师的不满；但我总还是时时关心她，有机会就设法拉她一把。有一次毕业同乐会，我们同年级各班每班挑选三个同学，共同表演一个节目，我也挑选了玉璇；学校规定表演节目的同学都穿白上衣、花色裙子。玉璇说，妈妈会买给她。但到了表演当天她却依旧穿着校服到校，问她原因。她大模大样地说："我老实告诉你吧老师，我妈妈说我穿什么衣服都好看，就是穿裙子不好看，所以不给我买。"事后证明根本不是那回事，那些话都是她自己编造出来的。

又有一次班上收钱，每人20元，32人共收640元。我叫她和另外一位同学负责，一位收钱，另一位在名册上打钩登记。收完后把钱装进我的皮包里，送到办公室我的桌子抽屉中锁好。当天我的确太忙了，没来得及盯住她们做这件事。第二天打开抽屉一看，抽屉里只有皮包、没有钱。问玉璇钱放在哪里了。她开始说："我不是给你了吗老师，我昨天放学前就给你了嘛。"我问另一位同学，她摇摇头，神色有点儿诡异。我再追问玉璇是在何时何处给我的，她改口说是放进抽屉了。我让她打开抽屉找找看；她也果真把三个抽屉都打开，并有模有样地找了再找。又折腾追问了老半天，她始终咬定是放进抽屉了。这时我知道她是在骗我，但我也没生气，最后对她们两个说："钱丢了，老师赔，没关系。如果你们不诚实，你们长大后会终生后悔的。你们再好好想想看。"第三天，吴玉璇拿了6张百元的钞票和4个10元的硬币，毫无愧色地说："老师，这是640元，我前天带回家了；我妈妈说零钱太重，所以换成钞票带来给老师。"我不愿拆穿她，只是假装迷糊地对她说："看吧，玉璇，你还是很诚实对不对？以后做事要小心，不要做过了就忘记了。"

这以后，凡是有关金钱的事，我就不再找她插手了。而且经常对全班说些有关诚实如何重要的故事给他们听。包括奥运比赛中有些选手注射药物或投机取巧，最后都被取消资格；以及我班有些同学每次考试虽都是得满分，但因为平时作业和品行表现不佳，所以学期成绩也无法得到前几名，等等。即使如此，也仍无法彻底改变她，顶多不过时好时坏而已。

听说她到了五年级，一步登天，在班上出尽风头，言行都十分嚣张，经常在上课时打或拧同桌的男生；因为级任导师只重书面测验的成绩，不过问学生的品行了，学生的学习态度和日常行为当然也就不一样了。

5. 检讨与省思

（1）学校教育如果得不到家庭的配合，老师即使再辛苦，再认真，也很难收到预期的效果。这也正是当前学校教育的危机所在。

（2）我们的教育只注重教导孩子如何孝顺父母、如何做个好孩子或好学生，仿佛孩子永远都不会长大似的。我们如果同时也教导孩子们他日如何做父母，许多家庭悲剧和青少年犯罪也许可以减少或避免。

（3）班级学生人数太多，包班制而又包办制下，小学老师的确心余力绌。即使老师愿意信守"不轻易放弃任何一个学生"的信条，事实上也无法真正做到。那不是有意的，而是无可奈何。

（4）孩子是无辜的，但是谁又会真正关心他们呢？

（三）溺爱下的宝贝儿子

1. 案主

金玉皓，男生。

2. 辅导时段

小学三年级上学期至四年级下学期。

3. 生活史及行为特征

（1）家庭状况：母亲能言善道，呵护孩子，更会百般为孩子辩护；常常以"只有这一个宝贝儿子"为理由，要求老师多加照顾，给予特别宽容或优待。父母都有工作，无暇照顾孩子，只知一味纵容溺爱。父亲性子急躁，有时看不顺眼就会把孩子痛揍一顿，因此也养成孩子畏缩胆怯的性格。

（2）行为特征：常常迟到，有时在第一节快下课了才来，畏畏缩缩地溜进教室；说话吞吞吐吐，像是有很多委屈和顾忌的样子；常常忘记带东西，一再提醒也没用；有时想追问他或责备他，老师的话还没说完，他就放声大哭起来，而且哭得很伤心的样子；学科成绩中等，不喜欢写作业；字迹潦草，不肯认真写字；体格算是很高的，也很健康，虽不是患有躁郁症的孩子，但却坐不住，老是想往外面跑；他妈妈说他在学校常常受别人欺侮，事实上他常常和同桌的同学发生摩擦，发起脾气来也会打别人、摔别人的东西、撕同学的作业本等。

4. 辅导经过

有一年接班时，发现金玉皓这孩子老是东张西望，魂不守舍地像是期待什么的样子。找出他的基本资料看一遍，也没见有何特别记载。课业、品格、健康、家庭状况等，也都还算正常。我大概有些好奇或不放心吧，教学中利用机会走过去问问他有什么事情没有，没料到仅此轻轻一问，他却无缘无故地放声大哭起来，弄得我一时莫名其妙，手足无措。我好言安慰他，并走到他身边拍拍他的肩膀；发现他似乎很害怕的样子，整个身子都在瑟缩颤抖。我一再问他到底是怎么回事，他也不言语，只顾放声哭个不停。后来有一位机灵的孩子走过来偷偷告诉我："老师，他就是这样，不要理他，过一会儿就会好了。"

这是第一次经验，也是对金玉皓的第一个印象：他是个招惹不得的"爱哭神"。

后来我发现他常常忘记带东西，作业写得很潦草，错误也不少；上课时东张西望，漫不经心。我又不敢招惹他，只好跟家长联系。先用联络簿表达老师对孩子的关心，也请家长协助，适时提醒孩子写作业，不要忘记带东西。经过几次，家长都是签名盖章了事，情况却无任何改变。于是进一步利用晚上打电话和家长联络。好不容易联络上了，开始时我一如既往，先讲一些孩子的优点，包括他很文静，很守规矩，很健康，很喜欢户外活动等；接下来也照例称赞家长一番，说家长很关心孩子，把孩子照顾得很好，要特别感谢家长等；最后才说明原意，希望家长和老师合作，让孩子变得更快乐一些。

我常常这样说："孩子是你的宝贝儿子，也是老师的宝贝学生。不过你只有这一个宝贝，我班上却有四五十个宝贝，所以总觉得心有余而力不足，有时难免照顾不过来，希望家长多多支持配合，让孩子得到更多更好的照顾。"

这些话虽有些俗套，其实也是我的真心话，也是目前一般老师的实际遭遇；老师既无法单打独斗，只好向家长求援了。而很多家长在听到这些话后，也多乐意相助；但金玉皓的母亲却不一样。她能言善道，以下是她和我在几次对话中的片段：

师："每个孩子都有很大的弹性，只要家长帮助老师，盯得紧一点儿，相信他的作业会写得更好一些。"

母："他写的联络簿我看不懂，他的作业我也看不懂，我只知道他每天都写到很晚才睡觉。"

师："就是因为他写得潦草，看不懂，所以我们就更得盯紧一点儿，要他认真一点儿去写。"

母："我们玉皓很聪敏，我要他成为一个能自立的孩子，他很独立，不需要别人为他操心。"

师："你能把孩子教导得很独立，那当然很好。但是毕竟他年纪还很小，还需要家长常常提醒。"

母："我只有这一个宝贝，他喜欢别人鼓励他，不喜欢别人强制他。我也不愿给他很多压力，希望他有个快乐的童年。"

师："我是经常鼓励同学的。但我也绝不放纵他们，不养成他们逃避的心理和拖拖拉拉的坏习惯；自己应该做的事，也不可依赖别人或家长，自己要认真去做。"

母："我们玉皓很善良，他做事一向都很认真。"

……………

这以后，我知道家长非但不会给我什么助力，且由于观念态度上的偏差，在对玉皓的辅导上更须同时考量家庭因素。换句话说，这是一种学校教育减去家庭教育的"差数"教育，而非一种学校教育加上家庭教育的"和数"教育。在此情形下，老师也就更加辛苦了！

例如玉皓的妈妈要求我将玉皓的座位调到前排中间，她说她只有这么一个宝贝儿子，而玉皓的视力和听力都有问题，所以老师交代的事情或写在黑板上的作业，她的宝贝常常听不清或看不到。我必须一面检阅一下孩子的基本资料，一面请学校护士小姐测试一下他的视力听力现况,证明孩子的视力听力并无问题之后,再向家长说明:孩子的视力听力都没有问题;玉皓的个子比较高,坐在前排中间会挡住其他同学;我班座位是每周调换一次,每个人都有坐在中间、旁边或前面的机会;而且在遇到玉皓调换到较好或较差的位置时,我还得记住交代孩子回去向家长说明一番,以免造成误会。

也由于这个缘故,遇到必须和家长联络时,我得特别关心玉皓是否在联络簿上写清楚了,写的字是否会让家长不认识;又特地当面口头再交代玉皓,回去要如何如何跟妈妈讲,等等。

为了改善他常常迟到的毛病,我除了一面减少减轻他的家庭作业、一面经常提醒他早睡早起外,又找了两位住处和他邻近的同学,跟他约定时间,每天准时在他家门前会合,大家一同上学。我更交代去等他的那两位同学,万一遇到玉皓的爸爸妈妈出来的时候,一定要有礼貌,要说明我们都是好朋友,所以老师要我们一同上学,大家比较快乐,等等。我除了对孩子们作安排、作说明、作交代外,还特地打电话给玉皓的妈妈,说明目前社会很乱,时常发生绑票案件,孩子单独上学很危险,所以我才安排两个孩子约好她的宝贝一起上学,如此既安全又快乐,也可提醒玉皓早些起床,早点儿上学,等等。这些都是老师额外花费的时间和心力。不过即使如此,由于得不到家长的配合,这件事刚开始虽相当有效,但一段时间过去后,却又恢复原状了。

他不喜欢写作业,即使减少减轻他的家庭作业,他也是不按时做完,不按时提交;他妈妈说不希望孩子在写字上求表现,也不知道老师每天分配什么作业给孩子,联络簿上的字她看不懂,等等。为了改善这种情况,我特地安排一位有耐心的小组长照顾玉皓,包括每天的联络簿要写清晰,让他妈妈可以看得懂,知道当天分配的家庭作业是什么;每天放学前提醒他回去记得先写作业,早点儿写,写完了早点儿睡觉;早晨进教室后,先替他检查一下看看作业带来了没有、有没有写,如果没带或没写,要马上告诉老师,以便设法补救,等等。我通常不会在午餐前逼孩子写作业，或让孩子不高兴，以免影响他们的食欲或身心健康；也不会在放学的时候留下孩子不让他们回家，因为那是无效的，而且万一由于孩子晚归或单独返家造成意外，老师的愧疚和责任都很大。因此，所有的问题或纷争，我都设法在午餐或放学前一一加以处理，不拖拖拉拉，不给自己制造困扰或招来麻烦。

分配清洁用品时，少分些给他，地点选在老师容易看到的地方，并找一位不斤斤计较的同学和他同组；就这样他也是常常不到、常常不做或做不彻底，我劝另一位同学工作前一定把他找到，两个人一起做比较有趣；如果他不做或做得不够好，就替他做，不必计较。我经营班级的方向一直如此：让孩子们相亲相爱，互相照顾；心胸放开阔些，眼光要看远些，不要斤斤计较眼前的得失；更不可骄傲、忌妒或看不起别人，说不定二三十年后，我们眼前的某同学，会变成很有成就的人，谁能预料呢？

有一天玉皓和同桌同学起了争执，我暗地留意事件演变的过程；事实上都是他在主动招惹别人，等到别人回手推他一下，他就哭了起来。看到这里，我故意不理不睬；等他哭了好一阵子之后，我觉得有些对不起这孩子，他实在也很孤单可怜。最后是走过去处理他们之间的争执，并明白告诉他，这件事是他惹起的，是他做得不对，他应该向别人道歉。事后我也将原委打电话告诉了他妈妈，他妈妈说："我们玉皓很善良，一定是别人欺负他，他受不了，才会攻击别人。……"

在这种双方无法协调的情势下，我实在觉得有心无力。我甚至在想，今日社会上的种种乱象，是非不分、黑白颠倒，是不是因为在这样的教育环境中成长的孩子太多了呢？在这种环境中长大的孩子，他们将是什么样的呢？我们要为他们负担多少社会成本呢？……

5. 检讨与省思

（1）父母袒护子女，本是人之常情；但是过分护短，有时会产生纵容溺爱的反效果。以金玉皓的案例来看，他妈妈的态度除了袒护孩子外，似乎有意无意中也在替自己的未能善尽职责找借口。在今日的工商社会，这样的父母所在多有。

（2）玉皓需要父母师长的关怀和鼓励，有时也稍有一点点好的表现，甚至对别人来说根本不算是好表现，我都设法予以称赞和奖励，此时他也会显得很高兴，还会主动找老师讲话，告诉老师他早上吃了什么东西或路上见到什么。可见他的内心很孤单寂寞。他父母不了解这一层，只知一味回护孩子，不去真心关怀他，情况便很难改善。

（3）有人说，每个不幸的孩子背后必然有许多不为人知的苦恼。玉皓的苦恼是老师无法分出更多的心力和时间去照顾他；父母除了自以为是外，似乎并未真正关心他和疼爱他。尽管他妈妈口头上说要让他有个快乐的童年，事实上，在此环境中，他注定是不会快乐的。

（四）小童工

1. 案主

陈治伟，男生。

2. 辅导时段

小学三年级上学期至四年级下学期。

3. 生活史及行为特征

（1）家庭状况：爸爸开小工厂，自任厂长，经营状况似乎不错，因此他颇以此自豪，认为多读书没用，不读书也没关系。妈妈也在自家工厂里做工，对家事和孩子都很少照顾。家长受教育程度都很低：爸爸小学毕业，妈妈只读了一年多小学，不识几个字。

（2）行为特征：身材很高大健壮，外表看起来不是很笨；好动，性格也比较活泼；喜欢招惹别人或和别人打架，但情况并不严重，只是挑逗性地推一下、拉一下、摸一下，让别人不高兴或和他交手对打对推一下而已。学科成绩很差，不喜欢读书，不喜欢写作业，上课坐不稳或东张西望，或扰乱临近座位的同学。基本资料上记载二年级老师给他的评语是："调皮捣蛋，不知上进。"每天虽是前三名到校的孩子之一,但到校后并不是读书或写作业,而是到处打闹、惹是生非。

4. 辅导经过

每次接教新的班级后,很自然地都会留意发掘表现异常的特殊人物,然后就采取一系列的措施,从事了解—接触—改变等工作。某年接班后,发现陈治伟体格壮壮的,上课时总是毛手毛脚地招惹别人,搞得教室一角唧唧喳喳秩序不佳。打开他的基本资料仔细看看,前任老师对他的评语竟是"调皮捣蛋,不知上进"。我的习惯是,基本资料上的记载,仅供初步了解参考,甚至有时连"参考"都说不上;只是知道过去有这些记载而已。

后来发现陈治伟每天都很早到校,始终保持着前三名的记录,我还以为他是个勤奋用功的孩子哩!但略事观察及检查他的作业后,才知道自己想错了,因为他到校后既不读书,也不写作业,而且每次作业都写不完,或根本没写;老师责问他,他也坦然以对,没写就是没写,也不打算补写。问他为什么来得这样早,他说爸爸妈妈要上工厂,要锁门。至此我才明白是怎么回事。

他并不笨,是属于学习迟缓的那一类孩子,也可以说是教室里被遗忘的孩子。学科能力很差,无法接受教材内容和教学进度,也无能力完成各科布置的作业;学习兴趣很低是可以想见的。我为了接近他,扫地时同他一起扫,放学回家同他一起走;利用机会跟他聊天讲话,也引导他读唐诗,先从简单的《静夜思》等五言绝句开始。他从来没接触过唐诗,因此很感兴趣;后来我分给他两张卡片,要他抄写几首唐诗在卡片上,装在口袋里,可以利用很短的时间掏出来读一读、背一背。他觉得很好玩,也做得津津有味。

后来我又根据他好动和体格好的特点,指导他体育方面的学习。惭愧的是我自己不懂体育,各项运动更一窍不通;不过简单的项目如跳远、赛跑、跳木马、吊单杠等的基本要领我也还知道一些。中年级孩子也比较好教,我用心指导治伟,他也学得很带劲儿，每教一个项目他都学得很出色，于是我就让他做示范动作给全班同学看，并让他担任体育科的小老师，协助胆小害怕的同学作练习，成效都很好。

由于读唐诗和担任体育科小老师这两项工作都很成功，他很快变为班上的活跃分子，过去那些不安于位、招惹别人的毛病也改善了很多；在学科学习上也多少产生了一些迁移作用，例如他比较认真写作业了，也比较专心听讲了，但是可能由于差距太大，或由于延宕学习的关系，有所谓"时过然后学，则勤苦而难成"[①] 的实际困难，学科学习和作业习作的效果一直提不起来。为了进一步帮助治伟，就向家长求援；但是白天晚上都联络不上。后来一连在联络簿上写了三次，请求家长到学校来一趟，家长虽都签了名，只是始终不见踪影。又联络了两次，总算把治伟的爸爸逼来了。没想到他爸爸还不待我把话说完，就直截了当地对我说："老师，我觉得读书没有什么要紧，读不读没关系，你不必要求我的孩子。我第一个孩子不喜欢读，我就不勉强他；我自己也不会读书，小学毕业就不读了，现在开工厂，不是很好吗？你做老师虽读了很多书，能做老师也不简单，但是你没有我赚的钱多。读书有什么用！"

他这样说我并不生气，还是好言跟他说："陈先生，你说得很对。不过我们不能这样比呀，我觉得教书很快乐，你觉得开工厂很快乐，所以我教书、你开工厂。老师教孩子唱歌，教孩子体育，也不一定要孩子将来当歌星或成为运动健将；你们平常在工作时，不也喜欢听音乐、看各种运动比赛的节目吗？我们就是要引导孩子……"

他没耐心听我说完："好啦好啦，以后叫孩子按时写作业、交作业就好了。"

有一次遇到治伟的妈妈，她的说法是："我算过命，孩子都不是读书的材料，所以我也不打算叫孩子读很多书，小学毕业就

---

① 《礼记·学记》。

好了，回自己工厂做工。"

至此，我真的觉得很寒心。治伟这孩子本来该是有救的，遇到这样的父母，真叫我这做老师的欲哭无泪。不过尽管如此，我还是不忍心放弃治伟。当然从此不再指望家长给我什么帮助了，甚至只盼望他们少扯后腿就行了。我班美劳课是由科任老师担任的；但是为了改变孩子们的学习态度，提起他们其他学科的学习兴趣，我常利用课余时间引导孩子们学美劳，特别是那些学习兴趣不高或学习迟缓、行为异常的学生，通过美劳学习而有所改变者大有人在。因此我也引导治伟做美劳，先从简单易学的开始，慢慢进入到复杂多变的项目。他很感兴趣，连下课时间都还做个不停。看到这种情形，我就故意阻挠他，找别的事情叫他去做，让他把正在进行中的美劳搁下来；他似乎很不甘心的样子，但又不敢违抗老师，只好暂时放下。我设法一再叫他去做别的事，让他无暇继续做美劳，直到快放学的时候我才告诉他，没完成的美劳，可以带回家去，利用晚上的时间把它完成；并告诉他这就是他的家庭作业。他听了，像是很高兴的样子，但一瞬间似乎又露出难色。

我问他："怎么了治伟？不喜欢做是不是？"

他回答道："不是啦老师，我很喜欢做。不过，我回家后，爸爸妈妈就叫我去工厂做工，就没时间做美劳了。别的家庭作业也是这样。"

至此我才恍然大悟，这样孩子其实只是父母养的小童工；读书不但对他毫无意义，说不定在他父母的念头里，巴不得孩子现在就辍学回家，以便全部时间投入到生产赚钱中去。这以后，我也就不再给治伟分配家庭作业了，所有的作业，包括美劳，都让他在学校里完成；能学多少就算多少，对这样可怜的孩子，也只好如此了！

为了让他有个美好的童年生活，我除了让他担任体育和美劳的小老师外，每天午餐的抬饭工作，也让他参加，他体格好，有力气，又觉得老师很重视他，让他有机会替班上服务，所以每到中午抬饭的时刻，他心情就特别好。而上体育课、抬饭、指导别人做美劳，便成了他在学校里最得意的时刻。不过也许是习性使然，这孩子在抬饭时，常常喜欢在路上和同伴争吵，既不雅，又容易误事或发生危险。有时候我就不让他去抬，或预告下个月要换别人去抬。这时他就很颓丧，并尽量在老师面前好好地表现，希望我还让他继续抬饭。他就是这样时好时坏，始终在班上扮演着边缘人的角色。

有一次学校成立排球队，在中年级挑选排球选手，条件是体格、品行和功课都是班上的前几名才行。后来我和体育组老师商量，请给治伟一个机会，看看能不能让这孩子走出一条路来。体育组老师接受了我的请求，准他参加排球队；而且经过一个星期的训练，体育老师很满意，正打算好好培植他，但却没料到他的家长强烈反对，理由是每天回家太晚，影响工厂里的工作。在无可奈何下，只好叫他退出排球队。至此，我真的已是心力交瘁、无计可施了！常言道，天下无不是的父母。很多父母都在这句似是而非的话头掩饰或庇护下，做着摧残子女或埋葬子女前途的勾当。治伟的父母不过是其中之一而已！

5. 检讨与省思

（1）这又是一个家庭教育不能和学校教育配合的例子。在此情形下，老师即使再怎么努力也无法收到预期的效果；能勉强做到"事倍而功半"，做老师的也就心满意足了！

（2）古人说，未有先学养子而后嫁人的。事实上，如果在国民教育阶段，就将"如何做父母"的亲职教育纳入教材内，应该不失为一种明智前瞻的做法。对于目前不重视子女教育的父母，如有可能的话，政府应设法从教育开导和法律制裁两方面着手，及时阻止这类父母继续从事危害子女的恶行。

（3）在教学过程中，面对孩子总是十分快乐的。一旦遇上不明事理的家长，便觉孤立无援；即使有万千委屈，也无处可诉。老师受委屈尚不打紧，每当眼睁睁地看到班上孩子受到不公平的待遇或影响深远的折磨，自己却无计施以援手，内心才是最痛苦的。

（4）自知难逃死刑的台湾十大枪击要犯之首的刘焕荣，在监狱中对人吐真情：悔恨自己过去读书太少，不知道读书的重要；直到最后被关进监狱，这才发现，如果自己过去能多读一点儿书，就不致杀害那些与他毫无冤仇的人。读书居然能感动一个杀人不眨眼的恶魔，谁说读书不重要呢?!

第五节　本章摘要

本章探讨"开放型班级经营的成败"，首先谈到班级经营的成败不是一件容易判定的事。第二节为"成功观"，就成败的关键、成功的通路、长保成功之道三者作简要分析。

第三节为"失败观"，内容包括失败的征兆或征候、失败的真实面貌及反败为胜之道，并作扼要探讨陈述。第四节为"未成功的案例"，除简单分析为什么未成功、如何面对未成功的事实外，并列举了王廷兰老师辅导未成功的四个实例，以供读者参考。

下编

开放型班级经营实例

第九章

全班活动的经营

第一节　本章旨趣

本书下编为开放型班级经营实例的录列，计分四章：第九章为"全班活动的经营"；第十章为"团体辅导的运作"；第十一章为"个别辅导的实施"；第十二章为"教师的视察与省思"。

这里所录列的实例都是真实的，都是确有其人、确有其事；不过有时为了尊重他人的隐私权，将人名加以变更而已。这些实例除了少数注明"出处"外，其余凡未注明出处的，都是王廷兰老师的亲身经验。而所有实例均采"第一人称"的述写方式，由经验者提供原始资料，由作者加以整理，使具真实感与整体性。

第九章"全班活动的经营"，共录列了四个案例，即（1）大家来开运动会、（2）全班都喜欢写毛笔字了、（3）带女生班的经验、（4）人人争获荣誉旗。

第二节　全班活动的经营实例

一、大家来开运动会

（一）小学运动会的教育意义

依据小学课程标准，每校每学年应举行全校运动会及体育表演会各一次，单项运动比赛至少四次。目前各校的实际做法是，运动会与校庆活动合并举行，每年一次；偶尔也因特殊情形，每学期举行一次运动会。至于体育表演会及单项运动比赛，就很少举行了。并非学校不举行，实在说，老师也不希望学校常常办大型活动；因为老师们的工作负担的确太沉重了。

事实上，如果能将一年一度的运动会办得有声有色，让它能产生预期的教育效果，每年办一次也足够了。反过来说，如果为了符合规定，学校、师生都疲于奔命，势必草草应付，可能会得不偿失。

小学体育教学总目标有"培养儿童健全身心，以促进其均衡发展"等五项；中高年级分段目标各有四项。和其他科目教学一样，兼顾认知、情操和知动三方面的学习。不过一般来说，体育教学是比较重视知动学习的。特别是对体育有专长的教师，就更注重体育方面的技术操作教学了。

对体育课教学来说，我不但无专长，且根本无能力负担，所以大部分时间都是和同年级的同事实施交换教学。有时找不到交换的对象，或为了迎接运动大会，自己也就只好滥竽充数，硬着头皮扮演一位不称职的体育老师了。好在三、四年级孩子还不会挑剔老师，每次都还能让我勉强应付过去。不过，体育教学我虽外行，参加运动会的情形却又大不一样了；我带的班级每次都有很好的表现，这也多少减轻了一些因为自己不擅体育而引起的愧疚和自责。

关于运动会的教育意义，我个人不成熟的想法是：小学生年纪还小，除天赋特殊体能的孩子，不妨借运动会的激烈竞争所得的光荣成绩加以激励外，对一般孩子来说，它应该兼具以下几项意义：

（1）促进其身体健康与心理发展。

（2）借参加运动会的机会，增进其互助、合作、服从、守法、爱团体、爱荣誉的美德。

（3）就班级教学来说，它也是各科教学乃至亲师关系的综合展示。

（二）进行长时间的准备

通常小学运动会多半在秋天，也就是第一学期中途或稍后举行。开学后，打开行事历，首先将重要行事日程用红笔标示出来，运动会当然是最受重视的。从开学到运动会揭幕，大概有三个多月或更长的时间作准备。我的基本做法大体如下：

1. 实施任务编组

我经营班级的基本态度是，无论平常或有事的时候，对班上的每个孩子都同样看待；让每个孩子都觉得他在班上不孤单、有价值，甚至有些事情是他的专长，或非他莫属。运动会的任务编组，当然更是如此。

由于经验的积累，我将全班学生编成以下几组：

选手组：经过初选、训练后，再复选决定。

招待组：以外貌端正、心智灵巧、比较会说话者担任。

服务组：选工作认真、负责、有热忱者担任。

美劳组：有美劳专长者担任。

拉拉队：除以上四组人员外，全部参加拉拉队。同时规定，编入其他四组的同学，在准备期间和运动会当天的空闲时间，也都参加拉拉队的练习和活动，以壮大声势。

2. 营建和谐气氛

初升上三年级的孩子，普遍存在的现象是胆怯，做什么事都害怕；而且都很怕失败，对自己没信心。为了改变这种情况，我总是鼓励他们大胆去尝试。如果失败了，或是结果不很理想，我会想出各种说辞来替他们打圆场、作解释；对于特别胆小和孤独的孩子，分组时我会刻意安排，并给予细心照顾。更重要的是，我不允许班上孩子有嘲笑或看不起别的同学的事情发生。我也随时留心，避免使孩子遭遇太多失败；当发现他因失败而颓丧时，我总会设法去安慰、鼓励他。

以选手组来说，初选时，依照学校运动会规定的项目和人数，加一倍挑选出初选选手；经过一段训练后，再复选决定参赛的人选。落选的孩子必然很失望，这时候我会找出一些有趣的话题来转移他们的情绪："你们在电视里，看过哪些比赛的节目呢？"

孩子们会说出《五灯奖》、《霹雳大竞赛》、《百战百胜》……

"还有中国小姐选美对不对？"我故意找出更轻松的话题来说。"对呀，你们看看，最后能通过五度五关的、能当选中国小姐的，都只有一个人。只要是比赛，一定有输有赢；赢的人不要骄傲，要更加努力；输的人不要灰心，要设法争取下一次赢的机会。而且你这一次虽然比输了，但是你想想看，你的成绩是不是比以前进步了很多！你今后只要再努力一点点，下一次会怎么样？"

"嗯！我下一次还有机会！"落选者的脸上立刻闪出一道光彩。

"还有，赢的人不是他自己赢了就算了，他还要替我们全班去赢别班的同学，为我们班去争荣誉。所以我们要怎么样？要不要……"

"要！"于是，"啪！啪！啪啪啪！啪啪啪啪啪啪啪！"全班同学很有默契地，给入选者来一次鼓掌欢呼，入选者也站出来向大家挥手答谢。这么一来，落选者不但不灰心，也不会忌妒；入选者不但不骄傲，更产生了强烈的求胜心和使命感。而班上也展现出一种和谐团结的团体气象。

3. 扫除胆怯心理

胆怯、害怕的心理要怎样祛除呢？我发现孩子们遇事之所以胆怯害怕，一是缺少练习尝试的机会，二是对情况不了解，对自己没信心，三是失败的经验太多，而且失败了也没人理会他，让他遭受很多羞辱和痛苦。

无论是选手训练或其他学习活动，当我发现孩子露出畏畏缩缩的表情时，我会立即设法鼓励他、宽慰他。最常用的办法是：示范给他看，多数时候是同学示范，有时我自己也硬着头皮示范给他们看；我生平最怕打针，有一次全班同学须接受卡介苗接种，我见孩子们个个害怕，便自己挽起袖子，一马当先，装出笑脸接受注射。

另一个常用的办法是：举出简单的事例，扫除他们的畏惧心理。虽然有些事例并不得体，但是在三年级的孩子们听起来，却是深信不疑的。我常用的事例是：

"你每天穿衣服、吃饭、背书包上学，你会不会害怕？"我问。

"不会！"全班同学齐声回答。

"为什么不会害怕呢？"我解释道："因为我们已经学会了，而且已经很熟悉了，很习惯了，所以我们就不会害怕了。如果我们做任何一件事，能够天天做，天天练习，最后练习得像穿衣服、吃饭、背书包上学那样熟悉，我们还会害怕吗？"

"不会！"

接着，他们会彼此唧唧喳喳，交换手势、眼神或意见，表现出会心的领悟。有的孩子会说："对，我明天要早一点儿到学校来练习！"

此外，每当要求孩子们尝试或作表演时，我会把各种可能的结果或当时的情境，描述得很清楚，让他们因了解状况而减少一些担心害怕的情绪。例如告诉他们，很多人初学跳木马的时候，都会撞到肚皮、碰到膝盖、刮到屁股；有的人试跳一百次都跳不过去，最后因为他有决心、不怕失败，不但跳过去了，而且还成了选手。当他们尝试或表演失败了，我绝不会责备他们，更不会骂他们"笨"，总是鼓励他们再试一次。

骂学生"笨"，几乎是老师们的口头禅。其实那是很容易伤到孩子们的自尊心和自信心的。

（三）严格控制进度及品质

从实施任务编组开始，我自己制订了一个简单的运动会准备工作进度表，写在黑板上，要孩子们抄下来，随时取出来核对；班长、副班长负责提醒大家，也提醒老师。另外，写一张贴在教室后面的成绩栏内，让大家随时看到。

每星期一检查进度，也检查准备工作的品质。我也将社会上有些行业偷工减料的事说给他们听，让他们知道偷工减料是不好的行为；像一般建筑工程如果偷工减料，可能会带来很大的灾难，那就更危险了。

各项准备工作的内容和进展情形，大体如下：

1. 全班共同准备事项

全班每个孩子都须准备的事项，可分为有形的和无形的两类。

（1）有形的准备事项：包括服装、鞋子、袜子、做美劳的材料、做拉拉队道具的材料、彩色图片画片等。服装虽由学校统一定制，但到时候仍须提醒他们要穿来。每个人至少有一双鞋子和一双袜子，事先须洗干净；如果家庭有困难，没有像样的鞋袜，请私底下来跟老师说，老师会替他准备。——我答应孩子们的事情，就一定会做到。到时候，我真的准备几双大小不同的鞋袜，以备不时之需。三年级孩子有时候很会忘事，到了紧要关头往往会出差错；因此我所准备的备份，总是会派上用场。有些家长很忙，对孩子的希望或要求常常不当一回事，我除了告诉孩子们回家要请求爸爸妈妈，请他们要爱你一次，替你准备运动会所需要的衣物外，有时还打电话替孩子们求情，并诚恳地邀请他们到时候来参观。

(2) 无形的准备事项：就是礼貌、态度、仪容、说话等，每个孩子除了接受老师指点，并时时留心练习外，同学间也要互相提醒，互相改正。三年级是新编班、新接手的班级，本来就须加强这些方面的指导；为了准备运动会，这些方面的指导就显得更加迫切需要了。在各科教学过程中，我会利用角色扮演、参观访问等活动方式，演示如何接待来宾、如何辨认本班同学的家长、如何分糖果给幼小的弟弟妹妹小客人、如何称呼对方、如何介绍自己等；有时也利用家庭访问的机会，分批轮流带几个孩子跟我一起去访问，一面让文化背景不同的同学有互相了解观摩的机会，一面也让他们有做客人、接待客人的亲身体验的机会，我称这种活动为"文化交流"。

我鼓励孩子们说话。很多老师都厌烦班上孩子太吵，甚至有人用胶带把爱说话的孩子的嘴巴贴起来。有一位同事更沾沾自喜地说，他班上最安静，因为他已经把孩子们训练好了，一旦某生说话太多太吵，他只需用手指指嘴巴，那个孩子就会自动从抽屉里取出事先备妥的胶带，把自己的嘴巴贴上，直到老师准他撕开来为止。我接班后，第一件事就是鼓励大家多说话，我告诉他们，说话是很重要的，很多人到外国去留学，各方面表现都不输给外国人，有些方面甚至比外国学生强，但说话的能力、表达意见的能力却总是输给外国学生。所以从现在开始，本班同学人人都要多说话，而且要"会"说话。他们听了"会"字，往往会笑起来。这时我会趁机强调，什么是"会"说话呢？第一，话要说的是时候，该说的时候才说，不该说的时候不说；第二，说的话要有内容，不说无聊的话、脏话、粗野的话，或别人讨厌的话；第三，要把话说明白、说流畅，而且简单明了，让别人很容易听懂；第四，要轻声细语，不要妨碍到别人。听到这里，他们才知道"会"说话是什么意思。在开运动会的准备期间，指导孩子们礼貌、说话这两项，所费的时间和心力最多，但我认为这是有价值、有必要的。

2. 各组分别准备事项

准备工作是随时随地在进行，包括老师和学生在内，谁都不敢掉以轻心；而且会彼此关心，经常相互提醒。

（1）选手组的准备：我没有时间单独训练选手，何况那也不是我的专长。因此，无论初选或复选，凡是进了选手组的同学，都要自己找时间、找机会去练习；个别练习或邀同组其他选手一起练习，都可以。当然，体育课是训练选手的重要时机之一；不过我也不会冷落或忽略选手以外的其余孩子。开始编组训练的那几个星期，我会经常提醒他们多多练习；接近运动会的日子，我会每天叮嘱他们，并找机会到现场去看他们练习，也多少改正一些不正确的姿势或方法。我班的体育课是快乐的，下一节将略加介绍。

（2）招待组的准备：除了一般性的礼貌、说话、服务态度、服装仪容等的关照和不断改进外，另外赋予招待组同学一项特殊任务，那就是切实了解运动会当天谁的家长会来，谁家的小弟弟小妹妹会一起来，到时候要怎样招待他们。如果能在事前就"认识"这些家长和小弟弟小妹妹，以便当天亲切地称呼对方"张妈妈"、"李伯伯"……那就更好了。对于当天招待组的位置、所需的桌椅器物等，事先更须切实知晓和掌握。

（3）服务组的准备：服务组的任务是后勤补给和善后处理。开运动会要让孩子们尽情地宣泄和享用：一方面，让他们的心情尽量放松，精力体力尽量发泄；另一方面，也让他们尽量享受学校、家庭、师长、同学等对他们的关爱，并从其中获得成长和乐趣，进一步也同样去关爱和服务别人。每次开运动会时，我都自掏腰包买足够的饮料、零食，供班上孩子和来宾家长享用；选购前采用民主的方式决定种类和数量，然后由服务组负责去合作社采买、搬运回教室；并一再用实物演练传递、分送的方法，务必要快速周到。当饮料食品搬运进教室时，全班会为服务组同学欢呼，表示感谢。运动会散场后的善后工作，包括桌椅器物搬回教室恢复原状、地面垃圾清理等，也要经过演练，做到动而不乱、活泼快乐而有效率的地步。每次我班都得生活教育竞赛总冠军，全班同学同心协力是主因，服务组的贡献也很大。

（4）美劳组的准备：我班教室布置经常保持新鲜、生动、符合教学进度，所以不必临时刻意张罗。美劳组的工作是，协助全班同学每人制一顶帽子，材料是硬纸板，样式由美劳组设计经大家同意后定型；另一件事是每顶帽子上点缀一个小饰物，也由美劳组协助同学搜集图样、剪贴、着色、装订。运动会进场时，我班同学的帽子总是最受瞩目的。

（5）拉拉队的准备：拉拉队道具，通常是利用空的饮料罐，打洞，配彩色塑料绳，里面装进几个小石子或硬币（以便摇动时发出声音），空罐的表面也着色，全部做成后，在底部贴上班级、姓名的小标签，这小标签也须加以设计和着色；然后分排分组收藏起来，以备当天使用。制道具的指导协助工作也由美劳组负责。拉拉队训练利用每天上午第三、第四节上课中间，孩子显得有些疲惫了，全班在"节目主持人"的带动下，做短暂的唱、跳、欢呼、鼓掌等活动，以调剂教室气氛。值得一提的是，我班上的孩子平时就养成了许多有趣的默契，必要时就会派上用场：制作道具时，大家会一边做，一边吟唐诗或念绕口令，个个都显得神情愉快。拉拉队唱的歌，主要是《欢迎》、《当我们同在一起》及《明天会更好》等。为了学习唱《明天会更好》，我特地请音乐老师改变课本原来的进度和教材，赶在运动会之前把这首歌教会。拉拉队的节目主持人由四组同学轮流，每组两人；轮流主持的原因是让更多孩子有上场的机会，换下来休息的人，也可以趁机喝点儿饮料、吃零食或如厕。对主持人出场退场的步伐，行走的姿态，说话时的语音、语调、眼神，两个人之间的默契等，都予以重视；虽是细枝末节，也都不放过。

3. 快乐的体育课

既然是运动会，体育竞赛及表演活动当然最受重视。我不具备教体育课的基本能力，甚至连最简单的运动要领和比赛规则也还得临时恶补，或随时留心观察有专长的同事们如何教学，如何临场指导。但我发现，有专长的同事并不见得都能把学生教会教好，反而是我这外行老师往往能教出一些意想不到的成效来。为什么会这样呢？我试着归纳其原因，不外以下几点：

（1）师生之间缺少感情的联结，老师体会不到孩子们的柔弱和胆怯之苦，孩子们也体会不到老师的苦心和期望。

（2）师生之间的差距太大，孩子们见到老师的示范动作，原本即十分微弱的学习意愿，就变得更加微弱了。

（3）老师比较看重自己的体育教学"成绩"，特别是少数明星选手的训练；而不重视学生在上体育课时的"乐趣"，对一般学生的学习和指导也比较没兴致。

我带学生上体育课，从上课铃响前的师生共同准备，到进入活动场地，到进行教学活动，再到课后余兴，师生都是抱着兴冲冲的心情热切参与的。我一向遵守教育机会均等的基本原则，我班学生各科学习机会都是公平、均等的，没有任何一个孩子因为家庭背景或个人聪明才干的关系，会受到老师的另眼看待，会在班上享有某些特权。上体育课时，当选为本班运动选手的孩子，先练习一两次，算是选手训练，也是示范动作；之后，全班同学分成两组开始学习，选手则在一旁等待和观察。他们有时会露出无奈或感到无聊的表情，此时我会开导他们：

"如果你们家的小弟弟小妹妹年纪小，还不太会吃饭、走路，你们吃饭、走路时会不会等等他？"

大家当然都说："会！"

上课前，我会让选手组的同学彻底检查、清理一下活动场地，我自己也会复查。如此，会大大增加孩子们的安全感。上课中，对于完全不会或非常胆怯害怕的孩子，我绝不骂他"笨"，也不逼他马上做，更不致把他冷落在一边不理他。以吊单杠为例，我自己不会吊也不敢吊；会吊的选手和第一组有经验的孩子吊过后，第二组是从来没"摸"过也不敢摸单杠的孩子，男女生都有；在我和其他同学的鼓励怂恿下，最后还剩下几个孩子怎么说都不敢摸一下，我说："好吧，你现在不必急着来碰它，先站在旁边看别的同学吊。"

对这些孩子来说,无异是一种宽容和稳定剂。等他们看过一阵子后,我仍鼓励他们试试看。单杠下面铺有海绵垫子,我让他双手抓紧单杠,我再用自己的双手托着他的小屁股,慢慢试着让他用力——一只脚吊起来——两只脚吊起来——离地——离地高一点儿……然后我的手慢慢少用力一点儿……

就这样,有的孩子还会吓得脸色发青。

等到全班同学都吊过了,连最胆小的孩子也能在老师托着他的小屁股下、双脚离地了,我们大家欢声雷动,很有默契地来一次"班呼":"×年×班,加油!加油!!加油!!!"

对于选手的训练,我也很在意。我会仔细观察他们的每一动作,试着改正他们的缺点;我会认真参观别人的体育教学或观摩会,记住他们的动作要领或指导方法,然后用在选手训练或班级教学上;我会请热心的体育课老师选几位高年级的优秀选手,到我班来作示范表演,并协助改正我班选手,乃至一般同学的动作;有时我也会请求那位热心的体育课老师,抽出几分钟的时间,到现场来指点我班的体育教学或选手动作。……

总之,我班的体育课程和选手训练,是在欢乐愉快的气氛下度过的。包括上操场和返回教室,都是吟着唐诗或念着三字经行进通过的。

4. 其他准备事项

(1) 为了让孩子们在心理上、情绪上多感染一些运动会的气氛,也增长一些运动比赛方面的见闻,我建议他们每天晚上都要看电视新闻,特别是体育运动方面的消息;如果赶上像北京亚运会、汉城奥运会那样的大型运动会,我不但鼓励他们要收看有关运动会的特别报道,对报纸杂志上的有关图片也要留心搜集,当作布置教室或体育课分组预习的材料。

(2) 为了训练孩子们应对进退的礼貌和表达能力,在各科教学中尽量穿插"角色扮演"的活动;即使最胆怯、最欠缺语言表达能力的孩子,我也设法让他有站到讲台前面参加表演的勇气和机会,通常都是搭配一位比较勇敢也比较会讲话的孩子跟他配对演出。再配合看电视后第二天每人至少说一句有关体育方面的话,以及"快乐时光"、"快乐卡"、"荣誉卡"等活动或做法,我班孩子的礼貌和语言表达能力,经常会受到学校或其他老师的肯定;运动会当天的表现,更显得自然而突出。

(3) 为了让孩子们度过一个愉快难忘的运动会,对于当天迫切需要的饮料和小零嘴,我特别用心规划设计,大量提供,每次除了当天尽情享用、不致匮乏外,结束时还有剩余,分给孩子们带回去同家人分享。做法是:在各项准备工作开始时,我首先宣布捐出 500 元买饮料和小零嘴,这当然不够;再找几个精明的孩子大概计算一下,总共需花费多少钱,除掉老师捐的 500 元外,不足的,由全班同学在两个星期内乐捐补足;两个星期过去了,捐的钱还是没达到预定数额,我就自动再捐一些予以补足。这样做,目的是让孩子们和当天的来宾家长都能尽情地享用。

运动会愈来愈接近了,各项准备工作次第完成了,最后是分组分项的总检查;检查时,特别重视"品质"的要求,包括有形的、物质的准备事项和无形的、精神的准备事项在内,凡是认为没达预期标准的,都得再补充、再加强,直到大家认为满意了为止。

(四) 敦请家长踊跃参加

小学老师都有类似的痛苦经验:邀请家长参加学校的运动会、母姐会、教育参观日,真是千难万难。主要原因是:每个家长都说他很忙,对孩子和老师都很满意、很放心的家长不必来;对孩子和老师都不满意,或自觉脸上没光彩的家长不肯来;宴无好宴、会无好会,来了怕当场"乐捐"钞票的家长不乐意来;知识程度低,或低阶层家长不敢来;知识程度高,或高阶层家长不屑来……

学校为了某些目的,往往以各种方法要求老师提高家长"参加率"。例如公布各班级调查所得的预估人数,声称家长参加率将列为老师年终考绩参考（这是很多学校在很多事情上经常使用的招数），等等。上有所"逼"者，下必有甚焉。学校逼老师，老师逼学生。于是各种比赛的方式、威胁的做法、讽刺的口吻……都在班级中产生了，而且日子越近，频率也越高，气氛也越凝重。

我不采取以上种种策略。我的做法是：

1. 敦请的妙招

（1）尽早把这件事告诉班上的孩子：要他们早些把学校欢迎家长参加运动会的消息告诉家长，让家长早些知道，早作准备。千万不可临时邀请，或一天两天前仓促邀请。因为家长都很忙。

（2）教导孩子们，凡事都要察言观色：当父母忙的时候、生气的时候、愁苦或静静思考的时候、劳累疲倦的时候……最好不要提出请求。看准时机，用最好的态度和说辞，往往比较容易成功。

（3）激将法或撒娇，也是我常常传授的妙招之一：我对孩子们说，你们不是说爸爸妈妈最爱你们吗？好吧，那就请爸爸妈妈再爱你们一次吧！还有，抓住机会，做些让爸爸妈妈高兴的事，然后撒个娇，往往就可达到目的。

（4）还可以采取侧面的、迂回的办法：我知道班上有些孩子喜欢交换吃别人的盒饭，而且吃得津津有味；也知道有些孩子的妈妈彼此认识但很少见面，或彼此闻名却从未见过面。这中间也可大做文章："你吃过张妈妈做的菜，不想见见张妈妈吗？""你妈妈又一阵子没见到李妈妈了，李妈妈要来，告诉你妈妈，她们可以在学校见面呀！""告诉你妈妈，王妈妈想和她交朋友，老师可以介绍她们认识。"……

2. 失望——绝望——惊喜

为了敦请家长参加，我真可说是使尽浑身解数。从分组分工开始，我让每个孩子都有事做，都有表现的机会；在运动会当天，我更让孩子在各种时段、各种场合、各个角落、随时随地展现身手。

因此我也特地个别叮嘱孩子，让他们转告自己的爸爸妈妈，最好在什么时候到学校来，或到什么地点来找他（或找老师），目的是让家长亲眼见到自己的孩子在班上受重视、在学校有表现机会。

我再三强调，爸爸妈妈的确都很忙，但是学校也不是天天都开运动会对不对？告诉爸爸妈妈，只要到现场来，三分钟五分钟都可以。对于意愿低的家长，我会三番五次地打电话去劝说。并说："你的孩子这次有很好的表现，不来给他鼓励，他会失望的啊！"或是说："我们也很久没见面了，我有一些话要跟你说，来吧！"家长如果来了，我也真的记得多和他说一些话。

有一个平时表现很好的孩子，在确知家长当天不来参加后，连日来都垂头丧气。我叫他不要难过，让老师来想想办法。他家开杂货店，这阵子我特地多去照顾他们的生意，顺便诚恳邀请他妈妈来看运动会。她总是推说生意忙，走不开。运动会当天，当下一个节目就要轮到那孩子上场时，他东张西望不见妈妈的影子，他绝望了。此时我抽身到办公室，再给他妈妈打了个电话，告诉她，十分钟内她如果不到场，她会终生后悔的！她终于匆匆赶到了。

孩子一见妈妈出现，双眼忽然一亮，泪水也在眼眶里打转，只见他一上场，浑身是劲儿，一举夺标，全场的同学都为他鼓掌。

事后那孩子私下对我说："老师，我真的很感谢您！"

3. 家长的回应

我班办活动，家长多热烈支持，到校捧场的人数总是名列前茅。

物资的支援，常常令人深受感动。经济情况较好的家长，运动会前就把捐赠给班上的饮料食品送到教室来；有整箱整箱的养乐多，有整打的可乐，有大锅小锅的冬瓜茶或仙草茶；茶叶蛋更是源源不断地送来，从十几个到几十个的都有。经济情况较差的家长，有的让孩子带几个茶叶蛋或三瓶养乐多来，孩子怯生生地走到老师面前，瑟瑟缩缩地说："我妈妈（或奶奶、爸爸）叫我带来的。"也有孩子带来两小包豆腐干，对老师说：是他爸爸最喜欢吃的，爸爸叫他带给班上同学吃。其他糖果、饼干、小零嘴，也都大包小包涌进教室来。

对于所有的捐赠品，我都高高兴兴地接受，并让服务组详加登记。为了表示感谢，除了接到捐赠品的当时，由全班同学鼓掌致谢外，我会打电话给那些家长亲自道谢，并诚恳地邀请他们到校参观。对那些捐得少的孩子，我特别加以安慰和鼓励，告诉他，东西不在多少，他的家长有这份心意就非常难得了；而且这些东西比王永庆捐的 100 万元都有价值。运动会当天，见到捐赠东西的家长来了，我会当面再谢谢他们。我认为这种礼貌是很重要的。

（五）欢欣鼓舞的日子

运动会的大日子终于来了！

在前一天放学时，对学生再三叮嘱：请家长来，自己的服装要穿好、道具要带齐，早点儿睡觉养好精神……

运动会当天，师生都来得比往常要早些，见面后，彼此交换一下兴奋的目光，便各自开始整理一切，准备出发。

1. 偶发事项的处理

尽管事前千叮咛、万嘱咐，但在开始整装出发时，总还是会发生一些临时状况。

最常见的是，事前告诉他们当天不要穿新鞋子或旧袜子来，结果总是有几个喜"新"爱"旧"的人，穿着崭新的球鞋或破旧的袜子来，也有鞋袜脏兮兮没洗的；好在我早有准备，一方面是将平时"失物招领"逾期没人领回的衣物收集保存下来，以备不时之需，一方面我也买了些袜子、手帕等储存备用。有备无患，难题或状况很容易就解决了。

有些小的事件像帽子上的饰物脱落、拉拉队的道具不灵光等，孩子们相互检查发现后，都能彼此帮忙，自己解决掉。遇上无法克服的困难，才向老师求救。

我虽事先提醒孩子们，当天大家一定很忙，而且我们准备的饮料食品很充分，自己最好不要自备饮料食品或零用钱，以免增加负担或不慎遗失。但有些孩子还是会叮叮当当地带来，这时我得征求他的同意，让他把自备的饮料食品交给服务组集中管理，或登记下来算作他捐献给班上的；饮用的时候，他自己用或别的同学用，都没关系。

最有趣的是那个绰号叫"黑面林"、后来被我改为"黑面小将军"的林永福，他憨憨地，平时难得有零用钱；当天一大早兴冲冲地跑来跟我说，爸爸给了他50块钱，并把一张50元的纸币掏出来"现"给我看，满脸的得意与满足。我叫他收好，不要丢了。但是一转眼，却发现他哭丧着脸愣愣地站在我面前，说：

"老师，我那50元丢了！"

附近听到的孩子都七嘴八舌地埋怨他：

"老师叫你不要带钱的嘛！"

"我看着你装进口袋的呀！"

…………

周遭立刻陷入低沉困惑的氛围中。我当时也被这突然的状况震撼了一下，我担心的是因此破坏了运动会欢乐的气氛。于是灵机一动，拉过林永福对他说：学校不会每天都开运动会对不对？50元丢掉了你将来还会得到很多个50元，但是运动会过去了就没有了对不对？老师希望你把丢掉钱的事忘掉，就当爸爸没给你；你要吃的东西，班上早就准备好了，你可以尽量去吃；现在赶快高高兴兴跟大家一起参加运动会，好不好？他像是很能领悟老师的话的样子，点点头。于是周边同学一起围过来，拥着他，他真的马上又恢复了原先那种欢乐的样子了！

2. 鲜事乐事一箩筐

万事俱备，静候，整队，出发。我班的默契一向很好，班长口哨一响，队伍很快就排好了，每人手上搬着自己的椅子，动作迅速而又整齐划一。行进的时候，或读唐诗，或背三字经，或念"打竹板、向前走"的"莲花落"，音调铿锵而和谐。服务组和招待组所需的桌椅器物，早就准备齐全摆在预定的位置上了。

团体趣味的竞赛开始，我班孩子一出场，立刻就成为全场注目的焦点：我们的帽子、手腕或脚踝上系着彩带和铃铛，震天的一声呐喊，都能获得全场的掌声或喝彩。

拉拉队更是大展身手。四班制的节目主持人轮班上阵，各领风骚；有声音、有色彩的道具，在灵活的指挥下挥舞着；加上悦耳的歌声，高昂的气势，无不令人激赏。而且我班的拉拉队不仅给本班同学"加油"，即使没有本班同学参加的项目，凡是经过的，我班拉拉队也同样给他们"加油"。结果不出所料，我班拉拉队得了全校冠军！

招待组虽然事前一再演练，并且经过辨认本班同学家长的刻意安排，但是来的家长太多了，加上过去的学生家长或间接认识的家长都过来和老师打招呼，也替我班孩子加油；结果根本搞不清谁是我班的家长。好在准备的饮料食品充足，招待组的孩子也灵活，于是不管生张熟魏、是或不是，凡是走过或接近我班位置的，一概很有礼貌地奉上饮料和食品；接受者惊喜之余，看看这些可爱的小使者，无不竖起大拇指啧啧称好。

接力赛和拔河是重头戏。在接力赛训练期间，第二棒的张家勇表现得始终不是很理想，有时甚至会漏接；但是选手都是经过复选决定，事后也不便更换；我只好常常鼓励他："你实在已经尽力了，而且表现得很好，如果能再好一点点，那就更好了！"他总是点点头，有时也回一声："对！老师，我要再好一点点！"比赛开始了，全班同学的眼睛都盯在张家勇身上，他也回头看看大家；说也神奇，接棒时，他竟既准确又快速，小腿也跑得特别快。结果使得我班在几次预赛中都是第四名，这次正式决赛居然得了第二名！赛完后，大家都一拥而上，把几个选手抬起来，欢呼，而张家勇更受大家疯狂的追捧；最后他不得不抱着头跑开，因为很多同学都一直拍打他的头。

拔河的情形也是如此。派在最后压阵的"小胖",有时会左右摇摆,使得重心失调而失败。当天正式决赛时,小胖如有神助,两条壮壮的小腿八字形分开压住阵脚,像钉子钉牢了似的,一动也不动,因而给我班赢得了全年级的冠军。

从早晨开始,到全部活动结束,我和全班孩子都被兴奋的气氛逼得透不过气来;有些孩子遇到紧张刺激的时刻,就忘其所以地猛吃东西、猛喝饮料,也有猛拍身边同学的肩膀或猛捶别人的背的,最后别人只好坐得离他远一点儿。我兴奋得吃不下东西,眼明的孩子就不停地递水给我喝;说也奇怪,尽管一整天没吃东西却不觉得饿,尽管不停地喝水却也不会上厕所小便。说起上厕所也很有趣,为了保持我班秩序,我规定全班分批次上厕所;有些孩子也许贪喝了饮料,就设法混进别人的批次里去,结果是每个批次都有他的份儿;有的孩子想检举他,他就指指肚子,做出痛苦哀求的样子;我发现了,以为他吃坏了肚子,追问之下,才知道是他的诡计。

3. 丰收与善后

全部活动完毕,我班得到大丰收:

- 全校拉拉队总冠军。
- 全年级生活教育冠军。
- 全年级拔河冠军。
- 全年级接力赛亚军。

其余个人赛成绩,也比预期的好得多。

活动结束后的重要工作就是"善后",同样由于事前叮嘱和演练的关系,我班收拾得既迅速又彻底。在活动进行中,我班孩子本来就不会随便乱丢果皮纸屑或空瓶罐,善后清理工作也就比较简单;加上服务组准备和演练得宜,几分钟工夫全场就清理完毕。

降下班旗,全班踏着胜利的步子回到教室。我班教室在楼上,打开窗子可以看到操场全景,这时只见有些班级还在忙着收拾,有些场地则是满目脏乱无人过问;而学校的广播更是拉大嗓门一再呼叫着某些班级的名字，叫他们赶快派人清理场地。令人不解的是，被一再指名呼叫的班级，往往都是平时校方最推重的"名师"经营的班级。

而这时候的我班，已展开另一场精彩的活动：锦旗、奖杯、奖状、奖品等各种战利品都摆在讲台上或展示在黑板上，老师简洁明确地指出，这是本学期来，我班全体同学辛苦得来的成果，也要感谢家长的配合和支持，我们大家都引以为荣，希望继续努力，争取更多更好的荣誉。接着，全班来一次大欢呼："×年×班，加油！加油！！加油！！！"然后分别对各组及有特殊表现的同学作欢呼。

该结束了，没料到"黑面小将军"林永福突然举手冒出一句："老师，您最辛苦！"此话一出，立即赢得全班如雷的掌声，而且久久不息。

最后的节目是，将剩下来的饮料食品分给大家带回去与家人分享。

（六）最后的检讨

1. 全班公开检讨

我训练我班同学，凡事都要养成虚心检讨的习惯。运动会后第二天补假，第三天早上利用生活与伦理时间，师生共同公开检讨，得到如下几点结论：

（1）优点方面：

● 我班很团结，每位同学都很尽力。

● 无论准备期间或运动会当天，大家都很高兴。

● 每个人都学到很多事情，都有很大的收获。

● 我班的成绩比预期的好，到的家长比预期的多。

（2）需要改进的地方：

● 运动会当天，少数同学还是出了一些小状况。

● 拉拉队的四班节目主持人，有几次衔接得不好。

2. 老师私下自行检讨

（1）优点方面：我觉得我班成功的主要动力来自团体氛围好，所以凡是团体性的竞赛或活动，我班都能名列前茅。这也是我多年来积累的班级经营的经验所得的成果。

（2）缺点方面：我不具备体育课教学专长，自己尤其无法做示范动作给学生看，因此学生的体能无法充分展示出来，各种个人的、单项的竞技，我班孩子的成绩都较不理想。

3. 余音及补记

（1）为了提升班上孩子对体育活动的兴趣和知能，我经常鼓励他们看体育活动方面的电视新闻。在汉城奥运会及北京亚运会期间，我不但叫他们看有关的电视节目和报纸新闻，并要他们剪贴有关资料，供大家欣赏参考；上课中还会随时捉住机会，叫一两个孩子来报告一两句他们在这方面的见闻。

（2）我要求全班同学留心看我们的运动会，每个人至少留心观察一项活动；会后我会利用一节体育课的时间，让每人说上几句他的见闻或心得。能够写成周记、作文或画成图画的，我会给予适当奖励。

（3）运动会后，有个叫朱晓山的同学私下告诉我："我妈妈说，老师的身体大概是钢铁做的，都不知道累，真奇怪。"其实天晓得，我每天放学回家，累得连晚饭都吃不下；但是第二天早上走进校门，却又精神百倍。这大概就是所谓的"工作狂"吧！

二、全班都喜欢写毛笔字了

（一）老师的头疼时间

台湾地区小学国语课程标准目标一、总目标九规定："指导儿童学习写字，养成正确的执笔、运笔的方法，和良好的写字姿势，以及书写正确、迅速、整洁的习惯。"目标二、分段目标二、中年级目标九规定："指导儿童能以正确的执笔、运笔方法，使用毛笔写字。"而小学课程标准总纲第一、目标二规定："发展爱家爱国、互助合作、服务社会的精神。"同项的目标八规定："养成欣赏能力，陶冶生活情趣，发展乐观进取的精神。"

从上面引述的这些条文规定中，我们不难发现有关国语课写字教学的基本目标或使命至少有以下两项：

（1）从中年级开始，须指导儿童使用毛笔写字。中年级包括三、四年级，换句话说，从三年级开始，老师须教儿童写毛笔字。

（2）写字教学和其他科目的教学目标相同，包括认知、情意、技能操作三部分。

事实上，写字教学和其他科目教学的情形都一样，就是"开头难"。而三年级开始，老师须指导儿童写毛笔字，对老师的挑战却最大，也是中年级老师最感头疼的事。但头疼归头疼，事情还是得做的。而"好的开始"，就小学阶段的写字教学来说，尤为重要。有些儿童教育学者说，小学教师的首要任务是：设法让每个孩子每天都高高兴兴上学、快快乐乐回家。[①] 这句话说起来轻松简单，但做起来却千难万难。就以写毛笔字教学来说吧，能让老师和学生不畏惧、不排斥写毛笔字已是不容易了，还要设法使孩子们喜欢它，老师就得下更多更大的工夫了。所谓"好的开始就是成功的一半"，从二十多年的写毛笔字教学经验中，我的确体会到这句话的真实性了。

（二）从准备出发

写毛笔字教学的准备工作，是整个教学活动成败的关键。如果说"好的开始"其实就是"好的准备"，非仅写字教学是如此，其他科目教学似乎也不例外。不过写字教学的准备工作又特别重要而已。

准备工作分为心理准备、工具准备及课前准备三项，兹逐项简述如下。

---

① 参见熊智锐：《中小学校教育情境研究》，292~293页。

1. 心理准备

一般学校都是三年级重新编班，孩子们到了新班级，换了新同学、新教室、新老师，既感到新鲜有趣，同时在心灵上也有几分陌生和不安全感。所以每当我接到一个新班级时，就要设法"安定军心"，而写毛笔字教学也是我用来安定军心的途径之一。通常我担任某一科目或某一班级的教学活动时，并不是一开始就进行教学活动，而是从一些前奏工作入手的。

以写毛笔字为例，当接班后介绍三年级教学科目时，我会特别强调这是一项新鲜有趣的学习，并简单调查一下谁家客厅里挂有字画，谁的父母或兄姐会写毛笔字，以引起他们对这项学习的期待和兴趣；在上国语课或生活与伦理时间，我会随机讲些和书法有关的故事给孩子们听，像王羲之的躲婆巷故事、瞎婆婆煎饼和卖油郎倒油的故事等，告诉他们熟能生巧、有恒为成功之本，只要多练习，每个人都有成为王羲之的可能。我还进一步指出，常常练习写毛笔字，不但可以把字写好，而且还可以训练一个人的恒心与定力，说话做事都从容不迫，成为一个有教养的文明人，人人见了都会喜欢他。

在观察班上孩子一两天后，我更会随机叫出几个比较文静的孩子的姓名，临时扮演预言家的角色，对大家说："像我们班上的张小华、李幼芬、王淑静他们几个，读书做事既安静，又守规矩，将来学习写毛笔字，进步一定很快。"

接着又问大家："你们有谁见过一个喜欢打打闹闹、吵吵叫叫的人，他的毛笔字写得好的？不但你们没见到过，连老师也还没见到过。因为写毛笔字首先须定下心来，然后慢慢练习，常常练习，才有可能把字写好。这个道理，将来你们会慢慢明白的。"

这都是先给他们作心理建设，让他们对写毛笔字不抗拒、不排斥，再慢慢对它产生好感，产生兴趣，从而高高兴兴学习；并能在班级经营上发挥"安定军心"的作用。为达此目的，以后在每次写字教学开始时，我都会指导学生坐在自己座位上，先静静地作几个深呼吸，把心神安定下来。

2. 工具准备

在进行心理建设的同时，即指导学生从事写字工具的准备。我常想，学习心理上所讲的认知学习、情意学习和技能操作学习，并不是割裂或各自分段学习的，而是三者同时进行的综合性学习活动。换句话说，在从事认知学习活动时，宜同时进行情意和技能操作学习；其余二者亦然。

所谓工具准备，也就是一般人常说的文房四宝的准备。这时候，我会适时简单介绍文房四宝的来历和普通常识，包括蔡侯纸、湖笔、徽墨、端砚，以及螺溪石砚、棉纸、宣纸等；并将平常搜集的文房四宝实物、图鉴、字帖、书画集等摆在教室后面展示，告诉他们一些基本的鉴别、欣赏及选用的方法；还解说有关"工欲善其事，必先利其器"和"擅书者，不择笔"的道理。

除了向学生介绍说明并要他们积极准备外，回到家里及周末假日上菜市场时，也随时和家长联系沟通，请家长费神替孩子准备好用的写字工具，特别是笔、墨、砚台三项，因为纸是学校统一代办的写字本，我自己另外买了一些单张的书法练习纸，免费提供给学生使用。好在学区内的家长大部分我都认识，联络沟通也很方便。

3. 课前准备

上第一次写字课的前两天，我就提醒学生看看功课表，看看自己铅笔盒中的小卡片，要他们说出哪一天哪一节是写字课，每个人要准备哪些写字工具；并且特别强调："这是我们的第一节写字课，你们是要准备做王羲之的啊，有没有准备好呢？"还交代他们："如果明天有写字课，我希望你们提醒老师，当天布置家庭作业时要少布置一些，好让你们有时间做准备工作。"到时候果然有学生提醒我了，我就立即公开加以称赞，把握立即增强的原则。

我对学生绝对守信，写字课的前一天布置功课时，一定减少家庭作业的分量；并多花费一些时间，当场叫出几个孩子来复述一下明天要带的写字工具和相关物件。所谓相关物件，包括旧报纸、卫生纸、抹布等；这些物件的用途过去都讲过，不过为了加深印象，此刻我会叫几个孩子出来问一下，看看他们到底记得不记得，清楚不清楚。

　　第二天，也就是第一次写字课的当天，升旗后的生活与伦理时间，我会挨个检查孩子们的写字物品有没有带齐全。凡是没带的或没带齐全的，都要设法予以补救。补救的办法是：像墨汁、墨条、砚台、卫生纸、抹布、报纸等，能够向同学借用或商请共用的，尽量请求借用或共用；离家近的人可以请家人送来，或回家吃午餐时自己记着带来；真正没办法的，向老师说明原因，我会将早已准备好的"备份"有条件地供他使用，条件之一是用后归还或补足，条件之二是以后再犯同样错误时要加倍归还或加倍补足，条件之三是替本班做一项服务工作。

　　以后再上第二次、第三次写字课时，前一天布置功课时也还照样叮嘱提醒，照样予以补救；几次之后，就不会再有没带的事情发生了，事前也就不必再叮嘱提醒了。

　　这样的准备过程虽烦琐而漫长，但对写字教学来说，却是非常必要的，也是一个"好的开始"的必经过程；这件事做到了，对以后的教学活动会产生意想不到的正面效果。

（三）从事有效的教学

　　小学教师的工作负担本来就非常繁重。如果教学方法不当，教学活动结束后会衍生出一些新难题或新麻烦，事后又无暇处理或改正；日积月累的结果，不但教学效果会大打折扣，甚至还会替自己带来更多更大的烦恼。这样的教学就是无效的教学，甚至是负效果的教学；对师生双方来说，都是很糟糕的。

　　为使写字教学不给自己带来后患或问题，我采取步步为营、慢工细活、稳扎稳打的做法。主要的教学活动历程计有以下数项：

1. 磨墨与试笔

在指导孩子们做准备工作时，要他们带墨条、砚台和墨汁。我告诉他们，墨汁很方便，现在一般人都普遍用墨汁写字；但是大书法家还是用墨条磨墨，他们相信磨的墨是"活墨"，写出来的字才鲜活润致。你们将来可能成为大书法家，所以老师也要把磨墨的方法告诉你们。

我当然知道三年级孩子都比较没耐心，所以在教他们磨墨时，只叫他们倒一点点水在砚台里；然后手持墨条、竖直、在砚台中心正转反转，直到看见砚台中心能留下墨条划过的痕迹时，这表示墨已磨熟了，可以使用了。

为了确认墨是不是磨熟可用了，我指导孩子们用卫生纸来试验：用毛笔蘸一点儿墨在卫生纸上"点"一下，看看会不会扩散；如果不会扩散，就是可用了。后来我发现卫生纸和写字本的纸质有差距，就干脆用写字本的纸当试笔纸，方法是：把写字本的纸裁成四开，装订成小本子，每一排发一本，每一个孩子用一页，让他们在本子上写上自己的排别，再依次在自己的那一页上写上自己的姓名，以后试笔时，就"点"在自己的那一页上。使用墨汁时，因为品质有好有坏，我也让他们先试笔后再用。

写毛笔字墨会扩散，是教学上的难题之一，也是老师的困扰之一；自从采用试笔纸后，困扰随即解除了。试笔纸只是一项小小的改变，但孩子们很感兴趣，因此人人都乐于一"试"。经过一段时日后，他们熟悉墨性了，也就不必再用试笔纸了。

2. 示范、描红与背字帖

我的求学阶段是在抗战逃难中度过的，当时连吃的、住的、课本等都成问题，所以也没机会练字；这些年来虽边教边学，自己也练习写毛笔字，但也许正如《礼记·学记》中所说的："时过然后学，则勤苦而难成。"因此也一直没什么进步。不过为了指导学生，写字课的前几节自己也不得不献丑一番；好在三年级孩子不识好坏，甚至还夸赞老师写得很漂亮哩！

我通常是在孩子进教室后，先让他们将旧报纸铺在自己的桌面上，再将笔、砚、墨准备妥当，再把写字本、写字范本摊开放在适当的位置。一切准备妥当后，才开始讲解"九宫格"的作用；随后再在黑板上画出九宫格的样子，用大约三厘米长的粉笔平贴在黑板的九宫格上，写出两三个字，让他们仔细看看每个字的间架结构，每一笔画在九宫格上的位置；三十秒后将那些字擦掉，再让他们闭起眼睛默想一下那些字的模样：这是"背字帖"的开始。

刚开始时，孩子们不懂得什么叫背字帖，为什么要背字帖，经过说明和指点后，他们很快就接受了。

第一节写字课是个很重要的关键，他们今后会不会喜欢写毛笔字，多半受这个开始时刻的影响。所以我绝不敢掉以轻心。在示范和说明之后，才正式让他们动手试写；先让他们试写练习本上的"描红"部分，而且第一节绝不多写，大概只准他们写一张的三分之一，让他们刚刚尝到写字的甜头，产生一丝"意犹未尽"的学习意愿，留下一缕美好的回味：这是我的教学方法之一。上任何课都是如此，绝不让学生感到无奈或厌倦。

3. 分秒必争

教学过程紧凑绵密，不拖泥带水，不让学生有闲散无所事事的机会，这是我的教学方法之二。

从写字课的前一节开始，我就提醒孩子们不但要作好工具准备，更要作好"生理准备"：下课后要上厕所的先上厕所，写字课铃声一响，立刻进教室，不可浪费一分一秒的时间。

我在黑板上示范写字的时候，要求他们留心看，写完后只给他们三十秒钟默记背念的时间，随后即擦掉，再让他们闭目默想片刻；接着就是指导他们坐的姿势、执笔的姿势、蘸墨的方法、起笔落笔的方法……一步紧接着一步，直到善后结束为止。

不过我也会留意，我只在内心分秒必争，表面上还装作气定神闲的样子，以免造成孩子们身心上的压迫。

4. 分工与合作

我在班级经营上的基本策略之一是，要孩子们心胸开阔，凡事都不要和别人斤斤计较。这是促进团体和谐的要诀之一。写毛笔字需带很多物件，开始时我要求每个人都自己准备，自己带来，自己使用；稍后，我会慢慢暗示，如此人人都带同样的物件实在很累赘，很不方便；并进一步鼓励同桌的人相互约定，彼此分别带不同的物件，上课时交互使用。一桌两桌开始实施后，再继续推广。等到大家都如此做了，再简单扼要地"点"出"分工合作"的重要。

少数孩子受家长影响，不肯和别人交互使用，我也不勉强他。只是偶尔找机会做给他看，例如故意向他借铅笔、橡皮等小物件，第二天借口说老师不小心，把他的铅笔、橡皮丢掉了，于是就赔给他一支更好的铅笔，或更大更新的橡皮；遇到他忘记带什么物件时，我就鼓励别的同学借给他用。如此日子久了，耳濡目染和亲身体验的结果，慢慢地，他也愿意和同桌的同学交互使用了。

写字教学的善后工作和作品展示，也采用分工合作方式处理，也都能收到预期的效果。

5. 决心与恒心、希望与一定

写毛笔字和其他很多学习活动相同，都是须有决心和恒心才会有所收获。

三年级孩子还分不清什么是决心，什么是恒心。我除了讲述一些"写干了一缸水"、"铁杵磨成针"的故事给他们听外，还讲了一则相传是英国首相丘吉尔的戒烟名言："戒烟是很容易的，我已经戒了一百次。"这句话的意思是，下决心往往是很容易的，但是能不能实现、能不能成功，还要看他是不是有恒心，是不是会坚持做下去。

其实三年级的孩子也蛮机灵的，自从讲过几次决心和恒心的相关故事或话题后，当我再用"希望"大家如何如何时，有些孩子就会举手发言:"请老师以后不要再说'希望'了,要改成'一定'。只要老师说'一定',我们就一定会做到的!"

6. 大张与小张

引导学习的基本方向是,首先要设法使孩子们不拒绝、不排斥学习,再设法使他们产生学习的行动和意愿,最后的目标是使他们自动学习和喜欢学习。一旦引导到这个阶段,那就会像孟子所说的出现一种"沛然莫之能御"的力量,想阻止他们不学习或慢一点儿学习,几乎都是很难做到的。

小学生的课业压力很大,小学老师的工作负荷更重;我除了得设法让孩子们喜欢写毛笔字外,更得留意不要增加自己和孩子的负担。也唯有这样,才能使孩子们不排斥、肯学习,且能持之以恒;而我自己也才会有时间、有心情处理更多的班级事务。在此基本理念下,刚开始写毛笔字阶段,我除了在每周一节的写字正课时悉心指导他们外,并在每周三、周六的家庭作业中预留一部分写字时间,要求他们自行在家练习。自行练习的写字作业分量分为两组:学习意愿较高且较伶俐的一组,每人每次写八开纸的一大张;另一组则每人每次写十六开纸的一小张。这样做至少有两个好处:一是养成自动学习的习惯,二是不勉强要求一致化,以适应个体差异。家庭练习用纸是全班统一购买、普遍供应的。

个别化教学的理想是很好的,可惜在目前的种种条件限制下,小学老师们心有余而力不足。但是我却没料到,这样粗略地实施分组学习后,对孩子们却产生了一种激励作用,经过一段并不太长的时间,写小张的孩子也纷纷要求改写大张;到最后,每个人都改写大张了!

由此看来,预留弹性学习空间的策略是奏效的,而且也证实了每个孩子都是很好强,且可塑性很大的(我不认为他们是因为纸是大家出钱买的,为了怕自己吃亏,所以才改写大张的)。

全班都改写大张了,也就是全班都喜欢写毛笔字了。接下来的问题是,如何保持他们良好的兴趣于不辍。

（四）维持良好的兴趣

为了维持孩子们良好的学习兴趣，我采取了以下几个做法。在其他科目的教学上，我也经常留心学习情绪的调整和学习兴趣的维持，借以保持较高的学习效率。这当然也是从事有效教学的环节之一，唯有如此，教学活动才会产生较好的效果，也才算是有效的教学。

1. 个别订正、自我订正与共同订正

老师的时间和精力有限，无法亲自订正学生的全部作业，很多作业只能采取轮流订正或抽查的方式来处理。我对写字作业的处理方式是：

（1）写字正课的作业当场挨个订正，依完成先后、排队到老师座位前，循序等候；我一向规定，凡是排队等候的，无论是作业订正或盛汤菜、取水果，等候的人数最多不得超过三位，以免浪费时间或因无聊而唧唧喳喳；个别订正后，回到座位上要对照范本多看几遍，有时我会指名要他说出老师改正或打圈圈的原因；正课时间内一定要把预计的字数写完，由于我不要求多写，所以一定会写完，真正没写完的，写到哪里算哪里，照样完成订正程序，不拖不欠。

（2）写字的家庭作业，要求他们自己找出一两个认为写的较好的字或笔画，用红铅笔在旁边画个小小的圈圈；也找出一两个较不好的字或笔画，在旁边画个小小的叉叉，是谓自我订正。然后老师再每天抽查一排或轮流批改一排，以增强他们自我订正的效果。对于自我订正特别正确认真或偏差太大的孩子，我会叫来请他作说明。后来我发现这种方式不但有效，学生进步很快，而且每个人的兴致都很高，因为我称他们是他自己的"小老师"。

（3）在个别订正与自我订正中发现特殊的事例，则将作品张贴在黑板上，请全班同学欣赏或共同订正。

2. 作品展示

很多孩子的兴趣都无法维持长久，必须不断采用增强或刺激的方式，让他们经常感受到新的趣味和新的激励；更重要的是，要让班上每个孩子都有这种感受，都能长期维持其良好的兴趣；而不是一部分人有兴趣，另一部分人觉得和自己没关系。这是我的班级经营的另一基本策略，就是一视同仁，让每一个孩子都能受到应有的照顾，留下一段美好快乐的童年回忆。

维持孩子们对写毛笔字的良好兴趣，除了个别订正、自我订正及共同订正外，就是作品的公开展示与欣赏。展示的场所和方式有二：一是张贴在成绩栏内；一是个人的家庭写字作业装订成册，加上封面，展示在教室后的成绩资料架上。

我班上的学生成绩栏分为三个区域："关心天下事"是新闻报道剪辑，"灵活的头脑"是国语、数学两科成绩品展示，"灵巧的双手"是美劳成绩品展示。三个区域的展示品都是每个星期一升旗时间更换，负责更换的人是当天留守在教室里的两个值日生；如果这两个人较弱，就临时再加派一个强的去协助。因为事先已将有关的工具、作品都准备好了，所以更换时很方便。

请不要小看了这么一个小小的更换成绩品的工作，它对三年级孩子来说，却也是一项具有挑战性和吸引力的大事；因此事前须经示范、指点、训练，做过几次后，大多数孩子才能胜任。而且渐渐地，大家都以轮到星期一当值日生为幸运了。这也是我的班级经营策略之一：让每个孩子都有分担班级事务的机会，让每个孩子都觉得自己在班上很重要、很有地位。像更换成绩品这样的工作，如果指定由少数几个孩子去做，老师虽然省事，但是我相信那对团体精神的凝聚将是不利的；而在那样的班级经营方向下，所产生的班性、班风和班格，也必然和我所经营的班级是不同的。

3. 得意的时刻——参观欣赏

参观欣赏是整个教学活动的一部分，写字教学如此，其他科目教学亦如此。为使参观欣赏活动有意义、有效果，事前必须经过一番设计和引导。我曾经问学生：

"你们看过连续剧或电影吗？你们最喜欢看谁演的戏？"他们

会说出一大串电影、电视明星的名字。接着我又问:"为什么喜欢他们?"孩子们也会说出一些理由,例如说"他很会演"、"他演得很像",等等。

"对!他们很会演,他们演得很像,特别是该哭的时候他们就会哭、该笑的时候他们就会笑,而且怎么哭、怎么笑,他们都表达得很好、很得体,所以我们才会喜欢他们。但是你们知道吗?他们这些哭啊、笑啊的表情,都是经过有名的导演、编剧事先指导,再加上他们自己认真学习、练习才能表现出来的。如果剧情中是该哭的时候,他们不哭反笑,或该小哭他们却大哭,你们觉得怎样?"孩子们都会哄堂大笑起来。这时候我会说:"现在假装老师是导演,你们都是大明星。我们现在正在儿童乐园游戏,你们心里高兴不高兴、脸上该露出笑容或是哭相?……现在要参观孤儿院了……下面要参观医院的病房了……"

这些平时的教育,不但在孩子们做"角色扮演"的活动中可以用得上,在写字教学作品欣赏中也能用得上。而且经过几次这样的参观欣赏活动后,我们管此活动叫"得意的时刻"。活动的情形大概如下:

升旗后回到教室,成绩栏已焕然一新,孩子们都急切地想去参观欣赏。这时候,做好了整洁工作,过完了生活与伦理时间。于是全班学生起立,轻轻喊一声:"得意的时刻开始!"每个人都怀着欢欣喜悦的心情,脸上展现出高兴期待的神色,一排一排,依序缓慢前行,走过成绩栏,欣赏展出的新作品。

参观前我规定:因为是得意的时刻,所以参观时可以小声说笑,但每个人必须记得两个以上展出作品的同学姓名;如果自己有作品展出,也得另外记一位同学的姓名。欣赏参观完毕,我会指名要他们回答,如此,他们便不得不聚精会神地参观。

最后一个过程是,有作品展出的同学出列,排在教室前面,表演我们发明的精彩镜头:依照顺序,每个人都是举右手,喊出自己的姓名,全班同学鼓掌,并齐声喊:"加油!加油!!

加油！！！"

更重要的是，我会让每个孩子都有展出作品的机会。因为我认定：每个人都有高兴快乐的权利，这也是儿童的基本人权之一！而且也唯有如此，才能长期普遍地维持良好的学习兴趣。

（五）善后处理

很多教学活动都是如此：不重视善后处理，或善后处理不当，会给教师或教学活动带来后患或反效果。我对写字教学的善后处理工作重点如下：

1. 家庭写字作业成品的处理

老师自己要有尊重学生作业成品的态度，并养成学生珍惜、保存其各科作业成品的习惯。对于单张的写字科家庭作业成品，凡是经过展示的，展示完毕都发还学生，要他们自己在边上固定位置注明展示的年月日；然后连同其他未经展出的作品，每个月装订成册，陈列在教室后的成绩资料架上；这是第二种展示方式。这样的展示，除了可相互比较外，更可自我比较，看看自己一个月下来有没有进步或有多少进步。一个月过去了，新的一册替换前一个月的成品继续展出，前一个月的成品发还学生自行保管。必要时，老师还会抽查他们保管的情形。

2. 共同写字作业本的处理

学校代办的写字本是孩子们都有的写字作业本，在写字正课中练习、批阅后，为了保持作业本的整洁美观，以备学校检查，我和孩子们发明了"包装美容"的办法：新的写字本（其他各科作业本亦然）发到孩子手上后，我要他们用一张白纸做一套假的封面封底（不准他们买市面上的成品），然后用细小的回纹针夹好，形成保护膜；学校检查时，将假封面封底取下来，本子现出崭新的面貌。

后来孩子们表示，白纸做的假封面封底不美观，于是开始替它美容，大家各自设计、画图、着色；再下来是利用美劳时间，以封面设计作题材,全面从事各科作业本的封套设计美化工作,美劳课的内容也因此更加生动丰富了!这种自动自发的联课教学活动,孩子们的兴致最高了。而完成后的各科作业本封面设计,利用每学期一次的班级"庆生会"活动,在教室后面公开展出,供学生、家长和其他师生参观欣赏,也赢得不少称赞;孩子们也因此受到更大的鼓励。

3. 写字正课的善后处理

写字正课的善后工作,在全班范围内采取轮流分组分工的方式处理:每次分四组,每组四人,两个人负责提水,另两个人负责倒掉剩余的墨汁;也就是四组各提一桶水,盛水前先将水桶套上一个塑料袋,再盛水,以免墨汁将水桶弄脏;即将下课时,先写完、批改完的同学,先到水桶中去洗笔,大家的笔都洗过了,再依序将砚台中多余的墨汁倒进桶里;然后由另外两个人将盛满墨汁的桶提到厕所里,将墨汁倒进马桶内(塑料袋留下装垃圾),随即摁按钮冲洗,以免污染便池。刚开始做的时候,洗笔、倒砚台中的墨汁、将墨汁倒进马桶内,我都亲自指点监督。直到养成习惯为止。

孩子们个别的善后工作,在洗笔、倒砚台中的墨汁后,我让他们用原先铺在桌子上的旧报纸将砚台擦干,用预先带来的抹布将桌上的墨迹擦掉,将洗过的笔擦干;然后再将笔和砚台装入自备的塑料袋中。

在整个写字正课及善后工作中,说话须小声,不得将笔上的墨汁"滴"或"甩"在地上,不可到洗手台上去洗手、洗笔或洗砚台,以遵守良好的团体活动规范。

(六) 检讨与结语

我如此紧密教学的结果,收获亦颇为可喜可慰:

- 全班孩子都喜欢写毛笔字了,而且长期普遍地维持着良好的学习兴趣。
- 课程标准中所揭示的有关写字教学的目标,包括认知、情意和技能操作等三项学习，大体上都做到了一大部分。

● 在班级经营上，借助写字教学的机会，增进了同学间互助合作、相互尊重，以及肯定自己、欣赏他人的高尚情怀。

更值得欣慰的是，好几位同事私下问我："你们的作业本到底用过没有，为什么能保持那么整洁美观？""你每天到底有多少时间？你不吃饭、不睡觉吗？"——这些都是给我的鼓励和鞭策。

然而很遗憾的是，由于我自己的毛笔字写得不好，所以一直没有培养出为学校或班级争荣誉的写字选手来！

三、带女生班的经验*

班级是一个小型社会，各种各样心态的人物都有。在女校，秩序管理方面的问题较少，"情绪"及"课业"问题却层出不穷。现在社会愈来愈复杂，来自问题家庭的学生也愈来愈多，她们受到环境的影响，变得偏激、暴躁、冷漠、自私、消极……各种极端行为或心态的人都有；身为导师，必须随时予以观察、协助，使其逐渐迈向健全快乐的成长。一个好老师应是亦师亦友，使学生感受到他的真挚关怀。以下是我的基本做法。

（一）面谈

面谈可以分为两种：个别面谈及小组会谈。

建立良好的师生关系，要从"面谈"着手。即使是乖巧用功的学生，也渴望老师在面谈中给予关注及鼓励；不可给学生一种错误的观念：认为面谈就是训话，或只有坏孩子才被老师"召见"。我会尽可能在一学期之内个别约见每一个学生，用闲聊的方式谈课业或生活琐事。这是建立师生互相信任的第一步。有的人较害羞，不敢或不愿深谈，不妨改用"小组会谈"的方式来打破僵局，自习课或午餐时间都可以利用；自习课可借用辅导室的

---

* "省立"彰化女中导师洪淑卿提供原始资料，熊智锐整理。

"团体咨商室",大家围成一圈坐下,舒服又自在;或利用午餐时间边吃边聊,由较活泼的学生带动,往往可以使得文静的人也七嘴八舌起来。小组成员由学生自由组合,通常是较熟的同学组合在一起,七八个人就很热闹了。

(二) 周记批阅

由于班级人数众多,导师不可能常常约谈同一人,所以"周记"就成了很重要的沟通渠道。我不喜欢学生胡乱抄些文章凑数。一星期有七天,总有一些读书心得或生活札记可以留下痕迹的吧?有时候,可以建议(但不强迫)学生就某些主题抒发己见,例如谈偶像、给××的一封信、我最烦恼的事等;或就班上的活动或学校活动抒发心得。从周记中可以窥见学生人格的发展及思想取向,我从来不会只批一个"阅"字了事。我知道,有时导师的一句话,就可使一个学生终生受用不尽!尽管批阅周记耗去了我许多时间,但我的收获也最多,它是师生沟通的最佳桥梁!

(三) 班会经营

传统的班会,是十分古板又乏味的,导师常抽签叫同学发表意见,而大家总是没意见。导师稍微用点儿心思,班会就可以成为最受期待的一堂课,它可以是知性、感性的交流。以下是我常用的几种方式。

1. 角色扮演

先将全班分组,各组自行讨论想要呈现的主题,如误会处理、亲子冲突、压力解除等。一次班会可以采用一个主题,先做角色扮演,再一起探讨,学生往往可以从中获得不少启发。

2. 演讲或辩论会

我常常邀请已毕业的学生返母校谈谈她的升学经验,有时也请学有专长的家长提供其知识或经验来分享。班上各行各业的家长为数不少,总有热心人士愿意参与。有时举行辩论会更可训练学生口才，并可帮助她们更深入地了解问题。

有些高三学生较喜欢静态活动，可以轮流上台介绍好书，并谈谈她自己的心得与大家分享。高三下，我总要每个人都上台发表"毕业感言"，每人五分钟；有的人意犹未尽，最后还放一首歌作为临别寄语，感觉上大家的心更贴近了。这样的班会，每次都会从下午4点10分开到6点多都还舍不得散会。

（四）意见箱或留言板

意见箱可分为两种，一是对班级的意见，一是给导师的意见。对班级的意见箱由专人负责，为了避免得罪他人，意见条每天念完后立刻撕毁，让写意见的人没有心理负担，而勇于提出诤言。给导师的意见箱上锁，每天由导师自行开箱。有些人有课业或情绪问题希望马上找老师解决的，就可通过"意见箱"争取时效。也有人写纸条问候老师的，十分温馨可爱。

留言板是公开给班上每一个人的园地。有的人给同学打打气，有的人向某些热心人士致谢，也有抗议、反对的声音出现。更有人剪报公布，妙文共赏。导师也可利用此园地写一些勉励的话给大家。它真是妙用无穷啊！

以上是个人担任导师多年所运用的一些方法。在升学主义挂帅的今日，要做到"全人教育"真的十分不容易；但我想只要自己多用一分心，学生就会多得一分好处，他的未来以及我们这个世界也就会更美好，导师的辛苦还是值得的。

四、人人争获荣誉旗[*]

高职学生比较成熟懂事，一年级接班时若能引导他们制订班级目标，建立自信和共识，再辅以老师的爱心和耐心，一个成功的班级是可以经营实现的。

我担任高职导师不久，经验还不足，但我处处用心，带一个

---

[*] "省立"永靖高工导师廖丽华提供原始资料，熊智锐整理。

班级三年下来，居然共赢得 53 面荣誉锦旗，更夺得毕业前的一次运动会的"精神总锦标"。我的做法是：

- 学生共同讨论制订班规，人人遵行；如有违反，由学生共同议处，但导师有斟酌损益的最后裁量权，以免给学生心理造成不必要的伤害。
- 强调荣誉的重要，勉励人人为本班争荣誉，并宣布希望在毕业时，每人都分到一面荣誉锦旗，带回家作永久纪念。
- 多鼓励，少责骂，逐渐建立学生的自信心；例如一年级实习实作时，建议全班制作海报，公开展出。很多学生从未有作品被展出的经验，所以非常兴奋。制作展出成功，导师大加赞赏，从此全班学生都有了信心，很多事情都无往不利。
- 学生在校的表现要让家长知道。如此在学校和家长的双重激励下，学生无不全力以赴。

结果，毕业时全班共得荣誉锦旗 53 面，特别荣誉锦旗 10 面，三年级运动会"精神总锦标"一面。全班同学都在锦旗上签名，每人分到一面锦旗，三年来班级干部各分到一面特别荣誉锦旗。最后大家决定，全班在"精神总锦标"上签名，将其赠给导师作永久纪念，我感到非常高兴。

第三节　本章摘要

本章介绍了四个全班活动经营的经验之谈：第一个及第二个陈述得较仔细，这是王廷兰老师的教学经验；第三个是"省立"彰化女中洪淑卿老师的班级经营简报，由笔者稍作整理而成；第四个是"省立"永靖高工廖丽华老师的班级经营经验，由笔者加以浓缩整理而成。

从这四个经验之谈中不难悟出，古人所谓"福无幸致，功无幸成"，实在很有道理。全班性的活动之经营，成功绝非偶然。

第十章

团体辅导的运作

第一节 本章旨趣

本章继前一章"全班活动的经营"之后,介绍团体辅导的经验,共收录了十篇简短的心得报告,分为三部分呈现:

一、生活。
二、工作。
三、学习。

其实生活、工作、学习只是形式上的强作区分,实际上三者都是生活,也都是工作或学习。读者稍加玩味,便不难发现三者的关联之处。又,各篇心得都注明了出处,未注明出处的,都是王廷兰老师的亲身经验。

第二节 团体辅导的运作实例

一、生活

(一)食不甘味

诸葛武侯谋国至废寝忘食的地步,以至"寝不安席,食不甘味"。其实今天在台湾的同胞，虽不敢说人人"寝不安席"，但"食不甘味"倒是很普遍的。不过是不是忧国忧民所致，那就很难说了。

我教小学三年级，小不点的孩子，越来越挑嘴了，煎蛋不吃，炒蛋不吃，卤蛋、煮蛋也不吃；愈是劝他吃、请他吃、他愈是不吃。妈妈还特别来拜托老师，千万不要逼她孩子吃蛋！好吧，不逼就不逼，何必自讨没趣哩。

有时放学后，随便侧着头看看孩子们座位下的抽屉，鲜红的苹果咬了一口丢下的有，奶油面包、海绵蛋糕缺一角扔下的也有……学校办午餐了，烧鸡腿、炸排骨，挖空心思换菜色，不吃就是不吃，整只鸡腿、整块排骨竟然往垃圾桶里扔，真是罪过！

如果到了"麦当劳"、"肯德基"……他们会什么都吃，而且吃得津津有味，"赞"不绝口，回到家里还会炫耀于邻里，回到班上更会炫耀于同学。如果父母准许的话，说不定还要想办法把满嘴的油腻保存下来，以为佐证哩！虽是同样的"味"，有时候"甘"，有时候"不甘"，这种情形，我们当小学老师的最是心知肚明。

其实孩子毕竟是孩子，老师想"拐"他们并不难。像上次的班级庆生会，我先是千推万拖地不肯办；说实在的，小学老师也真的够累够忙。后来决定要办了，在一个星期前全班动员准备，像办喜事一样，地板和课桌椅全洗、教室重新布置、挂彩球彩带、门口和黑板上贴的是两大张海报、让"名嘴"主持节目、让"小精灵"采购吃的喝的……每个孩子都兴致勃勃，还邀请母姐光临。我这做老师的趁机露一手，郑重宣布"家传秘方五香绝佳风味茶叶蛋"由老师亲手调制，到时候每个人只准吃一个。还故作神秘状。

星期六一早，万事停当。照样参加升旗，学校整洁区也特别打扫干净，今天是本班的大日子……孩子们的心都在悬着、吊着。终于开始了，唱欢迎歌、跳大会舞……先喝饮料，再准吃茶叶蛋，以免噎到……结果你猜怎么样？连最挑嘴、最不喜欢吃蛋的陈玉凤，也最先把茶叶蛋吃下去，还频频眯着眼睛偷笑；她妈妈看了觉得奇怪，用胳膊肘碰了碰我，我们彼此也来个会心的微笑。食不甘味吗？你看是甘也不甘。

（二）清凉可口的教育

每年自 5 月开始，天气渐渐热起来，儿童好动，没到中午就嚷着口渴；学校供应的开水不够喝，孩子们就显得有些心烦气躁。做老师的得耳聪目明，发现问题就赶快设法处理。经过思考筹划，我提出大家喝冰水的主意，而且是清冰、水果冰和仙草冰轮换着吃。

小学三、四年级的孩子，乖巧听话，但能力有限。老师要想叫他们做事，就须事先规划得周密仔细。我把吃冰水的主意说给他们听了以后，接着就指导他们怎么做。

1. 准备用具

师生共同集资 200 元买两个大塑料桶，老师捐 50 元，其余由班上同学节省零用钱凑齐，两天内完成；如果捐的钱不够，就从班上"爱心专户"的存款中补足；如果超过了，剩余的钱就存入"爱心专户"里。通常总是会超过的。大瓢、勺子、抹布和刀子等，由老师从家里带来。

2. 征集材料

冰块是基本材料，为了卫生，也为了教孩子们学着做事和关心班上的共同事务，希望路程近的人利用家里的冰箱自己做冰块带来。当时报纸上正好报道不法商人将医院里冰尸体的冰块拿出来卖，我说给孩子们听后，大家都咋舌心惊。后来远道的同学也不甘落后，做的冰块特别大，而且多加了两层塑料袋装来。

3. 工作分担

星期三、星期六只读半天，不做冰水。其余四天全班分两组轮流，即一组带冰块，另一组担任服务工作，每两天调换一次。服务工作包括事前的清洗水桶、装半桶冷开水，另外准备半桶净水以便洗手和洗抹布,以及事后的整理、清洗、恢复原状等。

带动孩子们喝冰水,固然是关心他们的学校生活,为他们消暑解渴;更是施行生活教育,一种活的、愉快的、有效的生活教育。

(1) 老师以身示教:老师率先捐钱,并告诉他们,全部由老师负担也可以,但那样你们就不关心班上的事情了。吃水果冰,老师率先提供水果;第一次买了两个大西瓜,大家拿不动,卖西瓜的先生很帮忙,开专车送到教室里,全班同学报以热烈的掌声。

(2) 工作前和吃前一定洗手:担任洗水桶、拿冰块、削果皮、切水果等工作的同学,不但要洗手,而且要剪指甲;此外,全班同学在工作前及吃冰水前都得洗手,而且要洗到胳膊肘的地方。剪指甲和洗手要认真,同学互相检查,老师还要抽查。

(3) 分工合作:除了全班分组轮流为班上服务外,去买水桶的负责人,买时至少要比较两家商店的价钱,以免吃亏;要买有盖子的水桶,以确保卫生。

(4) 欢迎家长参与及协助:我每次办活动,都鼓动家长参与,主要是让他们关心孩子,关心教育。家长们也都很支持。这次吃水果冰,我让孩子们请家长指导做冰块,一定要用开水做,这样才卫生;又请住处方便的家长替我们买仙草和水果,钱都由老师出。后来有些家长也主动买水果来支援我们,或将仙草、水果替我们处理好。这些,我都叫全班同学鼓掌谢谢那些家长,并请那些家的孩子回去转达我们的谢意。

(5) 灌输正确的热心公益的观念:每次冬令救济或仁爱捐助活动,我都告诉孩子们,捐多捐少没关系;家里不方便的同学,请爸爸妈妈拿1块钱给你,也表达了你的热心和诚意。我特别强调,某同学的这1块钱比王永庆的100万元都有价值!而且老师相信,等到某同学将来成了大富翁的时候,也一定比谁都慷慨。也正因为如此,我班上的孩子,有钱有势的不会骄傲,清寒的不会自卑,也不会置身事外不闻不问。

（6）工作方法的指导：每一工作细节都细加指导，或亲自做给他们看；有些重要的工作像打开水、刨仙草、削水果之类，还要选定适当的人去做，以免发生危险。

（7）吃的指导：通常孩子们都贪嘴，为了不让他们争多嫌少，甚至因为抢吃抢喝而噎到呛到或丑态百出，每次办庆生会、同乐会或野餐活动时，我都准备得很丰富，让他们吃不完还有带回家分给弟妹家人吃的份儿；几次以后，我班上的孩子吃相就有了很显著的改善。喝冰水也是如此：我除了准备两大桶外，并从家里带来两个大铝锅，都装得满满的，教室前后各置一桶一锅；如此分开放置，既不虞匮乏，也可避免拥挤。吃前和孩子们约定：从上午第二节下课后开始，自备杯子，用勺子舀，避免洒到地上；可以说笑，但喝时最好不要发出声音；随便喝多少，只是不可浪费，不可喝得胀坏肚皮……不能遵守的人，自动停喝冰水一天。大家都彬彬有礼，都喝得很快乐尽兴。

（8）礼貌和同情心的培养：古人说，衣食足，然后知礼节。这话的确有道理。我班每次办活动，只要有吃的东西，除了让孩子们不争不抢、保持风度外，一定会让孩子们分送一些给同年级的其他老师、办公室的老师和工友伯伯、工友阿姨。怎样送、怎样说、怎样表现适当的礼貌，事前都详加指导。他们在班上或班外的表现，都能令人满意。

我有一种不成熟的信念：最好的教学方法如果长期不加改进，就会变成不好的方法；最有趣的活动如果长期不加改变，也会变得刻板无趣了。喝冰水也是如此。孩子们的兴趣尤其难以持久，从5月到6月，两个月的时间也算够长的了；为了维持一定程度的兴趣，我乃设法从多方面求变化。

一是两组制每两天互换服务角色的变化。

二是清冰、水果冰、仙草冰轮换着吃的变化。因为吃水果冰和仙草冰较麻烦，所以次数较少；也正因为次数较少，孩子们也就更加巴望，更感兴趣。再加上家长的参与，工作机会和工作项目的增加，做起来更多姿多彩，生动有趣。

三是工作方式的变化。除了分组分工的变化外，平常我班分配到的清洁区、花木浇水等工作，很多都采取接龙的方式来做，孩子们都觉得很有趣。吃冰活动中的洗水果、削水果、切水果、刨仙草、传递水果到冰桶里去等，也都采取接龙的方式；既有变化、有乐趣，又可培养分工合作的精神。

此外，在工作过程中，老师既是导演又是演员，一遇机会就可制造欢乐的气氛或高潮。例如在吃冰的活动中，我会加入到接龙的行列中，扮演一位生产线上称职的伙伴；我会表演切水果的技术给孩子们看，切得又快又准又好。有一次切西瓜，几个参与工作的孩子露出想吃的神色，工作完了我就每人分一块给他们尝尝；有个孩子吃完一块意犹未尽，我就故意逗他，切了一块又大又不规则的给他吃，限他几分钟内吃完，瓜汁不可滴在衣服上或地上，还要吃得干净利落，当时他的那副困窘相逗得大家都捧腹笑哈哈。吃完后我又故意问他，要不要再来一块，他赶紧摇头举手，表示投降。

夏天到了喝冰水，冬天到了就喝玉米浓汤或酸辣汤，过程和做法大同小异；让孩子们的学校生活丰盛甜美、有声有色。所以我班上的孩子，每天真的都高高兴兴上学、快快乐乐回家。

有时候我想，如果我是公司老板或工厂大亨，我也会如此对待员工。这样做，我想是否就不会有严重的劳资纠纷了呢？

(三) 以禅机禅趣度有缘人[*]

社会多元化了，学校也多元化了，宗教的功能也渐渐受到各方重视了。我在高职服务，常以禅机禅趣普度学生，也愿以此经验，分享有缘人。

1. 基本做法

（1）以渐进的方式建立学生自主的人格，以禅的意境开阔学生的心胸，建立良好的人际关系。体认学生成长的事实，视高一

---

[*] "省立"永靖高工导师柳进财提供原始资料，熊智锐整理。

学生为小大人，高二学生为准大人，高三学生为大人，逐级提高对他们的期许，也让他们认清自己。

（2）自治干部采用轮流荣誉制，每学期更换一次，使更多人有机会学习领导与被领导。上届干部为下届干部的顾问，末届干部负责毕业同学的联系及同学会的成立。

（3）干部评鉴同学，同学评鉴干部及导师，均采用无记名问卷方式；最后将结果告知被评鉴者，供作自我反省改进的参考。

（4）善用生活周记，使之成为师生间最重要的沟通工具。

（5）适当运用赏罚的原则，赏则立即而公开，罚则隐秘或记账，到期末时再算总账，让学生有改过迁善的机会。

（6）以禅语小故事贯穿全班学生的生活及心灵，借以点燃其心灯，开启其智慧。

2. 结果

以往以严格勤快的做法经营班级，学生多处于被动，导师也倍感疲累。近年机缘成熟，以禅心带动班级，学生多所领悟后，反觉轻松愉快，一劳永逸。

（四）痛痛快快地打一架又何妨[*]

我很讨厌学生在暗地鬼鬼祟祟。有一次发现班上两帮人马剑拔弩张，像是私底下有了难以化解的嫌隙，于是就找了个机会，公开对全班同学作如下的说明：

> 同学之间有摩擦是在所难免的，开学第一天老师就跟各位说过，我们不怕事，老师也不怕麻烦；但是老师最讨厌的是同学之间暗地里互相残杀。像上一次，那几位同学因误会而大吵起来，吵的时候有其他同学在场当公证人，吵完了，是非对错弄明白了，大家反而成了好朋友，这就是建设性的吵架。

---

[*] "省立"台中高工导师朱洪福提供原始资料，熊智锐整理。

今天老师发现班上气氛有些诡异，我猜想可能有什么暴风雨即将来临。不过老师这里有个建议，还是开学第一天老师跟各位约定的原则，我们明人不做暗事，真正有什么解不开的大仇大恨，连大吵一架都无法解决，我建议双方来个公开了结，即使痛痛快快地打一架，老师都赞成；而且老师愿意给双方做裁判，全班其他同学现场观战，无论谁打输了或谁打赢了，打完了恩怨就一笔勾销，双方当场握手言和，重新开始，大学还是好同窗、好朋友。各位看看，老师的这个主意好不好？

结果，虽然有些同学以"坐山观虎斗"的心态鼓掌称好，甚至有些推波助澜的情势出现，但是也许由于秘密被点破的缘故，紧张气氛反而自然消解了许多。于是我就乘势鼓励双方，既然彼此不愿兵戎相见，何不就此握手言和？一场暴风雨也就因此消弭于无形了！

二、工作

（一）文明人与野蛮人

三年级通常是重新编班，初接班总难免有好几个星期纷扰不安；带联课活动更麻烦，人头杂，时间短，扰扰攘攘，两节课一晃就过去了，孩子往往什么都学不到，这种新局面一直困扰着我。

最近偶然从一篇文章中得到启示，就用文明人和野蛮人作比较，初接班级联课活动刚开始的几天，每节课我都会找机会和孩子们谈谈文明人和野蛮人的区别："文明人是守规矩的人，野蛮人是不守规矩的人；我们上课时喊'起立、敬礼、老师好'，下课时喊'起立、敬礼、谢谢老师'，老师和小朋友都站好，相互行礼，这就是守规矩，这就是文明人的表现；如果上课时不行礼，下课时一哄而散，或是老师在上课，小朋友在教室跑来跑去或吵吵闹闹，这是文明人还是野蛮人呢？"孩子们都会应声说："野蛮人！"

说也奇怪，没想到这帖药居然有效，无论是自己所接的新班级或是联课活动新组合的班级，孩子们在各方面的表现竟然都有了显著的进步！

这以后，我就更进一步将这种对照比较应用到日常生活教育的衣、食、住、行、工作、交朋友、对待父母师长、参观旅游、在公共场所等应有的礼节和态度上；而且很多时候我只是简单地提出一个项目，例如"吃饭"，孩子们就会自己作对照比较，说出文明人如何如何，野蛮人如何如何；而且绝大多数孩子都能在行为上小心翼翼地表现出来。当然，开始时他们的表现不是很自然，有些孩子还有点儿羞涩，有些孩子甚至弄巧成拙或力不从心。例如陈大玮这孩子，原本就手脚笨拙，他大概为了表现文明人吃饭不发出声音、不掉饭粒的好行为，结果不但呛到了，而且还把饭盒掉落在了地上，逗得大家都笑他。——这时候，我又抓住机会作起比较来："各位小朋友，文明人是不是应该随便耻笑别人呢？……"不待我把话说完，就有好几位小朋友纷纷举手发言："随便耻笑别人，是野蛮人的行为。""文明人应该有同情心，不随便耻笑别人。"……

最后我归纳出："文明人处处都为别人设想，野蛮人常常只是想到自己。"

这样的归纳不知对不对，我只是个小小的小学老师啊！

（二）扫厕所的学问

小学老师真爱说笑，扫厕所还有什么学问可言？其实这里头确实有学问。不过这也算不上什么学问，像庄子所说的"道在屎溺"，那是大学问。我这里说的，只是"小道"。孔夫子也说过："虽小道，必有可观者焉！"[①] 何况厕所又是和屎溺有关系的，故乃姑妄言之。

学生都讨厌扫厕所。老师也讨厌自己的班级分配到扫厕所。学生家长也会到学校反映，或者可说成时下的"抗议"，不赞成

---

① 《论语·子张》。

自己的孩子被派去扫厕所。其实他们都是对的，因为训导处也常常"罚"学生扫厕所。扫厕所既然是一种处罚的罚则，还有人乐意去扫厕所吗？如果有，那就是学问。

　　过去我带的班级，总少不了分配到扫厕所的任务，不过都是"一间"；今天承蒙训导处抬爱，硬分给两间。一间好应付，用老办法：大家轮流；两间就比较麻烦了。但事情总是得做的。任务编组很重要，每组五人，有强的、中的、弱的；有勤的、惰的；有聪明伶俐的，也有不推不动的。每个人赋予固定的任务，并加以指导训练。接下来就是老师实际加入到扫厕所的行列中，和孩子们一起行动。——这都算不了什么，每个当老师的大概都会这么做。

　　不过，我喜欢追求改进。我想尝试一下，让孩子们"喜欢"扫厕所，不知有无可能。小学三年级的孩子，实在也太弱太小了些：他们遇事不知从何处下手，老师不带着做是不行的。任务编组、分配、训练、试做后，就带着组长去向学校领消毒剂，指导他们加水、稀释、使用；又自己花钱买来几打卫生口罩，要他们打扫时戴上；又告诉他们每人准备一双塑料拖鞋，打扫前男生把长裤卷起来、女生把裙子撩起来，穿上拖鞋，装扮成一个够格的卫生队员的样子。

　　我强调："千万别小看了卫生队员啊！卫生队员做的是神圣的工作，他们是环境的美容师，像打扫街道的清道夫、清理下水道的工人，每天开着垃圾车叮叮当当到处收垃圾的人，还有那些让又脏又臭的高雄爱河起死回生、让鱼虾海鸥再度出现的专家，没有他们，想想看，我们的环境会变成什么个样子……"这大概就叫做临阵打气或意义化吧。

　　出乎意料的是，家长也不反对了，孩子也不要求换组换工作了，我们班上负责的厕所扫得更干净了。这就是我所谓的"学问"。

　　（三）扫地可以成佛*

　　我是高职导师，常用佛法开导学生，有时也劝家长一起礼佛

＊　"省立"永靖高工导师许东得提供原始资料，熊智锐整理。

以引导孩子改悟向善。往往都很有效。

例如很多学生不喜欢清洁工作，或设法逃避，或敷衍了事。于是我就找个机会跟全班学生讲扫地的佛法，我告诉学生，扫地可以成佛，学生都笑了。接着我正经八百地说："佛说'扫地扫地扫心地，心地不扫空扫地'，很多剃度皈依佛的弟子都是先从扫地学起，老法师告诉他们，扫地有以下几层意思：一是偿债还愿。以本校来说，全校2 000人，每天有1 999人为我扫地，让我有好的环境来读书和生活，我如不认真加入扫地行列，就是天天在负债，日久便无法偿还。二是清除污秽。环境中有落叶、垃圾、尘埃，就像心中有怨、怒、恨、悲、伤痛、计较等种种不平一样，如果不加清扫，日积月累，必然有碍健康，一经清扫不但耳目一新，身心也顿感舒畅。三是进入宁静的境界。当我们拿起扫帚扫地、拿起抹布擦玻璃时，我们的心便立即进入了另一个宁静清净的世界。所以说，扫地是成佛的一个法门，扫地可以成佛，是不是很有道理呢？"

然后我又反问学生："你愿意成为一个赖债的人吗？你喜欢心中平静、四周清净吗？那就赶快加入扫地的行列吧。说不定有一天你也可以悟道成佛哩！"

三、学习

（一）快乐时光

我常常心里暗暗惊喜，也暗暗警惕，主宰万有的神——尽管我不知道它是谁，竟然对我们做老师的人如此信任，赋予我们操纵全世界四分之一人口命运的魔力！让他们眼前快乐或痛苦，让他们人生旅途平坦或坎坷……这魔力也真太大了一些，大得连做老师的人自己都感到有些恐惧：万一使用不当……真不敢再想下去！

老师有魔力化痛苦为快乐，包括孩子们的痛苦和老师自己的痛苦。其实很多时候，老师的痛苦是由孩子们的痛苦引起的。像下面这件事：

每天放学前的五分钟，全班孩子在走廊上整队，等候放学。这短短的五分钟，孩子们个个心浮气躁，扰攘不安：你推我一下，我拉你一把；甚至故意大嚷小叫，制造事端，让老师骂骂他，似乎也比较好过些。这就是他们最难挨的时光，也是老师最不好受的时光。待我渐渐感到这件麻烦事步步进逼后，先是实在拿不出什么好办法；没有好办法，便用"老"办法：骂呀，凶神恶煞般地放狠话呀；再不然就是拿出老师的"权杖"、"戒具"侍候！虽然明知体罚是不行的，但是传统却网开一面说可以。只不过每到这个时刻，老师和学生都觉得痛苦、不好过。

这总不是办法呀！孩子有权利享受快乐呀！很多时候我都如此自责自省。终于我试着改变它，像过去改变其他事情一样：排队前，先从当天课业中找出一个有趣的话题，队排好后蹲下，宣布话题，让左右的同学绕着话题低声交谈；两个一组或三个四个一组都可以，只是不准前后交谈，以免乱了队形。这样每天由老师指定话题，一段时日后，改由班长指定；又过一段时日，各排可以由排长自定；最后完全开放，由交谈的同学临时找话题，而且不限于当天的课业，身边事物、生活趣事、读书看电视……什么有趣的事都可以谈；前后同学也不加限制了，只要不大声说笑，不影响别人，都可以。

慢慢地，他们都觉得很有趣，每天都期待这一时刻的来临。排队、蹲下、开始；不但不再拖拖拉拉，而且彼此还催促着"快点儿、快点儿"，以把握这稍纵即逝的五分钟。

从此，孩子们也乐了，老师也乐了。我管这五分钟叫"快乐时光"。事实上，每到这段时光，大家的确都很快乐！

（二）另一种分组学习

我常常指导孩子们从事分组准备、分组练习、分组学习或分组工作之类的活动。我发现，只要事先有很好的计划，分组后有很好的辅导，每一活动结束后有很好的讲评和奖励，每个孩子都会兴致勃勃地参与。

　　暑假前的一段日子，天气炎热难当；虽然功课进行完了，师生心情该放松些了，但是期终考却迫在眉睫，孩子们都显得焦躁不安。每年此时都是如此，少有例外。为了纾解孩子们的身心压力，期终考前三天我都会安排一些轻松活动，让大家喘息喘息，高兴高兴。吃自制的各式冰品是必不可少的，因为它既经济实惠，又清心解热，而且在活动中人人参与，每个孩子都能学到一些课本上学不到的新知识。

　　通常我的安排是，第一天吃"粉圆冰"，第二天吃"仙草冰"，第三天吃比较复杂的"水果冰"。事前的分组很重要，家庭背景、工作能力、人际关系、性格兴趣等，都得仔细考虑；如果分组不当，团体氛围和活动乐趣都会受到不利影响。好在班上孩子已慢慢养成了参加分组活动的习惯，推动起来并无困难。我将全班分为准备组、操作组、运输组、善后组，每组推选一位组长，负责分配工作并带动进行。冰块由孩子们在家里自行准备，不可以麻烦父母；其他材料除由老师捐赠作为奖励外，一部分由班上的储备金购买，一部分由同学自动捐献，大家不分彼此。

　　轮到吃水果冰的这一天最热闹了：一大早就有家长送来西瓜、香蕉、凤梨、龙眼、荔枝等，也有让孩子自己带来的；有些家长工作忙，来不及和老师打招呼，丢下水果就匆匆离开了，连什么人送的都无从查证。这么多年来，我班上的家长就是这么热心，我真的很感谢他们。

　　材料齐备了，各组就分头展开工作。上午第二节下课，准备组布置场地、准备工具、安排一个类似生产线的工作台；操作组有的洗、有的剥、有的切；运输组将剥好切好的水果一盘盘送进冰水桶里，和冰块、冰水一起搅拌……一切准备停当，第四节下课铃响，就是大家欢天喜地享用的时刻；运输组还得送一些到办公室去，让其他老师也有分享我们欢乐的机会。吃完了，善后组负责清理。在全部过程中,除须保持清洁、安静、礼貌外,不加任何限制,因此大家都很快乐。

这是另一种分组学习,他们学到了课本上学不到的东西。

(三) 全班都乐起来了

学校刚开学,学生刚分班,老师刚接班:每次都是如此,老师、学生都感到既生疏又忙乱,两个星期一晃过去了,学生姓名都还没认完,个性、嗜好、专长、特征等更谈不到;老师摸不清学生的底细,做起事来便格外吃力。这几天我甚至怀疑自己到底还像不像个老师!

今天又要交团体活动的分组名单,真是火上浇油。老师工作压力大,对班上孩子就没好脸色。分组就分吧,学校交来八个组的名称,规定每组以六个人为限,每个人只能选三个志愿。照本宣科,吩咐孩子们照作还不简单!但是当我宣布完毕、八组名称写在黑板上完毕、写志愿的纸也分配完毕后,发现班级气氛死沉沉的,很多孩子更是一脸茫然。我不得不按捺住内心的烦躁,带大家站起来,拍拍手,又原地跳一跳;又告诉他们分组并不是再分一次班,只是每星期两节课分开学习而已。……

八组分毕,我发现林小强那一组只有他自己是男生,其余五个都是女生;我问他会不会感到不方便,他点点头;又问另一组的女生有没有人愿意和林小强调换,结果很顺利地调成了。又发现羽毛球组是七个人,跳绳组只有五个人,我问有没有人愿意到跳绳组来,他们彼此看看对方,迟疑片刻后,懂事的张国勇说:"老师,我过去好了。"说罢就自动改掉名单,走了过去。大约过了两三分钟,我见他一再回头看羽毛球组的同学,就问他怎么了?他走过来低声说:"老师,我还是喜欢羽毛球。"这时我虽有些为难,但还是走到羽毛球组旁替他求情,问他们愿不愿意让张国勇回来,他们齐声说"愿意"。张国勇又高高兴兴地改名单、走回去。不过我对他们说:"学校规定每组六个人,老师会去替张国勇争取;如果学校不同意,你还要换回跳绳组啊!"他含笑点头。我知道学校不会不准，但我不得不如此提一下，要他们重视团体规范。

班上还有一位"小将军"，整天活蹦乱跳，让我头疼，但我发现他精明能干，有领导能力。分组开始，我就指定他做那一组的组长，并帮助另外几组写名单。他果真做得既快又好，且高高兴兴。

今天是星期六，实在太忙乱了。但我仍抓住放学前的两分钟作一总结："我们班上的小朋友真是太可爱了，分组时大家都和和气气，高高兴兴，像林小强、张国勇、'小将军'，还有别的小朋友……来，让我们一起来欢呼：'啪啪啪……吔！'……"就这样，全班都乐起来了。

第三节　本章摘要

本章共收录十则团体辅导的经验之谈，分成"生活"、"工作"、"学习"三部分，都是采取精简的方式写成的。其中有几篇曾在《师友》月刊上发表过，并得到部分读者很好的回响，本来可以继续刊出的；后来由于受到有权力者的干预，只得叫停作罢。

在这十则经验之谈中，"以禅机禅趣度有缘人"、"扫地可以成佛"及"痛痛快快地打一架又何妨"三则，分别由"省立"永靖高工柳进财老师、同校许东得老师及"省立"台中高工朱洪福老师提供原始资料，由作者加以整理撰写的；其余七则都是王廷兰老师的教学经验，由作者执笔写成。

第十一章

个别辅导的实施

第一节 本章旨趣

本章为"个别辅导的实施"。在导师的班级经营中，个别辅导的案例很多，每位成功的导师每天都会花很大的心力和很长的时间在个别辅导工作上，而且也多多少少有一些辅导成功的案例，值得传播与推广。惜沧海遗珠，难期周备，这里仅能象征性地收录十一例作为代表，实非得已。

十一例分为三组，一为生活，二为工作，三为学习。这种分法并不妥当，高明读者必能见谅。

第二节 个别辅导的实施实例

一、生活

（一）仙女下凡

现代的人，快变成"广告人"了，不但成人跟着广告走，青少年跟着学样，儿童、娃娃也亦步亦趋，怎不禁令人暗自咋舌：商人真厉害！

有一则化妆品的电视广告：一个看起来六七岁的小女孩，踮着脚跟，从妈妈的化妆台上够来胭脂、口红、花粉，对着镜子化了再化、妆了再妆，然后摆出一个成人式的拉裙角、屈膝、行礼的姿势，自己好自端详一下镜子里的自我，甜甜地、满意地笑了笑。这则广告不知得花多少钱！前一阵子传播媒体炒化妆品降价战的新闻，最近又炒化妆品降低关税的新闻，似乎有一只看不见的手在"逼降"。其实它降不降价，与我这小小的小学老师都没干系，因为我根本不沾它。

最近我发现，它不但降不了价，而且居然和我也发生干系来了！我今年新接的这个三年级的班级，有一位像是前面那则电视广告中"影印"下来的小女孩，每天都打扮得花枝招展，不但擦胭脂、抹花粉、涂口红；而且还染指甲、画眉毛；并且还戴着好大好大的金耳环；而且每天换一套新衣服、梳一个新发型；而且浑身香气四溢；而且从来不做功课、不写作业；而且……

我这个老师也算有点儿"诈"，凡是发现孩子有怪异行为，开始时总会对他或她称赞一番，使彼此间的气氛轻松缓和一些；再慢慢地寻根究底，再慢慢地设法改变它。就像王小燕这个小美女，我先是称赞她漂亮，也夸奖她妈妈疼爱她、会打扮，让她看起来像个小仙女；之后，就找机会和她聊天，最后发现：原来她是一个可怜的"父不详"的孩子，妈妈先是在某舞厅上班，后来认识了她"爸爸"，就不再上班了，所以才有时间（和金钱）替她化妆打扮。接下来，我就利用晨间检查的机会，对全班孩子讲指甲的"健康圈"是健康的记号，染了指甲就看不见健康圈了，别人还以为你不健康哩！又利用整洁活动和美劳、体育的机会，带着孩子一起割草、洒水、扫地、擦桌椅、洗厕所、滚草地，每个人都工作、游戏得高高兴兴；而且满头大汗后又带他们去小溪边洗脸洗脚，嘻嘻哈哈；有时候小美女也想参加，我却劝她不要，以免弄脏了她漂亮的手指甲和衣服等；并暗示她，如果她能和别人一样，当然欢迎她参加。没过多久，这位小仙女终于也"下凡"了：衣着打扮跟大家一样了，每天高高兴兴地跟大家一起学习、游戏了！

（二）含着泪水的一声感谢

白安河，农家孩子，纯纯的，自己的名字只会写一个"白"字，说话朴拙，做事认真，功课不会。初接班时他畏畏缩缩，慢慢地，变得和老师很投缘了。很多孩子都是这样。

学校宣布要接受乙肝抽血化验了，班上孩子自然的反应是一声无奈的惊愕。我的传统做法是，说道理给孩子听，做榜样给孩子看。我说："你可以不接受，只要你敢保证自己没有感染乙肝。人人都不喜欢打针吃药，但是又没办法保证自己不生病；如果打针能够预防疾病，吃药能够医好病痛，我们要不要打针吃药呢？"……

排队走到健康中心前的走廊，正好里面传出一声声抗拒的尖叫哭闹："不要！不要！……我不要！"呈现在孩子们眼前的，是一位别班的同学，拼命挣扎抗拒；尽管老师抓紧他的手腕，护士劝他不要害怕，两个大人弄得满头大汗也无法顺利完成抽血，不得已再请来一位救兵帮忙，才算勉强草草结束。这一幕闹剧看在我班孩子的眼中，再加上护士手上的针筒，以及桌面上一筒筒抽来的鲜血，更增加了他们小心灵中的恐惧。想起来也真是的，他们只不过是八九岁的孩子啊！

我再一次稳定孩子们的情绪："其实老师最怕疼、最怕打针了，不过我知道，打针只不过像蚂蚁夹一下一样，疼一下就过去了；而且不打针又不可以，怎么办？好吧，老师先做给你们看！"我伸出胳膊，率先示范给他们看。其实我自己真的是最怕打针吃药了。

开始了，我留意每个孩子的表情，这时发现白安河在队中暗自流泪，小腿小手还有些颤抖；我走过去问他怎么了。"老师，我真的很害怕！"我安慰他，并让他站到后面去，先看看别人会不会怎么样。……每当一个孩子抽血完毕，我总是亲切地问他："不疼对不对？"大部分孩子都会强撑着应道："不疼不疼！"最后终于轮到白安河了，他还是说："我很害怕。"我告诉他："没关系，一下就好了，你闭上眼睛，伸出胳膊，一下就好了！"说毕再拍拍他的肩膀，叫他勇敢一点儿。他真的照做了。走出健康中心，他忽地回转身来，含着泪水，拉住我的手，用微抖的声音对我说："老师，我好感谢您啊！"我问他为什么，他说："老师让我站到后面去，让我闭上眼睛，又拍拍我的肩膀。老师，你好好啊！"

简单真诚的感谢，让我深受感动。

（三）又忘记了，怎么办

有的孩子就是会忘东忘西，提醒、交代，没用；记在联络簿上，没用；放学前再嘱托一遍，还是白搭。上班的爸爸，做生意的妈妈，走路一拐一拐的奶奶，往往都不得不替他送东送西；有时打电话找不到人了，或是送来慢了些，还会招他埋怨，真是造罪！

赵修荣就是最典型的一个：聪明、反应快、嘴巴伶俐，都是他的长处；唯一糟糕的是，每天都会忘记一些事物：到学校会把课本、作业本、文具什么的忘在家里，回到家又会把衣服、书包，或是老师交代的家庭作业忘在学校里；这虽不算什么大毛病，却是一件很累人的事。有好几次我拖着疲惫的身子，连晚饭都吃不下，刚想躺下来休息片刻，就被他阿妈（奶奶）打来的电话吵了起来，什么事？又是她家阿荣忘了要写什么课题了！

在无可奈何的情况下，还是先说教一番吧！"每个人都该学着照顾自己，自己该做而且会做的事，就不该依赖别人；尤其像你爸爸、妈妈、爷爷、奶奶，他们有的很忙，有的行动不方便；自己不学着照顾自己，还让他们来照顾你，实在太……老师现在规定，从今天开始，一个星期内不让家人替他送东西、自己也不忘记带东西的小朋友，都是金头脑，老师会给他加分，除有特殊原因外，也不准打电话向老师问家庭作业的事。……"如此说过两次以后，别的小朋友都改过来了，只有赵修荣的毛病依旧，令人伤脑筋。

好吧，想办法改变他吧。先与他父母、奶奶达成共识，从此以后绝不替他送东西或打电话问家庭作业；接下来，第一天要他把联络簿上规定的家庭作业（通常是四项或五项）多抄五遍，而且当面再考问他某一项是什么；第二天改为多抄三遍，考问两项；第三天只多抄一遍，考问三项。从此以后，他再也没央求父母或奶奶打电话问老师家庭作业的事了。

又为了改掉他忘记带课本、作业本、文具什么的毛病，每天早上到校的第一件事就是把书包中的东西一件一件地取出来，放在课桌上，看看缺了什么东西，把那缺的东西的名称写五遍；再一件一件地放回书包去，收拾好。明天如果又忘了，写十遍；依序递增。全都带齐了，公开表扬，全班鼓掌。……

赵修荣好久好久没再忘东忘西了。但愿如此保持下去。

（四）性骚扰疑云[*]

一位女生向我诉说，有位男老师说他有读书的秘方，想私下传授给她，问我怎么办。

我告诉她，那位老师也许并无恶意，但老师对学生应该是无私的，有好的读书方法应该公开传授给每一位学生。所以你不妨先谢谢那位老师，并建议那位老师在上课时，把他的秘方公开传授给全班同学。他如果接受了，表示他的确是位无私的老师；如果不接受，你也不必声张，只管自己小心防范就是了。害人之心不可有，防人之心不可无；尤其是我们平时就很信任的人，如果他忽然行事有了怪异的迹象，我们就更要小心提防。

---

[*] "省立"台中高工导师朱洪福提供原始资料，熊智锐整理。

二、工作

（一）威风的"黑面小将军"

孩子的改变，有时真令人感动，就拿林永福来说吧：一、二年级的时候，他是老师心目中的头疼人物，脏，衣服鞋袜都穿不整齐，上课、考试坐不安位，喜欢招惹女生，说话没礼貌，做事莽莽撞撞，学科成绩多半是个位数……新闻广告中有"黑面蔡"，别的孩子管他叫"黑面林"，从孩子们叫他这个绰号的声调面色上，可以感受到大家对他的鄙视和排斥。

对于知识科学习困难的孩子，像林永福之类的，老师实在有心无力。有时我甚至感到愧疚，即使费尽心机也少有进展。但是我坚信，他们也应享有一个快乐的童年。而林永福，说也奇怪，我教他穿衣服、束腰带、系鞋带、洗脸洗手、说话轻声细语、不要干扰别人……他居然像是很机灵的样子，不但自己很快就记得、就做到，而且还经常提醒其他同学。例如升旗时，他会用胳膊肘碰碰身边的同学叫他不要讲话；发现别人腰带环扣没对正肚脐或太松垮，会指指对方的肚脐或拉拉自己的腰带以示意；最奇特的是，考试时不再满教室乱窜，而是好端端地坐在位置上写考卷，写什么？就是不管什么科别，满考卷都写上"林永福"，写满了，又拿出书来有模有样地"看"起来！天晓得他在看什么，因为他根本认不得几个字。别班来监考的老师见了，对我竖起大拇指说："喂！你是怎么教的？林永福简直换了一个人嘛！"

我常带些糖果给孩子们吃，林永福分到的机会比较多，因为他需要。有一次，我又叫到林永福和另一位姓张的同学，他俩很习惯地一起去洗手，张同学也许太兴奋，洗后一边往教室走，一边甩手上的水，结果被林永福拉住，拿出他自己的手帕，又指指地上，轻声说："老师说，不可以这样（指随手甩水）！老师说，要擦干！"

又有一次，班上吃自制的水果冰，我照例叫孩子送一些到办公室给其他老师分享；通常都是叫林永福和另一位同学去，但这次林永福正在做别的事。就另外叫了一位陪同去；当他们正要走出教室门的时候，只听见林永福在后面吆喝道："嘿！要有礼貌啊！"声音洪亮而果断。我听了，很受感动，马上走过去，拍拍他的肩膀，举起他的胳膊，对着全班同学挥一挥，说："看看我们班上的'黑面林'，像不像一位威风的小将军！"

"吔！"全班同学欢呼、鼓掌。林永福又一次获得全班的掌声，从此大家也都管他叫"小将军"了。

（二）"小老鼠"变成了小老师

我一直教中年级，每次都从三年级上学期开始接教新班。初接班时，我会留心观察，找出学习迟缓或行为异常的孩子，再设法帮助他或改变他。

有一年接班时，发现坐在教室后面角落的一位女生样子有些怪异：相貌虽不难看，头却老是低着；我愈是想看清楚她的面貌，她的头就愈向下垂。看看花名册和辅导基本资料，知道她叫曾秋兰，是个养女，只有养母没有养父，学科成绩很差。再经过一段时间观察，发现她凡事都很害怕，不敢正视老师，不敢和老师同学说话，不信任别人；有时趁老师不注意她的时候，她会侧一下脸偷偷瞄老师一眼，那神情就像一只怯生生的小老鼠。她没有朋友，没有玩伴，脸上也没有笑容；上课时呆呆地坐着，下课时也很少离开座位，更很少走出教室。叫她的名字，不答应，也不抬头，更不知道站起来；什么作业都不做。有一天，我再三轻声细语问她为什么不理老师。

她终于说话了："老师，我怕。"

谢天谢地，秋兰终于张口说话了！她这一张口，我的信心不禁大增，我相信会慢慢改变她。我拍拍她肩膀，摸摸她头发，笑着轻声对她说："不要怕，老师很喜欢你，我们会变成好朋友。你会怕好朋友吗？你的手是你的好朋友，还有你的书包、你的衣服，都是你的好朋友，你会怕你的手吗？你会怕你的书包吗？……"

为了增加接近她的机会，除了上课时常常走过去看看她、摸摸她以外，每天上午和下午，我都约她一起上一次厕所，以便在来回的路上和她讲讲话。我发现她很诚实，功课不会，作业不会写，都坦白地告诉老师；她能听懂话，也还算会说话，就是不会写字也不认识字，连自己的姓名都不会写。

我打定主意，多管齐下来设法帮助她。

对待行为异常或学习迟缓的孩子，不能生气，不能急躁，不可用最省事的方式（如骂、逼、处罚）来处理，要想出各种有效的办法来。当然，教师的确很忙，尤其刚开学又接教新班级；更何况有问题的孩子可能有好几个，这段时间每位老师都焦头烂额。但不能因此而放弃不管，不管会越来越糟；费力气管好了既救了几个孩子，班上也天下太平、一劳永逸，还是很值得的。我对待曾秋兰的办法，可以从人际关系、课业学习和做事三方面来说明。

1. 在人际关系方面

首先是设法化解她和老师之间的隔阂，开始时设法接近她、叫她，找她一起上厕所、时时惦记她、找一些简单切身的话题和她聊天；她表示怕老师和功课不会后，就抓住机会现身说法一番："我刚上学的时候，也是怕老师，也是功课不会，这没什么丢人的呀。人在幼年的时候，也不会穿衣服，也不会吃饭；长大后慢慢学会了，你现在还会怕穿衣服、怕吃饭吗？"她听了，觉得很有趣，就笑了起来。这之后，师生接触的次数多了。她也不再怕老师了，话也多起来了。大概两个月后，她原先那种用小老鼠般的眼神偷看老师的动作也就没再出现了。

她的养母年纪很大，家境也很贫困，我就找机会买些糖果、水果、面条之类的东西送给她，顺便鼓励她在家里多做些整理房间、清扫水沟的工作。

替她找个有能力又热心助人的同学和她做朋友，陪她做事、游戏、做功课、吃东西；并让她通过这个同学慢慢结交其他的朋友。

2. 在课业学习方面

她智商不高，过去没学到的地方又太多，所以这方面的进展较困难。先从美劳方面引导，很多学习迟缓的孩子都是从美劳学习开始上路，有了成就和兴趣后，再慢慢转移到其他课业上去。我班每学期开学之初，我就自己花钱买很多美劳用品，包括彩纸、图书纸、裁纸刀、手工刀等，免费供给全班同学使用。老师要想让学生大方、开朗，自己就得以身示范做给学生看。秋兰没接触过美劳，开始时笨手笨脚；后来居然学会了折叠字纸篓、饮水杯、八宝盒等，也会编织图案画了。

每次三年级上学期接班，我就带着孩子们读唐诗、说绕口令。这项学习随时随地都可进行：一个人时、三五成群时、全班上课疲劳时、集合前后、走路或行进间，从一句两句开始，从背念到简单的吟唱，大家都很感兴趣；秋兰慢慢也学会了一两首。请她上讲台表演，她怕，就让她的朋友陪她，她终于接受了；表演成功，受到全班同学的掌声鼓励，她乐不可支。

在朋友的带动和指导下，秋兰学着写自己的姓名，接着，每天开始学着读、写两三个字；再进展到跟着抄写国语、数学习作。开始时大部分她都不知其意，慢慢地也能领会十之二三了。有一天我问她早上上学时路上有没有见到什么有趣的事，她说："今天早上上学，看见一个同学在路上大口吃东西。"我叫她把这句话写出来，她表示不会，我让她的朋友陪她一起写，她居然写出来了！

3. 在做事方面

做事和美劳一样，是大多数学习迟缓的孩子的治疗剂，通常效果都很好。我每天骑机车、戴安全帽上下班，为了增加和秋兰接触的机会，我征得她的同意，请她和另外一位同学一起替机车"洗脸"，替安全帽找个"休息"的地方。洗脸就是擦拭车上的泥土或灰尘，休息就是把安全帽挂在车子的把手上。说洗脸和休息，她觉得很有趣。但她摸不清停车场的位置，认不清老师的机车，记不得车牌的号码，也不会系安全帽的带子。如果这件事交给别人做，轻而易举，老师也很省事，但我宁愿三番五次地把秋兰教会。教会后，她每天都准时去做，做得既认真又快乐。

下雨天，孩子们都穿雨衣或打雨伞上学，到了教室就胡乱扔。我要求大家把雨衣叠好，叠得又小又方正的算是高手，秋兰居然成为第一高手，以后就让她担任叠雨衣的小老师，不会叠或叠不好的都去请教她。雨伞要收好摆齐，也请秋兰负责协助和检查。我班雨衣、雨伞摆得最整齐，秋兰的贡献最大，也赢得同学们很多掌声。

班上有十几个公用的茶杯，每天收检和清洗的工作也由秋兰负责。有一天她突然说"我是洗茶杯专家"，我听了，"啊？！"地惊叫一声，笑笑看看她；她立刻改口说："不对不对，老师我不敢，我不是专家。"我说，没关系，接着就讲"行行出状元"的道理给她听。就这样，秋兰又成了洗茶杯专家。

其他还做些洒水、把垃圾袋套进垃圾桶里、送东西去办公室或去办公室里拿东西、与其他老师传递信息等，也都找秋兰做。她本来不敢去办公室，不会洒水，更不知如何传递信息；我就又找了另外一位同学陪她做，如此她既学会了做这些事，又多交了一位新朋友。而且每要她做一件事时就教她说一句和这件事有关的话，因此她也越来越会说话了。我无意中说，学做事要勇敢，要有恒心。她懂得勇敢，不懂得有恒心是什么意思。我就举几个实例给她听，她懂了，而且随时都会用上，也知道要有恒心才能把事情学会和做好。

教秋兰的最大成效是：

● 她变成一个快乐的孩子，在班上活跃起来了。后来她居然读到高职毕业！

● 和班上其他同学一样，跟老师很有默契了：只要老师叫一声、看一眼，或用手比画一下，她就能领会意思，立刻就采取相应的行动。

● 她居然会主动做事了。有一次忽然下雨了，我被困在办公室里无法进教室，正在发愁的时候，秋兰和她的同伴居然带了一把伞来接老师！我当时心里真是既兴奋又感动。走进教室后，除了公开称赞她们两个外，并顺便给全班同学作了一次机会教育。我说，很多同学常常会说，等我长大了我要如何如何孝顺父母；其实只要你有心有意，不必等长大后才孝顺父母，随时随地都能孝顺父母。

(三) 就这样运动我的腰

孩子都不喜欢打扫，这几乎是普遍现象。原因很多，家长和老师都有责任。前几天就有一位家长认真地跟我说："拜托老师不要让我家大宝扫地好不好，老师您是知道的，我只有这么一个宝贝，在家里，我们什么事情都不让他做啊！"我也只好苦笑笑，点点头，并请他放心。

三年级孩子还太小，还没有独立做事的能力，这点我是很清楚的。因此每当接班后，打扫工作不但仔细编组，连每个人的个别任务、工作细节，也都交代得清清楚楚；而且还亲自陪他们、带他们、教他们怎么做。

这两天发现有些孩子懒洋洋的，打扫时无精打采；尤其扫特别区的几个孩子，因为区域大，秋天树叶落得多，抬送落叶、垃圾到焚化炉又有一段颇长的路程；大家都显得有点儿懒洋洋的。而且我还发现，他们连操场边的沙子都扫进畚箕里，抬起来既笨重，沿途还稀稀落落地边走边撒；抬的孩子也撅着嘴，满脸的不高兴。

我发现士气如此低落，就决心想办法提一提。我把扫落叶和抬垃圾的孩子叫过来，问他们："你们有没有看过电视上有一则广告说：'怎样替脸部做运动？……常嚼白箭口香糖，运动你的脸。'"他们都应声说看过。"好，老师现在教你们，怎样运动你的腰。"我端起竹编的畚箕，畚箕中有落叶也有沙子，我一边扭动腰肢，一面筛去畚箕中的沙子，嘴里轻快地念道："就这样运动我的腰！"然后又教他们两个人抬起畚箕，同时扭腰筛沙。沙子筛掉了，抬的人也轻松愉快了。大家忽然觉得既有趣又好玩起来了。每个人脸上的乌云顿时都一扫而空，两个抬垃圾的孩子更是神采飞扬，喜滋滋、昂首阔步地通过司令台，走向焚化炉。

他俩转回来后，我竖起大拇指称赞道："看你们两个刚才通过司令台的神气，真像两位得胜归来接受表扬的小英雄，棒极了！"

他们这一组回到教室后，马上向班上其他同学宣扬，老师如何教他们运动他们的腰。有些孩子很羡慕，甚至要和他们调换去扫特别区。

更妙的是，那位原本拜托我不要让他孩子打扫的家长，特地打电话向我致歉和致谢，因为他的孩子被我称赞为小英雄后，回到家里非常高兴，而且再也不说打扫如何辛苦了！

三、学习

（一）也算文化交流

教育书刊中常提到"家庭社会经济地位"、"文化背景"这类问题，大家或许都明白它的意义，知道它在说什么；但是我相信很多人都没有当小学老师的人体验深刻。一个班级虽只有四五十个孩子，他们的居处也不过就在学校附近的几个村，但是，由于他们来自不同的家庭，他们的一切一切还是有很大的差异；甚至同一个村的孩子，因为父母职业、教育程度等不同，孩子的性格、行为等也千差万别。让不同家庭背景、生活经验的孩子，接受相同的教育——相同的教师、教材、班级、环境……不但受教育的孩子委屈了，施教的老师又何尝好受呢？

为了让不同家庭背景的孩子有相互了解的机会，每接一个班级我都想出一些办法，这是为孩子，也是为自己；他们的同质性愈高愈多，班级的气氛就会愈融洽，老师的身心劳累也会因而减轻些。分组学习、分组工作，是我普遍应用的教育方式。在接班后，先从各方面去搜集信息、了解孩子，然后分析归纳，找出每个人的同质性和异质性，最后才进行编组。基本原则是，知能学习按学习成绩的同质性分上中下编组，各组给予不同的教师期望水准；工作学习按各种异质性混合编组，教师对各组的工作要求是一致的；知能学习的小老师制则不限于知识学科、艺能学科，乃至割草、洒水、打格子……但凡有一技一艺之长的，都给予小老师的头衔和职责！这大概可称为多元化的班级经营方式吧？我不懂，也不知道对不对，反正我是这样做的，而且自认为效果不错。

前面说的班级经营方式，对孩子们之间的经验交换和文化交流也有很大帮助。此外，我最近发现利用定期家庭访问的机会，也能促进孩子们相互了解，达到文化交流的目的。访问开始前，安排几个异质性高的孩子和我同行，让他们见识见识不同的家庭有哪些不同，住家环境、家庭布置、接待老师的方式、礼貌、说话用语用词、管教子女的态度等，让他们留心观察、静静倾听，离开后在路上要向老师提出疑问或心得："陈家为什么这样？""李家为什么那样？"有些孩子也真会领悟些道理出来：难怪刘坤河是"快嘴"，又会编假话，原来他爸爸是乩童，他妈妈是推销员。

这算不算文化交流呢？我不懂。

（二）没有慈母的赤子*

有个孩子一年四季都流着鼻涕，同学们管他叫"阿鼻仔"。他没爹没娘，或者是爹娘抛弃了他，所以就经常住在家扶中心，和很多孤儿生活在一起。穷，脏，衣衫褴褛，坐不安位，喜欢东跑西窜，喜欢破坏公物。二年级时，老师实在拿他没办法，就干脆把他的两只脚绑在课桌腿上，让他跑不掉。

老师不喜欢的孩子，同学们当然也不喜欢；因此他没有朋友，整天愣愣怔怔的，从来没见他露出过笑容；功课就更不用问

---

* "台湾省国民教育辅导团"詹淑美老师提供原始资料，熊智锐整理。

了，五年级时还不会写阿拉伯数字的1、2、3、4，教也一时教不会；老师放弃了，他自己也落得对功课的事不闻不问。……

我接班后，开始留意他，找些旧衣服、鞋子、袜子、手帕等送给他，并照顾他经常换洗，洗脸洗手；中午没饭吃，就买个盒饭给他吃。其他孩子看见老师对他好，常常照顾他，便也慢慢对他好起来了，旧衣物、学习用品、面包、水果等也源源不断地送到他手上，慢慢地，也有人和他交朋友了；慢慢地，他也有了笑容！

这期间，我开始引导他做美劳、画画，他也慢慢有了兴趣，慢慢静了下来，不再东跑西窜，不再破坏公物，也慢慢像个学生的样子了。接着，我又教他念唐诗。他当然不认识上面的字，只是顺口念而已。再下来，又教他吟唱。我们学校吟唱唐诗的风气很盛，大部分小朋友都会吟唱；他只需跟着别人吟唱，就能学习。他也的确学会了两首简单的五言绝句，像李白的"床前明月光"之类。我发现他的音色很憨厚，就鼓励他多念多吟唱。

母亲节快到了，学校要办晚会，我试着教他吟唱《游子吟》，并鼓励他参加晚会的表演。没想到他却拒绝了，他低哑着声音说："老师，我不要……因为我没有母亲！"我听了，心里很难过。但是还是劝他参加，希望他把思念母亲的心情用吟唱表达出来。后来他终于答应了，只是这首六句的诗，他却背诵不下来，常常忘掉一句或两句；校长怕他临时发挥不好，建议我换别人，我没接受。

晚会当天，轮到"阿鼻仔"上场表演《游子吟》了，我的心差一点儿要停止跳动了，直到他含着眼泪，吟唱完最后一句的最后一个音符，全场掌声雷动，久久不停，我才暗地捂嘴抽泣起来！可怜的孩子，你的慈母在哪里呀？

(三) 西瓜缘*

我教美劳，有时观察孩子的作品，也能了解孩子几分心事。

---

* "台湾省国民教育辅导团"詹淑美老师提供原始资料，熊智锐整理。

隔壁班的美劳课也是我教的，有一个名叫陈冬冬的孩子，五年级了，什么都不会，还喜欢偷东西，上课时不好好听讲，扯别人一下，拉别人一把，惹是生非，不安于位；有时连人都找不到，跑到校外去游荡，去偷商店的东西，被人抓到送来学校，让校长、老师感到脸上无光。

家穷，父母离异，没人要他，也没人管他，独自孤零零地和一位70多岁的祖母住在一起；乡下人家种了很多西瓜，采收的时候，冬冬就去打零工，替人家摘西瓜赚些钱。有一天，我经过一处瓜田，无意中发现冬冬正在那里工作，他身手灵巧矫健，不输成人。回到学校，我就引导他画西瓜，先画圆圆的、整个的，再画剖开的、一片一片的，再进一步就是画摘西瓜、吃西瓜……

有一次，为了让画的人有仔细观察的机会，我特地买了一个西瓜，切开来，让几个孩子实际吃给大家看，让大家画别人吃西瓜的样子；结果画出来许多奇奇怪怪的神情，童趣表露无遗。但是，只有陈冬冬画的不是吃西瓜，他画了一个完整的西瓜，一旁画了一个孩子，瞪着眼睛盯着那个西瓜。我觉得很奇怪，就叫他来问个明白。我说："冬冬，你是不是在生气？生气老师只是让你画西瓜，没有让你吃西瓜，对不对？"他点点头。第二天，我就又买了一个西瓜来，这次特地让他吃一大块，让其他同学画他吃西瓜的样子。他一边吃，一边装模作样扮鬼脸，逗得大家笑得肚子疼，大家也画出很多张有特色的吃西瓜镜头。

从此以后，他对画画，特别是画西瓜产生很高的兴趣；他的级任导师也很支持我的做法，任凭他去画，无论上什么课他都可以自由自在地画；他也不再惹事了，也不再偷东西了，也不再东跑西跑了。我为了鼓励他，提高他的自信心和兴趣，要他参加校外美术比赛，由乡赛到县赛，都得到了名次。又将他的画寄到日本、韩国去参加国际儿童画展，居然还得过几次奖！

但是，这孩子很不幸，他父母都不要他，也没人过问他的死活，小学毕业后，没有继续读初中，而且流落在外，又再干起他偷窃的老勾当来！由此可见，教育并不是万灵丹，更不是什么长效灵芝仙丹。

（四）牛仙*

孩子的潜力有时令人难以置信，"牛仙"就是一个很好的例子。乡下孩子，学科能力极差，五年级不会算个位数的加法，注音符号当然不会，各科作业都交不出来；胖、懒，加上喜欢偷同学的东西，教过他的老师都拿他没办法：是全校老师公认的问题学生。

我初接班时，就想办法帮助他和改变他；数学从最简单的个位数加法开始，国语从注音符号开始，但都没效果，最后我逼他照抄，简单的加减法题照抄五十遍，逼他完成后才准回家："老师，我给你打好不好？打五十下好吗？"我说："不行，我不打你，我就是要你抄！"即使如此，也没办法改掉他的懒毛病。

后来我发现他是个放牛的孩子，家里养了几头牛，他看到牛就很高兴，跟牛像是很有感情的样子；于是就引导他画牛，先用铅笔画素描，再慢慢进展到用蜡笔画、用水彩画，最后指导他用水墨画；先用小张纸画，十六开、八开、四开，慢慢放大纸张；先画一头、两头、三头，侧面、正面、后面……遇到他画不好、画不像、画不对的时候，就要他回去仔细观察，看看牛的形象、动作、习性，回到学校来再画、再改……他兴致很高，上课时画，下课时也画，后来简直有点儿画入迷了！

更奇怪的是，他也不懒了，也不偷了，而且数学、国语也有了进步，作业也能做一些，也愿意做一些了。我把这些可喜的信息说给其他老师听，他们都说我"爱说笑"；有两次我把他的画拿到办公室给他们看，他们死都不肯相信是他画的。快到毕业前的某一天，我决心让他证实给全校老师看，让他带着一张全开的棉纸和笔墨文具，到办公室来当众画给校长和老师们看，走在路上我叮嘱他："孩子，替老师争口气，画给他们看！"

---

* "台湾省国民教育辅导团"詹淑美老师提供原始资料，熊智锐整理。

从早上画到下午放学，他完成了一张全开的"百牛图"，有大的、小的、卧的、站的、斗的、叫的、吃草的、大便的……虽没有一百头，但也有五六十头；我们校长很有耐心和爱心，一直守着他画，并给他买盒饭、买饮料，待他完成这幅画后，居然拉起他的手，并套用班上同学为他起的绰号，喊他一声："牛仙！"又拍拍他的肩膀，兴冲冲地说："加油，将来一定有前途！"

后来这孩子居然念完初中，又考上一所"省立"高中，你看神不神！

（五）两个辍学边缘的孩子*

有位学生告诉我他想退学。

原因是：对读书愈来愈感到头痛，看书就打瞌睡，上课听不懂，想发问不知从何问起，考试就受煎熬；为了逃避读书，干脆就看电视、打电动玩具……

我问他："你真的不想读了吗？"

他说："想读也没用呀，我根本读不下去了嘛！"

我告诉他："想读就有救。"并指导他改善自己房间的灯光、移去电视机、每次看书半小时就休息5分钟、晚上11点以前睡觉、睡觉前回忆一下当晚看过的书……试试看，到时候如果仍未见改善，再来找老师。年轻人不可遇到困难就想逃避，面对难题要寻求解决的办法才行。

另有一位学生在周记上表示他无法克服虎头蛇尾的毛病。

我告诉他，每个人都有弱点，虎头蛇尾不仅是你的弱点，也是很多人的弱点。古今中外成功的人有一个共同特点，就是能战胜自己的弱点。去年一位同学来找我，要我帮助他，让他振作起来。我问他读书是为谁，他说为自己；又问他别人能不能替他读，他说不能。于是我建议他从现在起，把下个星期要做的事列一个计划，不要贪多，能做到的才列出来；然后每天照着计划去

---

* "省立"台中高工导师朱洪福提供原始资料，熊智锐整理。

实行，并在睡觉前反省一下，如果没做到，第二天补做，或修订一下原先的计划，等到一星期过去了，再把那份计划送给老师，老师有时间就抽问一下，没时间问就只是替他保管一下计划。后来他一直这样做下去，并且做得很成功，连暑假期间也没停过，结果毕业的成绩比原先预期的好很多！

例子说完后，问他愿意照着试试看吗？他点头答应，称谢而去。

这两个学生经过辅导和鼓励后，都顺利完成了高职的学业，并且各自都有了很好的发展。

第三节　本章摘要

本章共收录了十一个案例，其中七个未注明出处的案例，都是王廷兰老师的辅导经验。这些经过她辅导成功的案主，现在都已长大成人，各自都有很好的成就；每逢过年过节或他们自己有了喜庆事儿，都不忘感谢老师，或让老师分享他们的快乐。

最后有三个案例是前些年"台湾省国民教育辅导团"团员詹淑美老师的教学经验，另一个案例是"省立"台中高工朱洪福老师的教学经验，经作者整理写成，都是很珍贵的例证。

第十二章

教师的观察与省思

第一节　本章旨趣

本章为"教师的观察与省思"。教师平时与学生、家长、社区等各方面都有很多接触的机会，有时基于职业和工作上的需要，对学生的言行也多留心观察；教师不但经常观察学生的言行，也时常反躬自省本身的言行。本章第一部分为教师的观察，第二部分为教师的省思，旨在反映出一位教师的省思及对若干社会现象的看法。

这里共呈现了七则短文，都是王廷兰老师的教学生活经验，由作者整理撰成，以供读者参考。

第二节　教师观察与省思的告白

一、教师的观察

（一）钱、钱、钱

不知道从什么时候开始，也说不清楚是为了什么，反正越来越多的事实摆在我们老师眼前：很多学生几乎是富翁了。小学生也不例外。

学生—钱，这二者之间怎么会发生关联呢？你说你不懂，我们当老师的生活圈子小，看法想法单纯，更是弄不懂。其实懂不懂都没关系，只要你肯虚心接受眼前的事实就得了。就让我说一些有趣的见闻给你开开胃口吧！

我教小学三年级，有一天张小毛大概花了千元的钞票请全班小朋友吃糖果、喝饮料，我吓了一跳。问他是怎么回事。他说："没什么嘛！老师，我这次月考平均成绩90分，爸爸发给我奖金6 000块。这不算什么嘛！"

李大华的爸爸跟我说："老师还说我不关心大华，我是个生意人，有时间就得想办法赚钱，赚了钱我绝不吝啬，每天至少给大华三五百块零用钱。这只是零用钱啊！至于他要买脚踏车、买电动玩具，我都买最好的给他。电视广告上说：'爱，就是给他最好的！'您还要我怎么关心他呢？这难道还不够吗？"

林家成也是班上有名的富翁。原来他爸爸在外面有个"小阿姨"，妈妈在家里有个"王叔叔"，只要家成不闹，肯替爸爸、妈妈双方相互保密，就不愁没钱花。家成懂得许多男男女女的浑事，更学会了撒谎。我这做老师的，怎么忍心责怪孩子呢？

我们隔壁的林太太，她每天也只有24小时，但她有时间打扮得花枝招展，有时间交际，有时间打麻将，你说神不神！她家的大宝、二宝"皮"死了，也脏死了，但是林太太能让他们"听话"，怎么说？其实很简单——林太太说："我的时间是花钞票向孩子买来的啊！"

相信您听说过大学生摆地摊的事吧。他们赚钱缴学费和生活，您能说他们错了吗？"如果是为了跳舞玩乐呢？"我想……不会吧！我倒听过一位大学生从台北打电话到乡下家里，向爸爸要钱的趣事——"爸！钱！快！拜拜！"多简单明了！再也不必像过去写信，还要搬出一套"父亲大人敬禀……"多累呀！

学生—钱，就是这样关联起来的。

（二）小烟枪

小学三年级的孩子已经成了"小烟枪"，你敢相信吗？你不相信？你惊讶？但那却是千真万确的事实。我们做老师的，习惯实话实说，不会骗人。

这也是"孩子少，照顾少"的见证。刘大文，爸爸是"民意代表"，妈妈被称为"副议员"，都是地方上有头有脸的人物。人有了权势，不但交际应酬多，而且常常"超载"；三年级的大文和一年级的小玉，日子久了，也渐渐学会了"自谋生活"，有零用钱，就吃零食过日子；爸妈如果忘了"发薪水"，他们就四处打游击，反正左邻右舍都认识他们，饭馆老板更不愁拿不到钱。

有一天，刘"议员"去买香烟；他很少买香烟，因为总会有人送的，这阵子传说刘"议员"一再"跳票"，香烟的来源居然渐渐枯竭了，人真现实。当他向店家说"买一包'555'"时，店家用怀疑的眼光看看他，接着问："您不是叫大文刚刚来买了一包'长寿'吗？怎么……"这才发现，刘大文打着爸爸的招牌，已经买了好几次长寿烟了。后来刘"议员"拜托老师，要老师多关心一下孩子抽烟的事，我也才得知有这种事。

我早已学会了跟孩子们穷蘑菇。那天放学后我把大文留下，和他聊天，慢慢扯到抽烟的话题上，并以好奇的口吻问："听说抽烟很有趣，你抽过吗？大文！""有哇！老师，我们班上有六个人一起抽。"我吓得几乎叫起来，天呀，怎么有这种事！后来他告诉我，他们在二年级时已经开始一起抽，先是从家里偷来抽，慢慢地，大家轮流提供；有得偷时就偷，不然就买，没钱买时就赊欠。先是抽着好玩，慢慢就有些上瘾了。每天放学后，他们几个就不约而同，溜到一座枯桥下，每个人一次顶多只准抽两支；刘大文还带我到现场，从一个破花盆下取出一包长寿烟，一盒火柴；现场有许多烟头和划过了的火柴棒，还有六个人坐的砖块石头，围成一个圆圈，像是很有情调的样子。……

遇到这种事，我怎么办呢？几十年的教学经验里，这还是第一遭。我去请教训导处、辅导室，他们也只是提供一些参考意见，而我哩，说来惭愧，工作忙是第一难题，实在是忙得发晕，管不了他们，也不敢再深究；只能做到：想起来就问一问，过几天就到那个现场去搜一搜。我知道，这是一种不负责、缺乏道德勇气、自欺塞责的做法，但是，天呀，你能叫我怎么办呢！

（三）孩子少，照顾少

这个题目是对应着家庭计划工作初期的一句宣传口号来的，那句口号是"孩子少，照顾多"。意思是说，孩子少生，家庭经济负担减轻，父母才有更多的时间和心力来照顾少数的孩子。当初设计这句口号的专家也许以为，孩子的多少和照顾的多少之间，是成反比的，是可以用数学公式计算出来的。但很不幸的是，他们的想法却被现实给推翻了！这种情形，我们小学老师可以作见证。

我教小学三年级，三年级的孩子10岁未满，衣食多半还需要父母照顾；现在的年轻父母，其实不用家计人员再宣传劝说：两个恰恰好，三个太多了。最近几年我教过的孩子中，兄弟姐妹三个的，已越来越少了。孩子少了，照顾的质和量该是既好又高吧？其实不然，让我随便举两个例子给各位看看。

林小坤，兄妹二人，他是老大，又是父母心目中唯一的"小祖宗"；爸爸做生意赚钱，妈妈是公务员，收入都不菲。有一天，我偶然发现他的不锈钢饭盒里里外外都结满了污垢，整个饭盒也乌涂涂地没有光泽；问他每天饭盒是谁装的、谁洗的，他说，早上爸爸装，晚上妈妈洗。我听了，觉得很心酸难过。就私下对他说："你今天回去自己用洗洁精洗洗，用菜瓜布擦擦，看看能不能把污垢洗掉，把饭盒擦光擦亮；但是记住，千万不要说是老师要你洗的啊！不然爸爸妈妈会生气的。"第二天，饭盒光亮无比，我故意地惊问："你买了新饭盒呀！"小坤眯着眼笑着说："才不是哩！我自己洗的！"

林家成，我在"钱、钱、钱"里曾经提过他，他是班上的小富翁，因为爸爸妈妈都会用钱收买他，只要他不开口打爸爸或妈妈的小报告就行。但是他和姐姐两个小可怜虫，有时候也穷困得连饭都没得吃。他们家经常不开伙，爸爸常"出差"，妈妈常"去亲戚家"，把他姐弟二人丢给一家小饭馆，饭钱每月清账一次。小饭馆里不但吃不出"亲情"，有时还休息歇业，有时也因为爸爸太"忙"，忘了清账付钱，饭馆就干脆借故不给姐弟俩饭吃。他俩无奈，多半会跑来找老师告急求救；饿肚子的情形也会有的。

　　孩子少了，年轻的父母正好多一些时间精力向更有趣、更好玩的地方发展，至于孩子的照顾嘛，只有天晓得！

二、教师的省思

（一）幸而生为"人之患"

　　很多人抱憾终生，死不瞑目，因为所立下的志愿没有达成。我这一生最幸运了，自幼立的两个志愿都一一实现了。不过说来惭愧，也许在别人看来那根本算不了什么志愿，太微不足道了。勉强自我解嘲吧：人各有志，即使是小志愿，总比没有志愿好。更何况，小志愿而能达成，更比立了大志愿而"死不瞑目"的好，你说对吗？——虽然有点儿阿Q。

　　我的第一个志愿是做小学老师，因为做了小学老师，就可以像住在我家对面的那位女老师一样，和妈妈一起单独生活，免得妈妈常常被爸爸骂（罪过罪过，居然数说爸爸的不是了）；还能受人尊敬，大人小孩遇见都叫一声"老师好"，真神气。既要当老师，就得会说普通话。不能把"没有"说成"末扭"；因此我的第二个志愿就是学会说普通话。

　　很侥幸的是，我小时候立的这两个志愿居然都一一实现了，而且我一直都对自己所立的志愿感到很满意，边教边学，常常觉得时间不够用，日子过得太快。孟老夫子曾经慨然地说："人之患在好为人师。"① 他老人家可算是慧眼铁口，不但一眼看穿了像我这种不知天高地厚者的毛病，而且更铁口直断，一语道破。其实"为人师"并没有什么不好啊，更不值得把它说成祸患嘛。照朱熹的解说是，一个人做老师是不得已的事，因为有人要向我学，我只得勉强教他；如果自满自足，不求上进而好为人师，那就是人之大患了。

感谢朱夫子的解说，多少也挥去了一些好为人师的罪恶感。照我个人这几十年来的亲身体验，人之所以"好"为人师，实在因为做老师有千百种好处，包括生活安定、环境单纯、学生可爱、有成就感、有学不完的事情、有应付不完的新挑战……当听有些同行说，现在的孩子真难教，既懒散，又没礼貌；家长更是讨厌，动不动就打电话骂老师，或找到学校训老师。可是我却很幸运，不但没被家长骂过训过，而且遇见了都会和我打招呼，亲切地说声"老师好"。更感人的是，很多家长会自动支持我，很多不敢说话、不会说国语的孩子，也慢慢敢说会说了；尤其在学校外面遇见老师时，即使是已经匆忙走过去了，也还会回过头来高叫一声"老师好"。每遇这种情形，我就觉得当初立的志愿不但对了，而且对极了！

（二）好在未被骂"老贼"

前一则说的是"幸而生为'人之患'"，说了一些做老师的好处。这一则要回过头来，吐一吐苦水，说一些做老师的坏处。

我如愿做了老师，但遗憾的是连一天都没和妈妈一起单独生活过，这和整个大环境有关，怪不得任何人。只是老师做久了，越做越老了，越来越自怨自艾了，甚至越来越有些自惭形秽了。小学老师的天地就只那么一丁点儿，由家庭走进学校，再由学校走回家庭，日复一日，年复一年，就这样一天天老去。愈是死守自己岗位的，天地就愈狭窄，压在眉头心上的感伤就愈多。可不

---

① 《孟子·离娄上》。

是吗，看看张三、李四、王五、赵六……当年都是小学老师，今天个个都飞上枝头成凤凰了，谁还计较他们当年如何如何，甚至曾经是令人头痛的"问题老师"呢！你如计较，别人准说你"酸葡萄"。

小学圈子窄，学校就是一个小小王国，王国里的气候瞬息万变，不但有晴天、时多云、偶阵雨，即使同一时段里，也常常是"东边日出西边雨"。像我们这种经验老到的老宫女，经多见广习以为常了，管他十级强风九级地震，依旧老神在在无动于衷；一些初出道的小老师，他们没见过世面，以为真的一朝做了老师，自己的身价斤两就拔高加重了许多，哪知道全不是那回事；难怪有的想赔公费不干了，有的改变初衷、啃书本准备高考高升、低考低升，有的更气短得想自杀！唉，想自杀的人真可怜。有时我本想安慰他们，没想到往往反被他们安慰一番："师婆啊，你们快熬过来了，再忍耐两三年就功成身退了，忍忍吧，很快就过去了哟！"那种语气和神情，真有点儿像影片中常见的宽慰垂死者的情节。

讲校园文化的先生们都很清楚，小学校园文化很贫瘠，小学老师唯一的精神支柱就是学生，一旦离开了学生，马上就变得一无所有！他们的物质生活更捉襟见肘，很多人都节俭得几近吝啬，尽量约束自己并刻薄自己；也因此常常会行藏败露，显示出一副小气相和贪食相。

师婆、师公、老老师、太老师，这些封号近年来慢慢流行起来了，每当听到这类称呼，无论如何从美好处想，总难挥去心头的辛酸。看看孩子，看看青青校园，自己离它们是愈来愈远了！唯一值得欣慰的是，有些人老了会被骂为"老贼"，老师老了，还没听说被骂作老贼的。万幸万幸！

但是，看看当前台湾地区的文明时尚，今天不被骂的，也难保证明天还不被骂。难怪有些人会想尽办法提前退休了！可不是吗？天塌下来自有个儿高的顶着，退了休，眼不见心不烦，管他干吗！

这里且套用孔老夫子的话说："师不师，师哉？师哉？"想起来也蛮可怕的。

(三) 教师"讼"

孩童时，我家大杂院中住了一位女老师，每天很神气地上班下班，又对妈妈很孝顺，左邻右舍都很交口称赞；从此我便立志做老师，要像她一样孝顺妈妈。后来我果真做了教师，只是几十年来漂泊在外，连妈妈的影子都没见到过！

读过许多关于颂扬教师的文章，像"教师颂"、"我是教师"之类，对"好老师"始终是心向往之。可是谈何容易！有时甚至还叛逆地想：干什么，能多拿一毛钱吗？……可恶的家长，只知责备老师！……真拿他没办法，管他呢！……有时忙惨气煞，还被上面埋怨指责，就更兴起"混"的念头：这样的世界，好与不好，有谁知道？知道，又能怎么样？……家长的态度，也是左右教师行为的魔障。做老师的最好能"不迁怒"，不受家长态度的影响：天晓得有几个教师能真正做到！

就像周子家，每天问题一大堆，连基本的穿衣服、戴帽子、系鞋带、洗手洗脸都做不到或做不好，功课更是一塌糊涂。其实我还是很喜欢他的，很聪明，很温顺，每天瑟瑟缩缩地像只可怜的小猫咪。但是他的家长很讨厌，有时甚至让我想发火，想整整周子家，报复报复、发泄发泄；说什么："老师呀，我们子家可是个独生子啊！我只有这个心肝宝贝啊！老师可要好好照顾我们子家啊！不要让我们子家吃亏啊！我们过年过节也会给老师送礼啊！别人怎么送，我们一定比别人厚一点儿啊！……"听得我浑身起鸡皮疙瘩，更想跳起脚来痛骂她一顿！要老师好好照顾他，你们做家长的眼瞎耳聋胳膊断了吗？……

今天第三节课，我发现周子家在座位上流眼泪，一看就知道是和别人争吵吃了亏；通常这种情形我都会马上走过去，问明白，立即处理；但是想起他那可恶的家长，我偏偏假装没看见，哭，活该！……不过说也奇怪，顶多不过短短的两三分钟吧，脑子里却翻来覆去，想了很多：唉！可怜的孩子，被别人欺负，被老师排斥，一个人孤苦伶仃，举目无亲，心中不知是什么滋味？……我们家几个孩子，过去不也经过这样的阶段吗？不知怎么熬过来的？……家长千不是万不对，孩子却是无辜的啊！这样对待孩子，公平吗？……我今天这样反常的态度，看在别的孩子眼中，不会觉得很奇怪吗？我到底还算不算个老师呀？……

几经自讼自责，最后还是宣布投降：走过去，问明白，加以处理。只不过不是"立即"行动而已。

（四）人人都有快乐的权利吗

林永福要算是最不快乐的孩子了，在班上，什么好事都轮不到他：学业成绩差，能考20分已经顶天了，经常是考个位数甚至零分；家庭经济情况差，很少有零用钱，别的孩子吃零嘴，或买好吃的东西请朋友，大家嘻嘻哈哈好乐，他只有孤零零地一旁枯坐干看或窜来跑去捣蛋的份儿。有钱的家长，手面阔绰，学校上上下下也另眼相看，连带着他们的孩子在班上也风光八面，林永福当然没有这份光彩；经常穿着旧衣旧鞋，卫生习惯差，没礼貌，口齿不伶俐……这样的孩子谁喜欢？他的快乐从哪里来？

我有时候自忖，自己也是个可怜人，自幼离家，东逃西跑，经常三餐不继；活命第一，读书其次，到头来总感到要学习的事物太多，压得喘不过气来，因此，每当别人欢欣鼓舞的时候，自己总觉得与我无关。几十年来都是如此！

及至发现林永福，有一天，我忽然神志清醒了片刻：难道考十分八分的孩子，就没有快乐的权利吗？这未免太不公平了吧！因此我就暗地细心观察，看看林永福到底有没有任何一点点可取可爱的地方。后来我终于发现了，他面孔黑黑的，身子壮壮的，个性憨憨的，动作还算灵敏；因此就交给他一项任务：搬粗重物件的小老师。每到上体育课要搬海绵垫、跳箱时，就叫他打头阵，带着其他三四位小朋友搬出搬进；扫地洒水，也少不了他的帮忙；清洁责任区割草、倒垃圾……凡是遇到类似的工作，或是发现他又独自枯坐干看或捣蛋的时候，我总是故意很有精神地大声叫:"永福,来!"然后面对全班,"看看我们的永福,这件事交给他做,准没错!"或是:"永福,笑一笑,怎么好久没听到你的声音呢?"

于是,林永福在班上也活跃起来了。

我特地向全班孩子强调:每个人都有快乐的权利,只要他不自暴自弃,只要他肯努力学习,虽然他学得慢一点儿,学得比别人辛苦一点儿,他也会有进步,有一天他也会成为有用的人,因此他也有权利快乐。不过我特别指出:如果自己不努力,只是忌妒别人,动不动横眉竖眼地冲着比他强的人说:"怎么样?你考八九十分有什么了不起!我考十分八分就不可以快乐吗?"这样的人,不但别人不喜欢他,他自己也不会有真正的快乐。

不过有时候我真怀疑,有些孩子在家里不受父母兄妹的重视,在学校不受老师同学的欢迎,他们哪里来的快乐呀!有些孩子如果运气好,遇到一位"偏爱"他的好老师,也许有一两年的快乐日子好过,但是时过境迁以后,"快乐"又灰飞烟灭了!孙中山先生曾说过,先天生人是不平等的,后天要设法使其平等(大意是这样说的吧)。这虽然是个好的理想,不过,谈何容易!

第三节 本章摘要

本章为本书的最后一章,共收录了七则短文,其中三则是教师的观察,四则是教师的省思;都是王廷兰老师的教学生活自白,由作者记叙整理而成,部分字里行间难免流露些许不平之气,这也是人之常情,而且也正可借此看出她的真性情。

本章后面的"附录:点点滴滴都是爱",是王廷兰老师1988年接受"台湾省教育厅""杏坛芬芳录"表扬时的优良事迹介绍,附载于此,以相参证。

附 录

点点滴滴都是爱
——台中市"黎明国小"教师王廷兰的优良事迹

什么是爱？什么是教育爱？老师该怎样爱学生？要回答这些问题是颇不容易的。但是你如见到台中市"黎明国小"的王廷兰老师，就会得到很好的答案。

她是以点点滴滴的行动，回答这些问题的。

一位充满爱心的老师

走进王廷兰老师所带的班级，问问学生和家长，再向校长、主任和全校老师打听看看，有太多太多的感人事迹会告诉你，王老师的确是一位充满爱心的好老师。虽然那些事都是不起眼的"小"事，王老师自己尤其认为微不足道或做得不够好，但事实上，作为一位默默耕耘的老师，这点点滴滴的行动，就是爱的讯息，就是教育爱的最佳诠释。老师所能施予学生和世人的，这已够多够好了。难得的是，这点点滴滴的爱，都是她经年累月、不断想办法，并不断修改自己的办法汇集的。王老师的工作信条是："不会就学，不好就改，不懂就问。"

她不但自己这样奉行，也鼓励班上的孩子这样做。因此，走进她所经营的班级，墙壁上就有这么一则标语。一位大眼睛的女孩说："我们老师常常提醒我们，学习全靠自己，不可依赖别人。"

王老师自己则说："我知道自己能力有限，所以从来不敢放纵自己，每天都在学习中。"这或者就是她的可贵可爱之处，也是她能长期自得其乐的原因所在吧。她经常工作得很投入，甚至连批改孩子的作业时，都会时而露出浑然忘我的自然微笑。

绞脑汁　费心思　想办法

看看王廷兰老师班上推行的几项办法，就不难想象她在学生身上绞了多少脑汁、费了多少心思！

一、"快乐时光"

排队等候放学的时间虽仅数分钟，但这段时间似乎很难挨，学生巴望快点儿回家，排队既困难，声音又嘈杂，而且相互推撞，扰攘不已。王老师就想出"快乐时光"的办法：放学前五分钟，在走廊排队，先排好队的先蹲下，左右相邻的同学即可拿当天学习生活为主要话题，开始低声交谈，至放学铃响结束。结果孩子都争先排好、蹲下、交谈不已。王老师平时又让孩子背"三字经"，及至放学路队开始行进，大家就低声同背三字经，一字一步，踏着轻松愉快的步伐回家。

二、"心花朵朵"与"彩云片片"

国语课习作中的"照样造句"、"替换语词"或"叠字词造句"等，颇多学生语汇不丰，无法顺利习作。王老师就想出"心花朵朵"与"彩云片片"的办法：习作开始前，先指定中上程度学生口头发表，再由中下程度者模仿发表，待大家了解后，每人发一张练习纸，试着习作，或将别人发表过的记下来；选出佳作加以朗读、鼓掌、称赞，是谓"心花朵朵"。从"心花朵朵"中选出佳作词句，指定学生抄录下来，汇集成册，展示供全班阅读参考，是谓"彩云片片"。学生有参与感，课外都争相翻阅。

三、"荣誉卡"与"快乐卡"

王老师建立了很多荣誉制度，国语课课内荣誉卡及课外快乐卡，是其中之一。利用名片纸，甲乙两面各画成二十四个小格，甲面为课内荣誉卡，乙面为课外快乐卡；每人一张，置于国语课本封底里的小卡袋中；课外时间，学生可随时找同学将课本内优美词句背给她听，或将课外阅读的书名及内容说给她听，经对方认定，在荣誉卡或快乐卡中记"○"，当作国语课平时成绩之一。卡片记满后再更换新卡。学生相互影响，效果极佳。

四、"小老师制"及"分组学习活动"

王老师擅长用小老师制，提升成绩差、学习迟缓，或贫寒孤独孩子的学习兴趣及其在班级中的地位。除国语、数学、社会等各科分组学习中的小老师外，会割草的赖×庆是割草小老师，会灌水的黄×杰是灌水小老师，会打格子的王×敏是打格子小老师……使每个孩子在班级中都有其地位、受到重视、对学习产生兴趣。在各种分组学习中，国语课分组预习方式最好、效果最佳：指定八人担任小老师，再按成绩将学生分成五组，由小老师两两捉对猜拳，依序从五组中各挑选组员一人，依常态分配原则组成八个预习小组。按教学进度，轮由一组提前阅读课文、查生字新词、搜集补充图片资料，并将工作情形记入记录本；教学开始，小老师口头报告预习情形，同组组员可补充，全班同学可提问题；有的小组甚至将课文内容用话剧的方式表演出来，更是异趣横生。

五、"接句游戏"

寓学习于游戏，孩子最感兴趣：在课余时间或学习气氛低沉时，由老师主持抽签或由学生自行组合，两人对立、猜拳，赢者就课本或对方身边事物为题材说一短语，另一人依此短语的末字，接说一短语；如此交互接说下去，至无法接说时为输。不能用末字接说的，亦可采用"照样造句"或"替换语词"的方式进行。

成功案例一箩筐

不但在团体学习中想尽办法、绞尽脑汁；在实施个别化教学中，她更因人而异、因材施教，想方设法帮助孩子、改变孩子。她的基本希望有三：

（1）全班和和气气，没有你争我夺或尔虞我诈的事情。

（2）人人每天都高高兴兴上学、快快乐乐回家。

（3）聪明灵巧的，能学得更快、更多、更好；最不提气的，也能有所学、有所成，在班上有地位、有朋友。每个人都能为自己的童年留下美好的回忆。

在王老师的苦心经营和精诚努力下，她的愿望不但一一实现，多少年来不曾让她失望或失败过；而且奇迹式的成功案例，更是不胜枚举。

案例一，林×华会替老师挂安全帽了

林×华家境贫寒，三年级了，不会说国语，不认识注音符号，对国语、数学、自然等学科更浑然不知；整天只是孤独地进教室、孤独地闷坐着，再孤独地放学回家。王廷兰老师接班后，首先发现了这个小可怜，就下决心救她，但经多方试探都无反应。有一天早晨，王老师骑机车到校，停车时又看见她，就教她替老师将安全帽挂在车把手上，教了几次还不会；回到教室再教，终于会了，也终于见到她露出笑容了。从此以后，每天早晨她都定时等在车棚处，等着替老师挂安全帽。接着，就教她爱整洁，并学着照顾自己；又安排小老师教她注音符号及阿拉伯数

字,慢慢地又带着她做美劳、写作业、说国语;一个学期不到,她居然变得既乖巧又活泼,更担任起美劳组的小老师了!而且作业按时交、国语考试照注音写汉字答对一半,十个汉字部首全对,真令人感动。

案例二,朱×锋终于冲出了樊笼

朱×锋是个中上家庭的小男孩,妈妈经常开着高级轿车接送他;但是他似乎并不快乐,整天不说话、没笑容、一副懒洋洋的样子,朋友也很少。三年级下学期,班上孩子吵着要开同乐会,王老师答应了,要大家开始美化环境、布置教室、准备游艺节目,并注意班上五个孩子的反应,其中四个是贫苦孩子,另一个即是朱×锋。王老师重复着过去的说法:"你们四个每人只出十块钱,等你们长大赚了很多钱时,再出更多的钱去帮助别人。"他们都高高兴兴参加了。只有朱×锋,一直是冷冷地表示:"开什么同乐会?我觉得很无聊。"王老师担心他不参加会破坏班上的气氛,对他自己也将是一次痛苦的经验;就多方劝诱他,却总无效。有一天,王老师想出一个"抽签分组"的把戏,用抽签来决定同乐会的小组伙伴,朱×锋居然眼神一亮,展开笑靥率先参加抽签。王老师一看,像是忽然卸下心中千斤重担,并走过去,要他担任那个小组的小组长。结果他不但高高兴兴地参加了,而且当天还把妈妈拖了来。事后他在日记本上写道:"我们学校有位好老师,她的名字叫王廷兰。"从同乐会那天开始,朱×锋像是换了一个人,整天像只冲出栅栏的小马,在同学和老师间窜个不停。

案例三,廖×惠送来的康乃馨

廖×惠是班上的边缘人:她不理别人,别人也不理会她;她不喜欢游戏、做事,也不喜欢交朋友;有时候还会和别人斤斤计较。王老师经营的班级,一向以气氛和谐著称,廖×惠的这种边缘人的态度,和整个团体氛围很不协调。为了加速改变她,让她早一天进入和谐的氛围中，王老师就经常向廖×惠借东借西，借后随即告诉她丢掉了、找不到了，第二天就拿一份全新的或更好的赔她。王老师又让她管理班上的图书，那些图书都是王老师自己买来送给班里学生的，在她管理时又故意拿掉一两本或破损一两本，当她发现后哭丧着脸向老师报告时，不但没受责备，反而得到宽慰，过几天又买来新书补充上去。各种分组学习时，王老师总是鼓励同学共用器物，如有不足，就拿班上共有的"备份"来用；贫困同学没带午餐、缺少文具等，王老师就拿钱让廖×惠到合作社去买盒饭或文具等送给那些同学……一段日子后，廖×惠竟然常常带外伤药来给全班同学用，说是妈妈叫她带来的；她祖父开车接她回去时，也常常邀请同村的孩子搭便车回家；她爸爸还将家中的旧书送来给班上的同学看；很快地，她已成为全班同学的好朋友了！而且从那以后，每年母亲节，王老师都会接到廖×惠送来的一束康乃馨，还附上一些感谢老师的美好词句。

案例四，李×龙大展才能

关心班上每一个孩子，发现任何人有一点点优点（有的根本算不上什么优点），即给予激励与肯定，并随时赋予他适当的角色任务，让他有成就感、有展现才能的机会；这是王老师教学的基本方法之一。李×龙父母离异，得不到家庭温暖，偷窃、打架、说脏话、欺侮弱小、男男女女的浑事挂在嘴边、不喜欢学习、仇视优秀同学，也尽量逃避老师。后来王老师发现他很有表演才能，就辅导他担任远足或同乐会时的节目主持人，并指点他表现出灵敏活泼而不流气的风度；每次都有意外成功的演出，令全班同学激赏。从那时开始，不良行为渐渐减少，也渐渐喜欢和同学、老师在一起了。王老师只教他一年，第二年某一天放学前，李×龙突然来请王老师去参加一项活动，原来他邀集了十几个来自不同年级、不同班级的同学，为王老师办一个很别致的生日庆祝会，他是当然的节目主持人，王老师被感动得一直流泪。初中二年级时，他送了一份很贵重的母亲节花篮给王老师，王老师责问他哪里来的钱？他说："老师放心，我早就不偷别人的东西了，这是利用星期六下午和星期天替商家送宣传单赚钱买的。每一张2毛钱，3个星期，我一共送了6000多张！"

案例五，四小福终于得救了

有的孩子可以个别提升，有的孩子则必须相互提携才有效：这是王老师的新发现。班上有四个成绩差的女生，赖×珍，脏、懒、不说话；张×瑶，坐立不安、惹是生非；林×珠，愣愣的、傻傻的；欧×兰，畏缩、无安全感。王老师曾在这四小福身上花了许多心思，试过许多方法，一学期过去了，仍不见有起色。有一天，王老师从阅读的一篇文章中得到启示，把她们叫到面前，问她们喜欢不喜欢画图或做美劳，她们表示喜欢；王老师用做游戏的方法，让她们闭起眼睛，自己各选一位朋友做伴，四个人形成两组，利用课余时间，每天共同画一幅画或做一份美劳，限定时间完成。从此她们每天都能提前完成一件作品，而且两两携手送到老师面前；接下来，在王老师的引导下，她们又开始共同写作业、背唐诗、学绕口令、读三字经。进步之快速，令王老师和全班同学都不敢相信。四小福终于得救了！

案例六，卢×荣破涕为笑……
案例七，陈×良不再逃学……
案例八，夏×亭成了"名嘴"……杨×琪成了"节目主持人"……陈×文成了"封面画家"……

只求对得起自己和学生

这许许多多真实的故事，都是王廷兰老师用爱心的彩笔，一笔一画勾勒描绘出来的！王老师常说："我只求对得起自己，对得起学生，别的都无所谓。"

熟悉学校每一位同事状况的刘清政校长和陈丽娜主任说，王老师总是为别人设想，她有一大堆"必须早到校"的"理由"——下雨天要早到校，看看孩子衣服淋湿了没？寒流来了要早到校，早些打开教室让孩子避寒；轮值时当然得早到校，好让值夜班的同事早些回家休息……有些年轻同事都称呼王老师为"妈妈"，因为他们经常从王老师处得到照顾和温暖。尤其是赶在节庆假日轮值的人，往往都会意外地接到王老师慰问性的电话或饮食、水果之类，让人感受到真实的温馨。

王老师家庭美满，三女二男均赴美深造，两人已获博士学位回台服务，其余三人仍在彼邦苦读中。抗战期间做过流亡学生的她，时时不忘帮助清寒学生，除自己的班级外，十年前开始在"黎明国中"设置清寒奖学金，每学期5 000元，有生之年绝不间断。而她自己却一直过着勤俭的生活，从来不敢稍事宽假，这就是王廷兰老师不寻常的地方。

（笔者附注：王廷兰老师的五位子女已先后攻读美国布朗大学、匹兹堡卡内基美仑大学、加州大学洛杉矶分校等的博士学位。1991年退休时，捐出退休金新台币20万元作为"黎明国小"的清寒学生奖学金；并将"黎明国中"的奖学金由每学期5 000元提高为1万元，另在大陆故乡河南省五所中小学设置奖学基金。而其自身生活则节俭如故。）

综合结语

一、上编——对班级经营应有的认识——结语

上编为"对班级经营应有的认识"。本书基于民主开放的教育理念，因此用较为开阔的视野来看中小学班级经营；并参考系统理论的观点，在上编的四章里，从第一、第二章"认识学校的外境"、"认识学校的内境"切入主题，使导师察觉到班级经营的客观情境之存在及其影响，进而知所因应。

第三章"认识班级"、第四章"认识班级经营"，是切入主题后对班级经营的进一步探讨。

从上编的内容里，大概可以看出本书"编首"所列举的若干基本概念，包括"班级不是孤立的"、"班级不是静止的或机械的"、"民主开放是班级经营的最高指导原则"、"班级经营亟须多方面的密切配合"等；而这些基本理念不单在这四章中一再强调、一再呈现，也在以后各章中持续不断加以强调和呈现。

就一般班级经营或教室管理的著作来分析比对，上编中的前两章是本书所独有的，一般著作多未涉及；后两章一般著作也多从传统的角度去探讨问题，与本书从开放的观点来谈班级及班级经营问题，显然有所不同。时空环境在急剧改变，今后的班级经营者如果不思改弦更张，在班级经营上必将遭遇更多更大的难题；这也是本书再三强调民主开放的班级经营策略的主要原因。

二、中编——开放型班级经营策略——结语

中编为"开放型班级经营策略"。计分四章，依次为：（1）对开放型班级应有的认识；（2）开放型班级经营的工作内涵；（3）开放型班级经营的工作方法；（4）开放型班级经营的成败。

中编的大部分内容与一般班级经营或教室管理一类的论著相吻合，只是经营策略的基本态度不同而已。有些部分也是一般论著所忽略的，例如第五章对当前班级经营所面临的内外情势、师资问题，以及开放型班级的导师人格特质、导师形象、团体气象、学生生态等，一般论著也较少谈到。又例如第六章有关班级经营的工作内涵之探讨，其中除第三节为一般论著的主要内容外，第二节"开门七件事"、第四节"守常与创新"，也是本书较为突出的地方。但这并非为了标新立异，为了凸显与别人不同而故意画蛇添足，而是基于一个"开放型"的经营理念的贯穿所作的必要安排。

至于第七章工作方法的推介，特别是其中第四节"教师的锦囊"，共收录了十八个很实用的小案例；以及第八章对经营成败问题的深入探讨，都是本书作者希望略尽绵薄，对从事班级经营者有实质助力的一些献策。班级经营不尚空谈，重在实际方法的改进，这也是作者一再强调"教育无他，爱与榜样之外，还要有好的方法"的基本理念的实践。

三、下编——开放型班级经营实例——结语

下编为"开放型班级经营实例"，计分为四个单元：

第九章：全班活动的经营。
第十章：团体辅导的运作。
第十一章：个别辅导的实施。
第十二章：教师的观察与省思。

各章的第一节为旨趣，第三节为摘要，中间第二节为实例（第十二章改"实例"为"告白"），与上编及中编各章的架构稍有不同。

实例都是活生生的。这里共收录了二十八个大大小小的实例，加上中编第七章第四节的十八则"教师的锦囊"，及同编第八章第四节的四则"未成功的案例"，共计五十个大大小小、各式各样的实例，从这些实例中不难看出，作者在"编首概述"所列举的十五条班级经营基本理念，既不是虚化的理想，更不是高喊的口号或教条，而是可以切身实践的。

当然，实例并非放之四海而皆准的法则，更非人人可以依样画葫芦、百试不爽的灵丹妙方；张老师在甲校甲班行之有效，并不保证李老师在甲校乙班也行之有效。为什么？教学情境有了改变，效果当然就不同了；而且班级氛围是关键，在没有营造出一种良好的班级氛围前，陡然套用别人行之有效的方法，成功的几率可能很小。这是实例作用的极限，在此一并说明。

四、总结

本书为作者继《中小学校教育情境研究》后所撰写的另一本书，都是在"开放型学校经营策略"的总理念下撰写的。

近年来，国际上呼吁开放教育的声音渐渐高涨，提出这种主张的人士认为，国家和人民是相对待的关系，国家不应独占教育权，更不应利用教育权作为政治的工具；国家应将原本独占的教育权释放出来，让人民分享，让人民根据自己的需要决定学校体制、课程教材内容及教学训辅方式。这是一种所谓"体制外"的教育改革论调，一般国家和人民尚不能完全接受。但是，教育的"体制内"改革则是备受关注与支持的；换句话说，在现行的教育体制下，从事一些实际可行的改革，使教育的"开发人的潜能"的功能能够充分实现，是人人喜闻乐见的。

开放型的班级经营就是"体制内"改革的一种，它是在现行的学校体制及课程教材下，进行一种教学训辅工作理念、工作方法的改革；在开放型的班级经营中，教师的功能会提高，教育的效果会显现，学生学习的意愿会增进，学生的学校生活会更加愉快，学校师生关系及教师、家长关系会大为改善，教育的"开发人的潜能"的功能会更易达成。

作者深信在民主开放的大气候下，开放的教育、开放的班级经营的理念与方式，将持续迈步前进；而传统的权威、体罚、恶补、挤压等教育理念和教学训辅方式，终将逐渐褪色而消失；同时笔者更坚信，也唯有在民主开放的班级经营和班级教学下成长的孩子，其民主自由的生活知能和生活素养才更坚实，其服膺民主、推动政治及社会改革的信念才更雄健有力，而国家社会真正走上民主化、多元化的一天才会及早到来！

参考文献

一、中文部分

"中国教育学会"主编．开放社会的教育政策．台湾书店

"中国教育学会"主编．迎接二十一世纪的教育改革．台湾书店

"中华民国比较教育学会"主编．世界教育改革动向．幼狮

方炳林．生态学与教育之研究．文景

方炳林．普通教学法．三民

方德隆等译．教育行政学．复文

日本建筑学会．学校建筑设计计划与实例．大佳

王家通校订．教育行政学．复文

王鸿年．小学校长经验谈．"台湾省教育厅"

王连生．教育辅导原理与技术．五南

王连生主编．人文化师范教育研究．嘉义师院

史记

田培林．教育史．正中

伊文柱．国民中小学训导设施．文景

朱文雄编著．班级经营．复文

朱敬先．教学心理学．五南

老子

何长珠等译．教育组织与行政．五南

吴武典．散播爱的种子．张老师

吴武典主编．学校辅导工作．张老师

吴清山．学校效能研究．五南

吴清山等．班级经营．心理

宋湘玲等．学校辅导工作的理论与实施．文鹤

李政广编译．学校建筑设计计划与实例．大佳

李园会编著．班级经营．五南

李聪明．现代学校行政．幼狮

吕胜瑛．咨商理论与技术．五南

［日］谷口汎邦编．学校教育设施与环境的计划．大佳

周焕臣编著．小学班级教学研究．"台湾省教育厅"

宗亮东等．教育辅导．正中

易经

林文达．教育行政学．三民

林本．现代的理想教师．台湾开明

林宝山．教学原理．五南

林清江．教育社会学新论．五南

林清江．教育社会学．台湾书店

林清江．文化发展与教育革新．五南

金树人编译．教室里的春天．张老师

柯进雄．学校行政领导研究．台联

孙益祥．学校建筑与设备的研究．国泰

徐宗林．西洋教育思想史．文景

徐南号．当代教育思潮．三民

唐守谦．教育指导．东海大学

荀子

国父遗教

"国立"编译馆主编．国民小学行政．正中

（宋）张君房．云笈七签

张明辉．巴纳德组织理论与教育行政．五南

张春兴．希望的追寻与挫折．东华

张春兴．教学的心理基础．"台湾省教育厅"

张国蓉译．一分钟领导秘诀．天下丛书

参考文献

庄子

许慧玲编著．教室管理．心理

郭明东编著．各国教育行政．"台湾省教育厅"

郭为藩．人文主义的教育信念．五南

陈奎憙．教育社会学研究．"教育部"

张崇赐编著．小学教师优良品质的养成．台湾书店

陈汉强编著．教育辅导．"台湾省教育厅"

陈择贤译．系统化的管理．中兴管理顾问公司

黄光雄主编．教育概论．师大书苑

黄昆辉．教育行政学．东华

黄昆辉主译．教育行政原理．三民

黄政杰．教育理念革新．心理

黄炳煌．教育与训练．文景

黄焜辉．团体辅导研究．天马

黄焜辉编．青少年不良适应行为．天马

贾馥茗．英才教育．台湾开明

熊智锐．中小学校教育情境研究．五南

熊智锐．"台湾省政府教育厅"志·卷三教育行政．"台湾省教育厅"

黎育玲．班级经营之理论与实际．教育资料文摘

刘真．办学与从政．台湾商务

欧用生等译．世界各国学校教育新貌．天马

蔡保田．学校建筑学．正中

蔡保田．学校建筑的理论与实际之研究．"教育部"

蔡保田主编．学校建筑研究．台湾商务

蔡培林．教育环境评鉴．复文

论语

卢美贵．夏山学校评析．师大书苑

钟思嘉主编．孩子的挑战．桂冠

颜庆祥等译．有效的教学．五南

二、英文部分

Aggarwal, J. G., *Education Administration: School Organization and Supervision*, New Delhi: Man Singh Arya Book Depat, 1967

Anderson, J. G., *Bureaucracy in Education*, Baltimore: Johns Hopkins, 1968

Aronson, E.; Blaney, N.; Stefan, C.; Sikes, J.; and Snapp, M., *The Jigasw Classroom*, Beverly Hills, Calif: Sage Publishing Company, 1978

Atkinson, Carroll & Maleska, Eugene T., *The Story of Education*, New York: Chilton Books, 1965

Axelrod, S., *Behavior Modification for the Classroom Teacher?* New York: McGraw-Hill, 1977

Bandura, A., *Social Learning Theory*, New York: General Learning, 1971

Banks, Olive, *The Sociology of Education*, London: B. T. Batsford Ltd., 1968

Barnard, Chester I., *The Functions of The Executive*, Cambridge, Mass: Harvard University Press, 1938.

Berliner, D. C., "Campus Educare", in P. L. Peterson & H. J. Walberg eds., *Research on Teaching*, Berkeley, Ca.: McCutchan Publishing, 1979

Bernstein, B., "Social Class and Linguistic Development: A Theory of Social Learning", in A. H. Halsey et al. eds., *Education, Economy and Society*, N. Y.: Free Press, 1961

Berrien, F. K., *General and Social Systems*. New Brunswick, N. J.: Rutgers University Press, 1968

Bertalanffy, L. von, "General System Theory-A Critical Review", in M. W. Buckley ed., *Modern Systems Research for the Behavioral Scientist*, Chicago: Aldine Publishing Co., 1968

Bertalanffy, L. von, *General System Theory: Foundations, Development, Applications*, New York: George Braziller, 1968

Biddle, B. J., "Teacher Roles", in *Encyclopedia of Educational Research*, 4th ed., Macmillan, 1969

Blair, G. M.; Jones, R. S. & Simpson, R. H., *Educational Psychology*, 3rd ed., 1968

Bloom, B. S., *Human Characteristics and School Learning*, New York: McGraw-Hill, 1976

Bloom, Benjamin S.; Hastings, J. Thomas & Madaus, George F., *Handbook on Formative and Summative Evaluation of Student Learning*, McGraw-Hill, Inc., 1971

Brainard, A. D., *Handbook for School Custodians*, University of Nebraska Press, 1961

Bronfenbrenner, U., "Socialization and Social Class through Time and Space", in Maccoby, Newcombe and Hartley, *Readings in Social Psychology*, 3rd ed., N. Y.: Holt, 1958

Brookes, M. J. and Kaplan, A., "The Office Environment: Space Affective Behavior", *Human Factors*, 14, 1972

Brookover, W. B., et al., *A Sociology of Education*, 2nd ed., New York: American Book Co., 1964

Brophy, Jere., "Classroom Organization and Management", *The Elementary School Journal*, 1983

Brubacher, John S., *A History of the Problem of Education*, New York: McGraw-Hill Book Company, 1966

Buckley, Walter, *Sociology and Modern Systems Theory*, Englewood Cliffs, N. J.: Prentice-Hall, Inc., 1967

Butts, R. Freeman, *A Cultural History of Western Education*, New York: McGraw-Hill Book Company, 1955

Carrington, D.; Cleveland, A. J. & Ketterman, C., "Collaborative Consultation in the Secondary School", *The Personnel and*

Guidance Journal,56,1978

Castaldi,Basil,*Creative Planning of Educational Facilities*, Rand and Monally and Company,Chicago,Illinois,U. S. A. ,1969

Charles,C. M. ,*Building Classroom Discipline:From Models to Practice*,New York:Longman,1985

Christian,Floyd T. ,"Evaluation of Climate Control and Its Contribution to an Effective Educational Program",*School Building Research*,Publication No. 1008,1963

Cooper,J. M. ,*Classroom Teaching Skills*,3rd Edition,Lexington:D. C. Health and Company,1986

Corwin,Ronald G. ,"Professional Persons in Public Organizations",*Educational Administration Quarterly*,1,1965

"Counseling to the Established and Emerging School Curriculum",*The School Counselor*. 1986

Cronbach,L. J. ,*Educational Psychology*,Taiwan,1973

Davis,J. Clark,*The Principal's Guide to Educational Facilities-Design*,Utilization and Management Columbus,Ohio:Charles E. Merril Publishing Company,1973

Doyle,W. ,"Classroom Tasks and Students' Abilities", in P. L. Peterson & H. J. Walberg eds. ,*Research on Teaching*. Berkeley,Ca. :McCutchan Publishing,1979

Dreikurs,R. ,*Psychology in the Classroom*,New York:Harper and Row,1968

Eby,Frederick & Arrowood,Charles Flinn,*The History and Philosophy of Education Ancient and Medieval*,1958

Emmer,E. T. ," Classroom Management ", in Michael J. Dunkin ed. ,*The International Encyclopedia of Teaching and Teacher Education*,Oxford:Pegramon Press

Floud,J. ,et al. ,"Recruitment to Teaching in England", in A. H. Halsey et al. ,*Education,Economy & Society*,The Free

Press,1960

Froyen, Len A. , *Classroom Management: Empowering Teacher-Leaders*,Columbus:Merrill Publishing Company,1988

Gibson,Dorothy Westby,*Social Perspectives on Ch. 18. Education*,New York:John Wiley,1965

Ginott,H. ,*Between Parent and Teenager*,New York:Macmillan,1961

Good, H. G. & Teller, James D. ,*A History of Western History*,1969

Gulick,L. & Urwick eds. ,*Notes on the Theory of Organization: Paper on the Science of Administration*,New York:Institute of Public Administration,1937

Halls, W. D. , *Society, Schools & Progress in France*, London:Pergamon Press,1965

Halpin,A. W. ,*Theory and Research in Administration*,New York:Macmillan,1966

Halpin, A. M. & Croft, D. , "The Organizational Climate of Schools",*Administration Notebook*,11,1963

Harris,Louis and Associates,*The Steelcase National Study of Office Environments, No. 11: Comfort and Productivity in the Office of the 80'S Grand Papids*,Mi. Steelcase, Inc. ,1980

Hart,F. W. ,*Teachers and Teaching*,1934

Huse,Edgar F. & Bowditch,James L. ,*Behavior in Organizations: A Systems Approach to Managing*, 2nd ed. , Reading, Mass:Addison-Wesley Publishing Co. ,1977

Jackson, Ann Patricia, *Interior Design Factors in Library Facilities*,Darton:Texas Woman's University,1979

James, M. & Contributors, *Techniques in Transactional Analysis*,Addison-Wesley Co. ,1977

Kast, F. E. and Rosenzweig, J. E. , *Organization and Man-*

agement: A System's Approach, 2nd ed., New York: McGraw-Hill, 1974

Katz, D. & Kahn, R. L., *The Social Psychology of Organizations*, New York: Wiley, 1966

Kob, J., "Definition of the Teacher's Role", in A. H. Halsey et al. ed., *Education, Economy and Society*

Koplitz, E. D., *Guidance in the Elementary School-Theory Research and Practice*, WM. C. Brown Company Publishers, Dubuque, Iowa, 1968

Kroemer, E. K. H., "Seating in Plant and Office", *Amer. Industrial Hygiene Assn*. Journal 32, 1971

Lewin, K.; Lippitt, R. & White, R. K. "Patterns of Aggressive Behavior in Experimentally Greated Social Climate", *Journal of Social Psychology*, 10, 1939

Lieberman, M., *Education as a Profession*, N. J.: Pretince Hall, 1956

Likert, Rensis, *The Human Organization: Its Management and Value*, New York: McGraw-Hill, 1967

Light, H. L., "High School Pupils Rate Teachers", *School Review*, Vol. 38, Jan. 1930

Long, J. D. & Frye, V. H., *Making It till Friday: A Guide to Successful Classroom Management*, Princeton, N. J.: Princeton Book Company, 1977

Mann, R. D., "A Review of the Relationships between Personality and Performance in Small Groups", in C. A. Gibb ed., *Leadership*, Baltimore, Maryland: Penguin Books Inc., 1969

Mannheim, Karl, et al., *An Introduction to the Sociology of Education*, London: Routledge & Kegan Paul, 1964

Maritain, Jacques, *Education at the Crossroads*, Yale University Press, New-Haven and London, 1943

参考文献

McDonald, M. E. , "Students Opinions as Regard Desirable and Undesirable Qualifications and Practices of Their Teachers in Teacher-Training Institutions", *Educational Administration and Supervision*, Vol. 17, Feb. 1963

Meyer, John W. and Rowan, Brian, "The Structure of Educational Organizations", in Marshall W. Meyer et al. eds. , *Environments and Organizations*, San Francisco: Jossey-Bass, 1978

Michaelis, John U. , *Social Studies for Children: A Guide to Basic Instruction*, 7th ed. , N. J. : Prentice-Hall, Inc. , 1980

Murphy, A. J. , " A Study of the Leadership Process", in C. G. Browne & T. S. Cohn ed. , *The Study of Leadership*, 1st edit. , Danville, Illinois: The interstate Printers & Publishers, Inc. , 1959

Musgrave, P. W. , *The Sociology of Education*, London: Methuen, 1965

Newcomb, T. M. & Turner, R. H. & Converse, P. E. , "Leadership Role in Goal Achievement", in C. A. Gibb ed. , *Leadership*, Baltimore, Maryland: Penguin Books, Inc. , 1969

Parsons, Talcott, "Some Ingredients of A General Theory of Formal Organization", in Andrew W. Halpin ed. , *Administrative Theory in Education*, Chicago: Univ. of Chicago, 1957

Porter, L. W. & Lawlev Ⅲ, E. E. , "Properties of Organizational Structure in Relation to Job Attitudes and Job Behavior", *Psychological Bulletin*, Vol. 64, 1965

"Half Our Future: A Report of the Central Advisory Council For Education(England)", (H. M. S. O. , 1963), *Particia Sexton, Education and Income*, New York: ViKing Press, 1961

Roberts, A. Corean, *Trunsactional Analysis Approach to Counseling*, Houghton Mifflin Boston, 1975

Ryans, D. G. , "Some Relationships between Pupil Behavior and Gertain Teacher Characteristics", *Journal of Educational*

Psychology, Vol. 52, 1961

Sarak Hommond Leeper et al., *Good Schools for Young Children*, 4th ed., Macmillan Publishing Co. Inc., 1978

Sarata, B. P. V. & Jeppsen, J. C., "Job Design and Staff Satisfaction in Human Service Settings", *American Journal of Community Psychology*, Vol. 5, 1977

Shertjer, B. Q. & Stone, S. C., *Fundamentals of Guidance*, 4th ed., Bostone: Houghton Miffin, 1981

Simpson, Robert G., *Educational Psychology*, New York: J. B. Lippincott, 1949.

Silver, Paula F., *Educational Administration: Theoretical Perspectives on Practice and Research*, New York: Harper & Row, Publishers, 1983

Spinley, B. M., *The Deprived and the Privileged*, london, 1953

Strodtbeck, F. L. and Hook, L. H., "Social Dimensions of a Twelve-Man Jury Table", *Sociometry*, 24, 1961

Stone, L. I., *Childhood and Adolescence-A Psychology of the Growing Person*, New York: Ramdom House, Inc., 1958

Terman, L. M., "A Preliminary Study of the Psychology and Pedagogy of Leadership", in C. A. Gibb ed., *Leadership*, Baltimore, Maryland: Penguin Books, Inc., 1969

Traxler, A. E., *Techniques of Guidance*, New York: Harper & Row, 1966

Udy, S. V. Jr., "'Bureaucracy' and 'Rationality' in Weber's Organization Theory: An Empirical Study", *American Sociological Review*, 24, 1954

Vroom, Victor H., *Work and Motivation*, New York: Wiley, 1964

Walberg, H., *Educational Environments and Effects*, Berkeley, C. A.: McCutchan Publishing Corporation, 1979

Waller, W. , *The Sociology of Teaching*, New York: John Wiley,1967

Webster's Third New International Dictionary,Springfield: Merrian-Webster Inc. ,1986

Willower,Donald J. ; Eidell, Terry I. and Hoy, Wayne K. , "The School and Pupil-Control Ideology", *Penn State Studies*, No. 24,the Pennsylvania State University Press,1967

Wineman,Jean O. ,"Office Design and Evaluation",*Environment and Behavior*,14(3),1982

Withall,J. ,"The Development of a Technique for the Measurement of Social Emotional Climate in Classroom", *Journal of Experiment Education*,17,1949

Witty,P. A. ,"Evaluation of Studies of the Characteristics of the Effective Teachers", *Improving Educational Research*, Official Report,A. E. R. A. ,1940

Wrightsman,L. S. ,*Social Psychology*,2nd edit. ,Monterey, California:Brooks/Cole Publishing Company,1977

Wolf,William B. , *The Basic Barnard*,New York:New York State School of Industrial and Labor Relations,Cornell University,1982

Zielinski,Arlene E. & Hoy,W. K. ,"Isolation and Alienation in Elementary Schools",*Educational Administration Quarterly*, Vol. 19,No. 2,Spring 1983

图书在版编目（CIP）数据

开放型的班级经营/熊智锐著
北京：中国人民大学出版社，2010
（学校管理新探索丛书）
ISBN 978-7-300-12541-1

Ⅰ.①开…
Ⅱ.①熊…
Ⅲ.①中小学-班级-学校管理
Ⅳ.①G632.421

中国版本图书馆 CIP 数据核字（2010）第 144489 号

学校管理新探索丛书
开放型的班级经营
熊智锐　著
Kaifangxing de Banji Jingying

出版发行	中国人民大学出版社		
社　　址	北京中关村大街 31 号	邮政编码	100080
电　　话	010-62511242（总编室）	010-62511398（质管部）	
	010-82501766（邮购部）	010-62514148（门市部）	
	010-62515195（发行公司）	010-62515275（盗版举报）	
网　　址	http://www.crup.com.cn		
	http://www.ttrnet.com（人大教研网）		
经　　销	新华书店		
印　　刷	北京山润国际印务有限公司		
规　　格	160 mm×230 mm　16 开本	版　次	2010 年 10 月第 1 版
印　　张	20.5 插页 1	印　次	2010 年 10 月第 1 次印刷
字　　数	255 000	定　价	34.00 元

版权所有　侵权必究　印装差错　负责调换